国家林业和草原局职业教育"十四五"规划教材

管理学原理

蒋沁燕　李亚琦　主　编

中国林业出版社
China Forestry Publishing House

图书在版编目（CIP）数据

管理学原理／蒋沁燕、李亚琦主编. -- 北京：中国林业出版社，2024.12. --（国家林业和草原局职业教育"十四五"规划教材）. -- ISBN 978-7-5219-3048-1

Ⅰ.C93

中国国家版本馆 CIP 数据核字第 2025JJ8840 号

策划、责任编辑：田　苗　赵旖旎
责任校对：曹　慧
封面设计：周周设计局

出版发行：中国林业出版社
　　　　　（100009，北京市西城区刘海胡同 7 号，电话 83223529）
电子邮箱：jiaocaipublic@ 163. com
网址：www. cfph. net
印刷：北京印刷集团有限责任公司
版次：2024 年 12 月第 1 版
印次：2024 年 12 月第 1 次印刷
开本：787mm×1092mm　1/16
印张：12. 5
字数：284 千字
定价：45. 00 元

《管理学原理》编写人员

主　　编　蒋沁燕　李亚琦

副 主 编　孙春和　陈　盛

编写人员　(按姓氏拼音排序)

　　　　　陈　盛(广西生态工程职业技术学院)

　　　　　符　瑜(海南经贸职业技术学院)

　　　　　耿　耿(国家林业和草原局管理干部学院)

　　　　　和化元(桂林生命与健康职业技术学院)

　　　　　蒋沁燕(广西生态工程职业技术学院)

　　　　　李佳勤(广西生态工程职业技术学院)

　　　　　李佳萦(广西生态工程职业技术学院)

　　　　　李曼媛(广西生态工程职业技术学院)

　　　　　李亚琦(广西生态工程职业技术学院)

　　　　　吕　律(柳州职业技术大学)

　　　　　孙春和(广西生态工程职业技术学院)

　　　　　唐建生(中铁快运股份有限公司)

　　　　　韦维涛(广西生态工程职业技术学院)

　　　　　赵勇生(广西生态工程职业技术学院)

前　言

作为人类历史上最伟大的发明之一，自出现人类群体的组织活动以来，管理就产生了，并随着历史的发展而不断演化。管理学作为一门系统研究人类管理活动普遍规律、基本原理和一般方法的学科，其理论体系也随着社会的发展和时代的进步不断丰富和发展创新。

党的二十大报告强调："继续推进实践基础上的理论创新，首先要把握好新时代中国特色社会主义思想的世界观和方法论，坚持好、运用好贯穿其中的立场观点方法。"在新发展阶段，必须强化管理创新，以助力我国企业形成更明确的科技创新愿景、使命和战略，更完善的组织体系，更高的科技创新投入产出水平，使其在形成关键共性技术、前沿引领技术和颠覆性技术等方面发挥优势。面对新环境下的诸多挑战，各类组织必须在充分学习和理解管理学基础知识的前提下，掌握管理学的基本原理，学活用活管理学，进行持续的管理创新，建立持续的竞争优势。

随着中华民族的和平崛起和文化自信的逐渐增强，以中国传统文化为核心的东方哲学因其有机整合、动态发展的整体思想观，显示出卓越的优势。儒家思想中的"仁爱之德"和孔子"人能弘道，非道弘人"的理念，道家哲学所提倡的天人合一、动态演变的思想，老子关于宇宙本质的阐述和人类领导者与"天""人"和谐相处的自然之道，庄子《逍遥游》中对自由和幸福的领悟，都堪称人类智慧的精华。

为此，本书在关注管理学理论的前沿问题和理论创新，以发展的视角将一些与当代背景密切关联的前沿理论整理纳入外，还吸收了中国哲学的整体观、统筹观和中华文化的仁爱观、中华传统文化精华，在帮助学习者了解和掌握管理学中的一些新理论、新方法的同时了解和掌握中华传统文化的管理精髓，并将其运用到管理实践中。

本书贯彻《国家职业教育改革实施方案》精神，结合"三教"（教师、教材、教法）改革要求，按照"立德树人，德技兼修"的指导思想，注重实践性、应用性和操作性，注重讲述实用知识和技能。

概括起来，本书有以下特色。

1. 思政引领，德技兼容

本书将课程思政元素与教材内容有机融合，将育才与育人结合，将思想政治教育、劳动教育、创新创业教育、道德品质教育、法治教育等融入教学内容，并设计了"素质课堂"栏目，巧妙融入思政元素，以期实现立德树人的育人目标。

2. 产教融合，强化实践

本书邀请企业管理人员全程参与设计与编写，在充分考虑企业实际工作的前提下设计项目，各个项目按照工作内容设计若干个任务，坚持学、做一体化，强调边学边做、以做促学。每个单元都在最后设置"职业技能强化",最大限度地强化学生的实践操作能力。

3. 突出实用,讲练结合

本书注重学习与训练相结合,采取以学生为中心的课堂教学模式,充分调动学生的学习主动性,突出培养学生的实践能力和任务思维,每个单元包括学习目标(知识目标、技能目标、素质目标)、情景导入、理论知识、练习与思考、职业技能强化等内容,以激发学生的学习兴趣,启发学生的思想与感悟。

4. 资源多样,拓展视野

本书配套了丰富的数字资源,包括教学课件、知识拓展等,实现了多媒体资源和传统纸质教材的一体化,各种资源以二维码的形式插入纸质教材的相应位置。利用多媒体技术和互联网技术,提供了不受时空限制、类型丰富的学习资源,同时有助于教师推进信息化教学改革,更好地实现线上线下相结合的教学模式。

本书由广西生态工程职业技术学院蒋沁燕、李亚琦任主编,孙春和、陈盛任副主编。编写分工如下:单元1由蒋沁燕、耿耿编写,单元2由李佳勤、李亚琦编写,单元3由李佳蒙、和化元编写,单元4由陈盛、吕律编写,单元5由蒋沁燕、符瑜编写,单元6由李曼媛、唐建生编写,单元7由赵勇生编写,单元8由韦维涛编写,单元9由孙春和编写。广西联华超市股份有限公司总经理覃文峰、广西晟日电子有限公司总经理韦冬冬等均对教材开发、课程资源建设等提出了切实可行的意见和建议。

本书在编写的过程中参考并采纳、吸收了相关资料的一些精辟论述和见解,得到了不少同行的指导,在此一并表示诚挚谢意!

本书虽经反复讨论、修改,但由于编者水平所限,书中难免存在不足之处,恳请各位专家、同行和广大读者批评指正,提出宝贵的意见或建议,以便再版时完善。

编者

2024 年 10 月

目　录

单元1

管理与管理学

【情景导入】

    某物业管理公司的总经理秉持"用卓越的服务不断提升顾客满意度"，并以此作为公司的企业文化。经过两年的运作，他发现部门间在协调、协作上常常产生很多的问题。由于各部门协作不畅，因此顾客常常进行投诉，物业管理公司的顾客满意度极低。

    如有位客户打报修电话，电力系统工程部接到电话后，派相关人员到达现场，经过检查，发现问题不是出在他们所负责的弱电，于是这位工程师给负责强电的主管打电话，但对方认为应该由负责弱电的电力系统工程部解决。由于双方之间的冲突，顾客没有得到及时服务，因此向公司投诉。类似这种状况在物业管理公司司空见惯，如果没有上层主管确定谁应负责，事情要推动就非常困难，因此总经理感到压力重重。

    问题：

    1. 分析案例中体现的管理实质是什么？管理作用如何体现。

    2. 用管理的科学性与艺术性分析这个案例。

    3. 如何解决该物业管理公司的管理问题，你有哪些建议？

1.1 管理概述

1.1.1 管理的定义

管理活动自古即有，随着人类文明的发展，人们越来越认识到管理的重要性，但什么是管理，在不同的背景下，从不同的角度出发，人类对管理有不同的理解，其中比较有代表性的有以下几种。

"管理科学之父"泰罗认为：管理就是要确切知道要别人去干什么，并注意用最好、最经济的方法去干。

"一般管理理论之父"法约尔认为：管理就是实行计划、组织、指挥、协调和控制，是一种分配于领导人与整个组织成员之间的职能。美国管理学家约瑟夫·梅西等基本同意这一观点，把管理视为"一个合作的群体将各种行动引向共同目标的过程"。

美国管理学家德鲁克认为：管理不只是一门学问，还应是一种"文化"，它有自己的价值观、信仰和语言。管理根植于一种文化、一种传统价值习惯和信念之中，根植于政府制度和政治制度之中。

我国著名学者周三多对管理定义的表述：管理是为了实现组织的共同目标，在特定的时空中，对组织成员在目标活动中的行为进行协调的过程。

综合来看，管理是指一定组织中的管理者，通过实施计划、组织、领导、控制等职能来协调他人的活动，使别人与自己一起实现既定目标的活动过程。

1.1.2 管理的性质

管理作为一种普遍的社会活动，起源于社会成员劳动的集体性，以及社会成员在劳动和社会生活过程中相互交往的必要性。管理的性质可从管理的属性和特征两个方面进行分析。

1.1.2.1 管理的属性

管理的属性是管理活动本身具有的、通过与其他事物的联系表现出来的内部规定性。它具有下面两类属性。

（1）自然性

管理的自然性体现在以下三个方面：①管理是人类活动的客观需要；②管理是社会劳动过程中的一种特殊职能；③管理也是生产力。管理使得社会或组织拥有的各种经济资源、生产要素得到有效利用，使得从事社会劳动的人的积极性得到充分发挥，科学技术转化为生产力也需要有效的管理。而以上性质不以人的意志为转移，也不因社会制度和意识形态不同而改变，完全是一种客观存在，这就是管理的自然属性。

（2）社会性

管理是人类社会有目的、有意义的社会活动。管理的主体和对象都由有主观意识的人构成。人是一切社会关系的总和，人们的行为受到社会关系的广泛制约。管理作为支配、调节和控制社会关系的措施，存在于一切社会关系中，受到社会关系的制约，遵循社会发展的规律。管理活动随人类社会的发展而发展，与人类社会共始终。

马克思认为，任何社会的管理都具有双重属性：自然属性和社会属性。"指挥劳动"是同生产力直接联系的，是由共同劳动的社会化性质产生的，是进行社会化大生产的一般要求和组织劳动协作过程的必要条件，它表现了管理的自然属性。"监督劳动"是同生产关系直接联系的，是由共同劳动所采取的社会结合方式的性质产生的，是维护社会生产关系和实现社会生产目的的重要手段，它表现了管理的社会属性。

1.1.2.2 管理的特征

管理既是一门科学，也是一门艺术，具有以下基本特征。

（1）科学性与艺术性

它研究管理过程中的客观规律，并形成一般管理理论和原理。但管理活动是处理和协调人与人之间关系的社会活动，管理主体是人，人是有思想、有意识的高级社会动物。虽然管理活动必须遵循客观规律，但是管理者在应用管理理论指导管理实践时，不可能像自然科学应用其定理和公式去指导自然科学实践那么"刻板"和"一丝不苟"，而是要求管理者在管理实践中灵活多变地运用管理理论，对具体问题进行具体分析，因人、因事、因时、因地制宜，发挥创造性的艺术。

（2）历史性

管理的内容和形式受一定时代的政治、经济和文化条件的制约。随着生产力和科学技术的发展，人们对自然和社会的认识不断深化，人类活动的范围、规模、内容、方式不断拓展，管理活动的领域、规模和层次也不断发展。随着人们对管理规律的认识和管理理论的创新，管理的组织形式、工作原则和方法手段也不断创新。不同历史条件下的政治、经济和文化背景不同，革命与建设的形势和任务也不同，管理的目标、任务和措施具有鲜明的时代特色。

（3）创新性

管理的创新性是指：管理既然是一种动态活动，又没有统一的模式可以参照，要实现既定的组织目标，就需要有一定的创造性。管理的理念、观念要不断地创新，管理的模式、方法同样需要不断地创新。管理的创造性根植于动态性之中，与科学性和艺术性相关，正是由于这一特性的存在，才使得管理创新成为必需和必然。

（4）经济性

从资源的配置使用需要成本的角度看，管理的经济性主要体现在三个方面。首先，反映在资源配置的机会成本上，管理者选择一种资源配置方式是以放弃另一种或几种资源配置方式为代价的，这里有一个筹划选择的过程。其次，在管理方式方法的选择上也有一个成本比较，因为在众多资源配置的方式方法中，不同方法的成本不一样，所以，如何选择要从经济性的角度考虑问题。最后，管理是对资源有效整合的过程，选择不同的资源供给和配比也有成本多少的考虑。

（5）应用性

管理的应用性体现在两个方面：一是管理的理论来自管理的实践活动。管理的理论和方法是人们长期对各种管理实践活动进行分析、总结、概括、升华的结果；二是管理又是一门具有极强实践性的应用学科，只有把管理理论同管理实践相结合，不断总结管理实践中的经验，管理理论才能不断丰富和发展。

1.1.3 管理的对象

管理的对象是管理者为实现管理的目标，通过管理行为作用其上的客体，管理的对象包括以下几个方面。

（1）人员

人是管理对象中的核心要素，所有管理要素都是以人为中心存在和发挥作用的。管理者要在人与人之间的互动关系中，通过科学的领导和有效的激励，最大限度地调动人的积极性，以保证目标的实现。管理人是管理者最重要的职能。

（2）资金

资金是任何社会组织，特别是营利性经济组织极为重要的资源，是管理对象的关键要素。要保证职能活动的正常进行，经济、高效地实现组织目标，就必须对资金进行科学的管理。

（3）信息

信息是极为重要的管理对象，信息既是组织运行、实施管理的必要手段，又是一种能带来效益的资源。管理者必须高度重视，并科学地管理信息。

（4）物资设备

物资设备是社会组织开展职能活动、实现目标的物质条件与保证。通过科学的管理，充分发挥物资设备的作用，也是管理者需具备的职能。

（5）时间

时间是组织的一种流动形态的资源，也是最重要的管理要素。管理者必须重视对时间的管理，真正树立"时间就是金钱"的意识，科学地利用时间，提高效率。

【素质课堂】

"江山就是人民、人民就是江山"

习近平总书记指出："江山就是人民、人民就是江山。"我们党自成立之日起，就把为中国人民谋幸福、为中华民族谋复兴确立为自己的初心和使命。习近平总书记还指出："我常说，我们的目标很宏伟，也很朴素，归根结底就是让全体中国人民都过上好日子。以人民为中心是我们的根本执政理念。"

人是管理活动的核心，是管理的本质，组织或企业都应该坚持以人为本，沟通、协调好人员关系，实现组织或企业为人民谋幸福的初心使命。

1.1.4 管理的主要职能

1.1.4.1 计划职能

计划是为实现组织既定的目标而对未来的行动进行规划和安排的工作过程。在具体内容上，它包括组织目标的选择和确立，实现组织目标方法的确定和选择，计划原则的确立，计划的编制以及计划的实施。计划是全部管理职能中最基本的职能，也是实施其他管理职能的条件。计划是为决策服务的，是实施决策的工具和保证。

1.1.4.2　组织职能

为实现组织的目标和计划，必须设计和维持一种职务结构，在这一结构里，把为达到目标所必需的各种业务活动进行组合分类，把管理每一类业务活动所必需的职权授予主管这类工作的人员，并规定上下左右的协调关系。为有效实现目标，还必须不断对这个结构进行调整，这一过程即组织。组织为管理工作提供了结构保证，它是进行人员管理、指导和领导、控制的前提。

1.1.4.3　领导职能

领导就是对组织内每位成员和全体成员的行为进行引导和施加影响的活动过程，其目的在于使个体和群体能够自觉自愿而有信心地为实现组织既定目标而努力。领导职能是管理过程中最经常、最关键的职能。领导职能包括：选择正确的领导方式；运用权威，实施指挥；激励。

1.1.4.4　控制职能

控制是按既定目标和标准对组织的活动进行监督、检查，发现偏差，采取纠正措施，使工作能按原定计划进行或适当调整计划以达到预期目的。控制工作是一个延续不断、反复发生的过程，其目的在于保证组织实际的活动及其成果同预期目标一致。

管理创新职能

1.2　管理者

管理者是从事管理活动，担负计划、组织、领导和控制职能以实现组织目标的人。管理者合格与否在很大程度上取决于前述五种管理职能的履行情况。为了有效履行各种职能，管理者必须明确自己的角色以及在角色的扮演中需要具备的技能。

1.2.1　管理者的角色

亨利·明茨伯格经过认真研究指出，管理者扮演着十种角色，这十种角色可被归为三大类：人际关系角色、信息传递角色和决策制定角色。

1.2.1.1　人际关系角色

人际关系角色直接产生自管理者的正式权力基础，管理者在处理与组织成员和其他利益相关者时，他们就在扮演人际角色。管理者所扮演的三种人际角色是代表人角色、领导者角色和联络者角色。

（1）代表人角色

作为组织的代表，行使一些具有礼节性质的职责。例如，管理者有时必须迎接来访者、签署法律文件、出席社区的集会或宴请重要客户等。在这样做的时候，管理者行使着代表人的角色。

(2)领导者角色

由于管理者对所在单位的成败负重要责任，他们必须在工作小组内扮演领导者的角色，负责激励下属，承担人员配备、培训以及有关的职责。对这种角色而言，管理者和员工一起工作并通过努力来确保组织目标的实现。

(3)联络者角色

管理者无论是在同组织内的个人或工作小组一起工作时，还是在建立同外部利益相关者的良好关系时，都起着联络者的作用。管理者必须对重要的组织问题有敏锐的洞察力，从而能够在组织内外建立关系和网络。

1.2.1.2 信息传递角色

在信息传递角色中，管理者负责确保和其一起工作的人具有足够的信息，从而能够顺利完成工作。管理责任的性质决定了管理者既是所在单位的信息传递中心，也是组织内其他工作小组的信息传递渠道。整个组织的人依赖于管理结构和管理者以获取或传递必要的信息，以便完成工作。管理者所扮演的三种信息传递角色是监督者角色、传播者角色和发言人角色。

(1)监督者角色

作为监督者，管理者必须持续关注组织内外环境的变化以获取对组织有用的信息。管理者通过接触下属来搜集信息，并且从个人关系网中获取对方主动提供的信息。根据这种信息，管理者可以识别工作小组和组织的潜在机会和威胁。

(2)传播者角色

在管理者作为传播者的角色中，管理者把他们作为信息监督者所获取的大量信息分配出去。作为传播者，管理者把重要的信息传递给工作小组成员。管理者有时也向工作小组隐藏特定的信息。更重要的是，管理者必须保证员工具有必要的信息，以便切实有效地完成工作。

(3)发言人角色

管理者须把信息传递给单位或组织以外的个人，例如，必须向董事和股东说明组织的财务状况和战略方向，必须向消费者保证组织在切实履行社会义务，以及必须让政府官员对组织遵守法律的态度感到满意。

1.2.1.3 决策制定角色

管理者也起着决策者的作用。在决策制定角色中，管理者处理信息并得出结论。如果信息不用于组织的决策，这种信息就丧失其应有价值。管理者负责作出组织的决策，他们让工作小组按照既定的路线行事，并分配资源以保证小组计划的实施。管理者扮演着四种决策制定角色，即企业家角色、混乱驾驭者角色、资源分配者角色及谈判者角色。

(1)企业家角色

在前述的监督者角色中，管理者密切关注组织内外环境的变化和事态的发展，以便发现机会。作为企业家，管理者对所发现的机会进行投资，以利用这种机会，如制定战略，检查会议决议执行情况，开发新产品、提供新服务或发明新工艺等。

（2）混乱驾驭者角色

一个组织无论被管理得多好，其在运行的过程中，总会遇到或多或少的冲突或问题。管理者必须善于处理冲突和解决问题，如平息客户的怒气，同不合作的供应商进行谈判，或者对员工之间的争端进行调解等。

（3）资源分配者角色

作为资源分配者，管理者决定组织资源用于哪些项目。尽管我们一想起资源，就会想起财力资源或设备，但其他类型的重要资源也被分配给项目。例如，当管理者选择把时间花在这个项目而不是那个项目时，实际上是在分配一种资源。除时间以外，信息也是一种重要资源，管理者是否在信息获取上为他人提供便利，通常决定着项目的成败。

（4）谈判者角色

对所有层次管理工作的研究表明，管理者把大量的时间花费在谈判上。管理者的谈判对象包括员工、供应商、客户和其他工作小组。无论是何种工作小组，其管理者都进行必要的谈判工作，以确保小组朝着组织目标迈进。

需要说明的是明茨伯格所阐述的角色并不完整，如管理人员的评估、战略评估等工作并没有包括在内，有待进一步完善和补充。但这种角色分类的方法对于认识和了解管理者的角色有一定的借鉴作用。

【案例 1-1】

李经理担任某宾馆的总经理已经 10 年了，她工作非常勤奋，以下是她在某一天的工作安排：

上午召开高层领导班子碰头会；视察第三分部；下午写一篇十分钟的演讲稿子，以便在第二天的旅游业协会上致辞。

5：40~5：50：浏览报纸，了解最新的资讯，尤其关注旅游业、酒店业有关信息。

6：00~7：20：召开高层领导碰头会，会议有四个议题，分别是运营副总经理汇报全面质量管理计划的进展情况、讨论年度资金预算情况、解决第二分部由于供热系统出现问题而引起的顾客投诉、讨论如何针对今年的五一假期做广告来提高宾馆的收入。李经理对会议的内容和结果比较满意，因为大家发言踊跃，对会议的内容准备得很充分。

7：30~7：45：李经理利用这段时间和这种形式激励员工，使每位员工一天都有好心情，她带领大家做早操、唱早歌。

7：50~11：30：视察第三分部。李经理坚持每月实地考察一次。她认为实地考察至少有三个好处，一是可以直接获得更可靠的信息；二是可以激励员工、振奋人心；三是可以拉近与顾客的距离。李经理到达目的地后，走访了很多员工及一些顾客，与他们进行了亲切的交谈，对于他们提出的问题也记录在笔记本上，以备改进，之后她又检查了餐厅、客房、游艺厅等。

13：30~15：00：李经理与装修公司的胡经理就总部翻新工程进行面谈。

送走胡经理后，李经理继续写演讲稿。

试分析：

从李经理一天的工作安排来看，她扮演了哪些角色？

【素质课堂】

当前处于百年变局之际，地缘冲突加剧，经济全球化遭遇"回头浪"，全球治理体系面临严峻挑战。在这个重要历史关头，习近平主席在博鳌亚洲论坛2022年年会开幕式上的主旨演讲中指出："冲出迷雾走向光明，最强大的力量是同心合力，最有效的方法是和衷共济""人类是休戚与共的命运共同体，各国要顺应和平、发展、合作、共赢的时代潮流，向着构建人类命运共同体的正确方向，携手迎接挑战、合作开创未来"。今天的中国在世界扮演着多种重要的角色，如和平与安全的建设者、发展与繁荣的贡献者、当今国际秩序的维护者、绿色发展的推动者、卫生共同体的建设者等。

企业的管理者也扮演着多种角色，要扮演好这些角色，需要管理者与员工建立合作伙伴关系，开展谈判，激励下属，解决冲突，建立信息网络，在拥有很少或模糊的信息情况下果断做出决策，以及合理地分配资源。

1.2.2 管理者的层次与类型

一般而言，一个组织可以分为两个层次：操作层和管理层。对应的成员即操作者和管理者，见表1-1所列。

表1-1 组织人员类型

人员类型	职责描述	实例
操作者	直接从事某项工作和任务，不具有监督其他人工作的职责	装配线上安装防护板的工人、饭店中掌勺的厨师或者银行办理柜台业务的职员
管理者	指挥别人活动的人，处于操作者之上的组织层次中，也可能担任某些作业职能	除负责监督财务部门办事人员的工作之外，还可能承担一部分具体业务职责的财务科长

管理层次是指组织管理者之间由一系列管理与被管理关系构成的等级链中的层级。组织管理层次的分解方式因组织规模和性质的不同而有差异。组织的管理层次一般分为三个层级：高层管理（战略管理）、中层管理（战术管理）、基层管理（运作管理）。相对应的管理者分别为：高层管理者、中层管理者、基层管理者（表1-2、图1-1）。各管理层次构成了金字塔形状，越到下层，人员越多，工作总量越大。

表1-2 组织管理人员层次

管理者类型	职责描述	实例
高层管理者（战略管理者）	处于组织的最高层，是对整个组织的管理负全面责任的人，主要职责是制定组织的总目标、总战略，掌握组织的大政方针并评价整个组织的绩效	建立宏伟目标，达成群体共识；制订战略计划，调整组织分工；汇集各项资源，进行合理配置；提出核心理念，塑造企业文化

(续)

管理者类型	职责描述	实例
中层管理者（战术管理者）	处于承上启下层面，贯彻执行高层管理者制定的重大决策，监督和协调基层管理者的工作。与高层管理者相比，中层管理者特别注重日常的管理工作	建立工作团队，明确人员分工；规范工作程序，建立管理标准；加强计划管理，实施日常考核；激发下属动力，培育下属能力
基层管理者（运作管理者）	处于一线管理者地位，给下属的基层操作者分派具体工作任务，直接指挥和监督现场作业活动，保证各项任务的有效完成	建立工作关系，明确下属任务；制订作业方法，明确工作标准；进行工作指导，加强检查培训；实施工作改善，不断发展创新

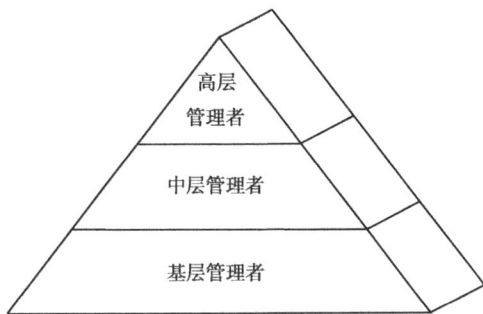

图 1-1 管理者层次

高层管理者、中层管理者和基层管理者在工作特性表现上也有一定的差异，具体见表 1-3 所列。

表 1-3 各层次管理者的工作特性

工作特性	经营方针	管理目标	考虑管理活动的时间范围	工作活动范围	复杂程度	工作计量	工作内容	采用信息来源	智力特征	人数
高层管理者	重要	适当考虑	5 年以上	极为广泛	非常复杂	困难	计划、政策、战略	组织外部	创造性	少数
中层管理者	适当考虑	重要	1 年	全部工作职能	不太复杂	不困难	按计划实施	组织内部	有效性	适当人数
基层管理者	不重要	重要	每日	单项工作职能	简单易行	较易	最终活动	组织内部	业务性	多数

【案例 1-2】

小张是新提拔的配送部经理，配送部每天都要处理大量的配送业务。在一般情况下，登记订单、按单备货、发送货物都是由部门中的业务人员承担的。但在小张被提拔为部门经理后的前几天，接连发生了多起配送失误，例如，把 A 的货配送给了 B，B 要的货配送给了 C，引起了顾客的强烈不满，投诉率大大提高。今天又有大量订单要配送，小张不想让诸如此类的事情发生，他亲自到现场进行核单工作。

试分析：

1. 配送部经理属于哪一层次的管理者？该层次管理者的主要职责是什么？

2. 小张作为配送部经理是否应该亲自到现场核单？

1.2.3 管理者的素质

管理者的素质，就是管理者所具有的先天生理条件以及通过后天的学习与社会实践所形成的、在管理活动中经常起作用的各内在要素的总和，见表1-4所列。

表1-4 管理者的素质

素质类型	内容
品德素质	坚持理想信念，提升道德境界，追求高尚情操，品格正直、坚守正道、弘扬正气
知识素质	广博的科学文化知识，扎实的专业知识
能力素质	多谋善断的思维能力，调兵遣将的组织能力，循循善诱的协调能力
身心素质	健全的人格，健康的体魄

【素质课堂】

立德树人

国无德不兴，人无德不立。习近平总书记一贯高度重视培养社会主义建设者和接班人，把立德树人作为教育的中心环节。

北宋政治家、史学家、文学家司马光按德才差别将人分为四类："德才全尽谓之'圣人'，才德兼亡谓之'愚人'，德胜才谓之'君子'，才胜德谓之'小人'"。他强调有才无德者断不可用。

你认可司马光的观点吗？请谈谈你的看法。

1.2.4 管理者的技能

根据罗伯特·卡茨(Robert Katz)的研究，管理者需要具备三类技能，见表1-5所列。

表1-5 管理者的技能

技能类型	含义描述	特征表现
技术技能	管理者从事管理范围内的工作所需要的技术和方法	专业知识、经验；技术、技巧；程序、方法、操作与工具运用熟练程度
人际技能	管理者成功与别人打交道并与别人沟通的能力	观察人、理解人、掌握人的心理规律的能力；人际交往、融洽相处、与人沟通的能力；了解并满足下属需要、进行有效激励的能力；善于团结他人、增强向心力和凝聚力的能力等
概念技能	管理者对事物的洞察、分析、判断、抽象和概括的能力	对复杂环境和管理问题的观察、分析能力；对全局性的、战略性的、长远性的重大问题进行处理与决断的能力；对突发性紧急境遇的应变能力等

管理者在行使管理职能和扮演三类角色时，必须具备这三类技能，但不同层次的管理者由于所处的具体层次、职位不同，其工作的重点也不同，因此对这三种管理技能的需要程度也就不同，如图 1-2 所示。

高层管理者	概念技能	技术技能	人际技能
中层管理者	概念技能	技术技能	人际技能
基层管理者	概念技能	技术技能	人际技能

图 1-2   各层次的管理者所需要的管理技能比例

1.3   管理环境

任何一个组织都不可能孤立地存在或总是处于一个环境之中，环境对组织的运行与发展产生着重要的影响。因此，管理活动需要了解环境、分析环境、估计环境的变化、营造良好的环境、利用有利的环境机遇、避免或能够应对不利的环境影响。

管理者面临
的新时代

1.3.1   管理环境的概念与类型

管理环境就是组织环境，它是指对组织的运行与绩效有间接或潜在影响的，而组织无法直接对其施加管理作用的那些因素和条件的集合。管理环境的具体类型见表 1-6 所列。

表 1-6   管理环境的具体类型

环境类型		内容描述
内部环境		内部环境是指组织内部的各种影响因素和资源的总和，是组织系统运转的内部基础。组织资源包括人、财、物、技术、信息等，可分为有形资源和无形资源两大类
外部环境	宏观环境 (一般环境)	宏观环境是由外部环境的宏观因素组成的，这些因素构成了管理者的决策背景。宏观环境包括政治法律环境、经济环境、社会文化环境、科技环境、自然环境等
	微观环境 (具体环境、行业环境)	微观环境是由组织实体、团队以及组织互动并有业务往来的各种人构成，这些环境因素是组织进行日常活动时直接产生的。微观环境包括顾客、供应商、竞争者、特殊利益群体(包括工会、中国消费者协会、绿色和平组织等)等

1.3.2   管理环境分析

1.3.2.1   组织内部环境分析

组织的内部环境是指存在于特定组织之内，决定着管理系统的存在以及影响其发展的客观因素的总和，既包括人员、设备、经费等实体性因素，也包括规章、条例、制度等体制性因素，还包括人际关系、组织氛围等无形因素。这些因素既是管理实践赖以进行的基础，又是管理工作的直接内容。因此，从某种意义上讲，对内部环境的管理意味着组织范围内的全部管理活动。

组织内部环境分析的目的是掌握组织的历史及当下状况，明确组织自身具有的优势和劣势。有助于组织制订有针对性的战略计划，有效统筹利用资源，充分利用组织优势；同时，采取有效措施改进组织劣势，抑制或力避组织劣势，发挥组织优势。

组织内部环境分析的方法包括资源价值分析、经营力分析、内部管理分析、组织业绩分析、组织自我评价、价格成本分析、竞争地位分析、战略运行效果分析、核心竞争力分析、价值链构造与分析、组织活力分析等。

1.3.2.2 组织外部环境分析

(1)宏观环境分析的 PEST 分析法

宏观环境分析中的关键要素包括政治(political)、经济(economic)、社会(social)、科技(technological)，这四个因素的英文首字母组合起来就是 PEST，所以宏观环境分析也被称为 PEST 分析，如图 1-3 所示。可用这种方法客观地分析企业所处的外部环境，强调对组织产生影响的关键因素，并识别企业组织所面临的机会和威胁。

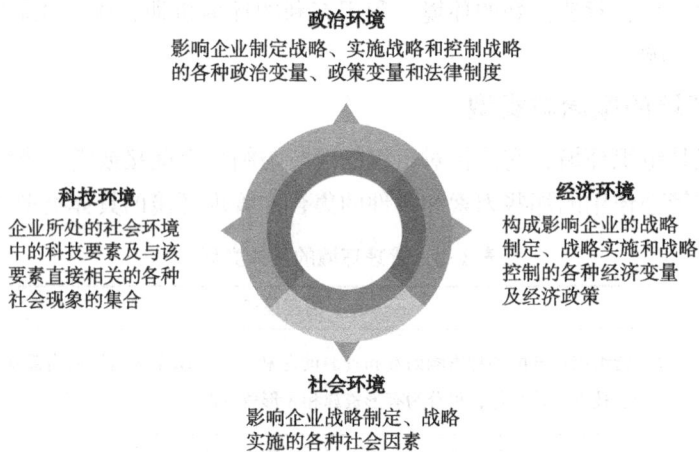

政治环境
影响企业制定战略、实施战略和控制战略的各种政治变量、政策变量和法律制度

科技环境
企业所处的社会环境中的科技要素及与该要素直接相关的各种社会现象的集合

经济环境
构成影响企业的战略制定、战略实施和战略控制的各种经济变量及经济政策

社会环境
影响企业战略制定、战略实施的各种社会因素

图 1-3 组织外部环境 PEST 分析

(2)微观环境分析的五力模型分析法

企业在日常生产经营过程中需要面对具体的环境，环境在不停地变化，这就要求企业随时根据环境的变化决定其生产、经营的战术和具体策略，因此，企业的具体环境分析也成了企业环境分析的重点。常用的微观环境分析方法主要是迈克尔·波特(Michael Porter)提出的行业竞争分析方法。按照迈克尔·波特的观点，一个行业的激烈竞争，其根源在于其内在的经济结构。在一个行业中存在五种基本竞争力量，即现有竞争者、潜在进入者、供应商、顾客、替代品竞争者，这五种基本竞争力量的作用是不同的，问题的关键是在该行业中的企业应当找到能较好防御这五种力量的位置，甚至对这五种力量施加影响，使他们有利于本企业，如图 1-4 所示。

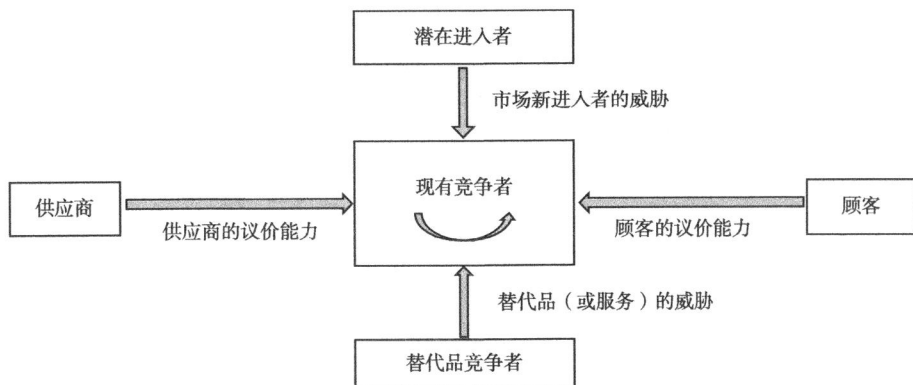

图1-4 五力分析模型

①现有竞争者 大部分行业中的企业，相互之间的利益都是紧密联系在一起的，作为企业整体战略一部分的各企业竞争战略，其目标都在于使得自己的企业获得相对于竞争对手的优势，所以，在实施中就必然会产生冲突与对抗现象，这些冲突与对抗就构成了现有企业之间的竞争。现有企业之间的竞争常常表现在价格、广告、产品介绍、售后服务等方面，其竞争强度与许多因素有关。

②潜在进入者 潜在进入者在给行业带来新生产能力、新资源的同时，希望在已被现有企业瓜分完毕的市场中赢得一席之地，这就有可能与现有企业发生原材料与市场份额的竞争，最终导致行业中现有企业盈利水平降低，严重时还有可能危及这些企业的生存。竞争性进入威胁的严重程度取决于两方面的因素，即进入新领域的障碍大小与预期现有企业对于进入者的反应情况。进入障碍主要包括规模经济、产品差异、资本需要、转换成本、销售渠道开拓、政府行为与政策、不受规模支配的成本劣势、自然资源、地理环境等方面，其中有些障碍是很难借助复制或仿造的方式来突破的。现有企业对进入者的反应，尤其是采取报复行动出现的可能性，这取决于有关厂商的财力情况、报复记录、固定资产规模、行业增长速度等。总之，新企业进入一个行业的可能性大小，取决于进入者主观估计进入所能带来的潜在利益、所需花费的代价与所要承担的风险这三者的相对大小。

③供应商 供方主要通过其提高投入要素价格与降低单位价值质量的能力，来影响行业中现有企业的盈利能力与产品竞争力。供方力量的强弱主要取决于他们所提供给买主的是什么投入要素，当供方所提供的投入要素价值占据买主产品总成本的较大比例、对买主产品生产过程非常重要或者严重影响买主产品的质量时，供方对于买主的潜在议价能力就大大增强。一般来说，满足如下条件的供方集团会具有比较强大的议价能力：供方行业为一些具有比较稳固市场地位而不受市场激烈竞争困扰的企业所控制，其产品的买主很多，以至于单个买主不可能成为供方的重要客户；供方各企业的产品各具特色，以至于买主难以转换或转换成本太高，或者很难找到可与供方企业产品相竞争的替代品；供方能够方便地实行前向联合或一体化，而买主难以进行后向联合或一体化。

④顾客 顾客主要通过压价与要求提供较高的产品或服务质量的能力，来影响行业中现有企业的盈利能力。其议价能力产生的影响主要由于以下原因：顾客的总数较少，而每

个顾客的购买量较大，占了卖方销售量的很大比例；卖方行业由大量规模相对较小的企业组成；顾客所购买的基本上是一种标准化产品，同时向多个卖主购买产品在经济上也完全可行；顾客有能力实现后向一体化，而卖主不可能进行前向一体化。

⑤替代品竞争者　两个处于不同行业中的企业，可能会由于所生产的产品是互为替代品，从而在它们之间产生相互竞争行为，这种源自替代品的竞争会以各种形式影响行业中现有企业的竞争战略：现有企业产品售价以及获利潜力的提高，将由于存在着能被用户方便接受的替代品而受到限制；由于替代品竞争者的侵入，现有企业必须提高产品质量或者通过降低成本来降低售价，或者使其产品具有特色，否则其销量与利润增长的目标就有可能受挫；源自替代品竞争者的竞争强度，受产品买主转换成本高低的影响。

（3）内外部环境综合分析

任何组织的经营过程，实际上是不断在其内部环境、外部环境及经营目标三者之间寻求动态平衡的过程。管理要通过组织内部的各种资源和条件来实现，因此，组织必须分析其内部环境，找出组织的优势和劣势。同时，要分析组织面临的外部环境。SWOT 分析法是优势（strengths）、劣势（weaknesses）、机会（opportunities）、威胁（threats）分析法的简称，是由哈佛商学院的肯尼斯·安德鲁斯（Kenneth Andrews）于 1971 年在其《企业战略管理》一书中提出的最常用的内外部环境综合分析技术，见表 1-7 所列。

所谓 SWOT 分析，即基于内外部竞争环境和竞争条件下的态势分析，就是将与研究对象密切相关的各种主要内部优势、劣势和外部的机会、威胁等，通过调查列举出来，并依照矩阵形式排列，然后用系统分析的思想，把各种因素相互匹配起来加以分析，从中得出一系列相应的结论，而结论通常带有一定的决策性。运用这种方法，可以对研究对象所处的情景进行全面、系统、准确的研究，从而根据研究结果制订相应的发展战略、计划以及对策等。

把 SWOT 分析中的四个维度综合起来考虑，即可构造 SWOT 分析矩阵，见表 1-8 所列。

表 1-7　SWOT 分析法

因素	内容描述
优势（S）	优势是组织机构的内部因素，是指一个企业超越其竞争对手的能力，或者指企业所特有的能提高企业竞争力的因素。具体包括：有利的竞争态势、充足的财政来源、良好的企业形象、技术力量、规模经济、产品质量、市场份额、成本优势、广告攻势等
劣势（W）	劣势是组织机构的内部因素，是指一个企业所缺少或做不好的东西，或指某种对企业不利的条件。具体包括：设备老化、管理混乱、缺少关键技术、研究开发落后、资金短缺、经营不善、产品积压、竞争力差等
机会（O）	机会是组织机构的外部因素，是指影响企业战略的重大因素。具体包括：新产品、新市场、新需求、外国市场壁垒解除、竞争对手失误等
威胁（T）	威胁是组织机构的外部因素，是指存在的某些对企业的盈利能力和市场地位构成威胁的因素。具体包括：新的竞争对手、替代产品增多、市场紧缩、行业政策变化、经济衰退、客户偏好改变、突发事件等

表 1-8　SWOT 分析矩阵

外部环境	内部环境	
	优势(S) 如在管理、营销、经营、财务、研发等 方面的优点	劣势(W) 如在管理、营销、经营、财务、研发等 方面的缺点
机会(O) 如目前与将来的经济条件、政治和社会变化、新产品、服务和技术等	优势-机会(SO) 极大-极大化 增长型战略	劣势-机会(WO) 极大-极小化 扭转型战略
威胁(T) 如经济萧条或业务周期的冲击、人口特征或社会消费方式的不利变动、新竞争对手或替代品的出现等	优势-威胁(ST) 极小-极大化 多元化或一体化战略	劣势-威胁(WT) 极小-极小化 紧缩或防御型战略

在完成环境因素分析和 SWOT 矩阵的构造后，便可以制订出相应的行动计划。制订计划的基本思路是：发挥优势因素，克服劣势因素，利用机会因素，化解威胁因素；考虑过去，立足当前，着眼未来。运用系统分析的综合分析方法，将排列与考虑的各种环境因素相互匹配并加以组合，可以得出一系列公司未来发展的可选对策。

①优势-机会(SO)　SO 战略是一种发展企业内部优势与利用外部机会的战略，是一种理想的战略模式。当企业具有特定方面的优势，而外部又为发挥这种优势提供有利机会时，可以采取该战略。例如，良好的产品市场前景、供应商规模扩大和竞争对手有财务危机等外部条件，配以企业市场份额提高等内部优势，可成为企业收购竞争对手、扩大生产规模的有利条件。

②劣势-机会(WO)　WO 战略是利用外部机会来弥补内部劣势，使企业克服劣势而获取优势的战略。企业在发展中会遇到一些外部机会，但由于企业存在一些内部劣势而妨碍其利用机会，因此可采取措施先克服这些劣势。例如，若企业劣势是原材料供应不足和生产能力不够，从成本角度看，前者会导致开工不足、生产能力闲置、单位成本上升，而加班加点会导致一些附加费用。在产品市场前景看好的前提下，企业可利用供应商扩大规模、新技术设备降价、竞争对手财务危机等机会，实现纵向整合战略，重构企业价值链，以保证原材料供应，同时可考虑购置生产线来克服生产能力不足及设备老化等劣势。通过克服这些劣势，企业可进一步利用各种外部机会，降低成本，取得成本优势，最终赢得竞争优势。

③优势-威胁(ST)　ST 战略是指企业利用自身优势，回避或减轻外部威胁所造成的影响。例如，竞争对手利用新技术大幅度降低成本，给企业造成很大成本压力；材料供应紧张，其价格可能上涨；消费者要求大幅度提高产品质量；企业要支付高额环保成本；等等。这些会导致企业成本状况进一步恶化，使之在竞争中处于非常不利的地位。但若企业拥有充足的现金、熟练的技术工人和较强的产品开发能力，便可利用这些优势开发新工艺，简化生产工艺流程，提高原材料利用率，从而降低材料消耗和生产成本。另外，开发

新技术产品也是企业可选择的战略。新技术、新材料和新工艺的开发与应用是最具潜力的成本降低措施，同时它可提高产品质量，从而回避外部威胁的影响。

④劣势-威胁（WT）　WT战略是一种旨在减少内部优势，回避外部环境威胁的防御型战略。当企业处于内忧外患状态时，往往面临生存危机，降低成本也许可以成为改变劣势的主要措施。当企业成本状况恶化，原材料供应不足，生产能力不够，无法实现规模效益，且设备老化，使企业在成本方面难以有大作为时，企业将被迫采取目标集聚战略或差异化战略，以回避成本方面的劣势及其带来的威胁。

SWOT分析法运用于企业成本战略分析，可使企业发挥优势，利用机会克服劣势，回避风险，获取或维护成本优势，将企业成本控制战略建立在对内部因素分析及对竞争对手势态的判断等基础上。而若要充分认识企业的优势、机会、劣势和威胁，价值链分析等均可为其提供方法与途径。

组织环境的
四种形式

1.4 管理学

管理学是一门综合性的交叉学科，是系统研究管理活动的基本规律和一般方法的科学。管理学是适应现代社会化大生产的需要产生的，它的目的是：研究在现有的条件下，如何通过合理地组织和配置人、财、物等因素，提高生产力的水平。

1.4.1 管理学的性质

1.4.1.1 管理学是一门综合性的交叉学科

管理的二重性决定了管理学既不同于以客观自然界为研究对象的自然科学，也不同于以社会发展客观规律为对象的社会科学，而是对自然科学和社会科学的理论成果予以兼收并蓄、综合运用的交叉性学科。管理实践的复杂性也决定了管理学必须综合利用经济学、社会学、政治学、心理学、伦理学、数学等学科的研究成果，利用运筹学、系统论、信息论、控制论、电子计算机科学等的最新成果，对管理进行定性的描述和定量的测算，从中提炼出来行之有效的管理理念，反过来指导管理的实践。

1.4.1.2 管理学是一门紧贴实践的应用性学科

管理学的研究对象和研究目的决定了它是一门与实践紧密相连，对理论成果的应用价值十分重视的学科。管理学通过对管理活动的基本规律和一般方法进行系统总结和科学概括，形成普遍的管理原理和方法，以指导人类的管理实践活动，并在此过程中完成对理论和知识的检验。所以，管理学无论在理论的来源、理论的价值还是在检验理论的方法上，都深深地刻上了实践的烙印。

1.4.1.3 管理学是一门具有鲜明时代特色的学科

正因为管理学的实践特征显著，所以它必然会呈现出鲜明的时代特色。纵观管理者的发展史，我们可以清晰地看到，其始终随着时代的前进而不断积累和完善。从科学管理理论的"动作研究"到人际管理理论的"社会人假设"，从古典组织理论的"官僚制模型"到现代管理理论的"流程再造思想"，管理学始终紧扣社会的脉搏，因此才构筑了具有鲜明特色的学科体系。

1.4.2　管理学的研究对象

管理学是系统研究管理活动基本规律和一般方法的科学，是对管理实践经验的科学总结和理论提升。管理学的目的在于把人类成功的管理经验提炼为一般理论，找出管理活动中的规律，使之成为一种可以学习和遵循的科学方法。无论是在公司、工厂、商店、银行等企业组织，或者在学校、研究所等社会服务组织，尽管工作性质各有不同、管理内容存在差别，但都通过决策、组织、领导、控制等职能，协调资源、提高效率，最终实现组织目标。这就是各行各业管理工作的共同点。

管理工作的共性是建立在各种不同的管理工作的特殊性之上的。就管理的特殊性而言，工厂不同于商店、银行不同于学校、学校不同于医院、政府不同于军队、军队更不同于学术团体……有多少种不同的社会组织，就会有多少种特殊的问题，也就会有多少种解决问题的管理原理和管理方法，由此形成各种不同门类的管理学，如企业管理学、行政管理学、学校管理学、军队管理学等。这些专门管理学根据具体的研究对象还可进一步细分。例如，企业管理学进一步分为工业企业管理学、商业企业管理学、银行管理学、旅游酒店管理学等。但是这些专门管理学中又都包含着共同的、普遍的管理学原理和方法。所以，管理学以各种管理工作中普遍适用的原理和方法作为研究对象。各种管理学关系如图 1-5 所示。

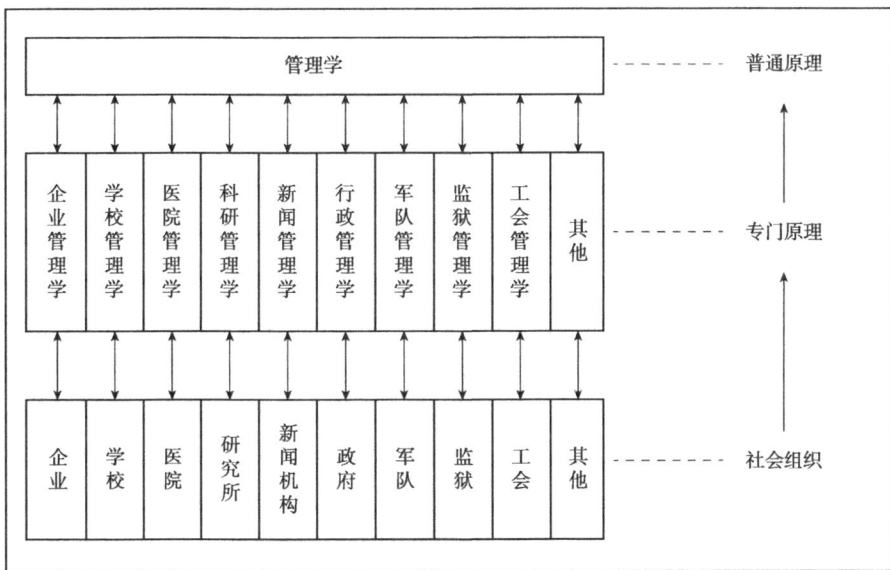

图 1-5　管理学关系图

1.4.3　管理学的研究方法

1.4.3.1　归纳法

归纳法就是通过对客观存在的一系列典型事物(或经验)进行观察，从掌握典型事物的典型特点、典型关系、典型规律入手，进而进行分析研究事物之间的因果关系，从中找出事物变化发展的一般规律，这种典型到一般的研究方法也被称为实证研究。由于管理过程十分复杂，影响管理活动的因素极多，并且相互交叉，人们所能观察到的往往只是综合结果，很难把各个因素的影响程度分解出来，所以大量的管理问题都只能用归纳法进行实证研究。

在管理学研究中，归纳法应用最广，但也有局限性。

首先，一次典型调查（或经验）只是近似于无穷大的总体中的一个样本。所以，实证研究必须对足够多的对象进行研究才有价值。如果选择的研究对象没有代表性，归纳出的结论也就难以反映出事物的本质。其次，研究事物的状态不能人为地重复，管理状态也不可能完全一样，所以，研究得出的结论只是近似的。最后，研究的结论不能通过实验加以证明，只能用过去发生的事实来证明，但将来未必就是过去的再现。

1.4.3.2 试验法

管理中的许多问题，特别在微观组织内部，关于生产管理、设备布置、工作程序、操作方法、现场管理、质量管理、营销方法以及工资奖励制度、劳动组织、劳动心理、组织行为、商务谈判等许多问题都可以采用试验法进行研究。即人为地给出某一试验创造一定条件，观察其实际试验结果，再与未给出这些条件的对比试验的实际结果进行比较分析，寻找外加条件与试验结果之间的因果关系。如果做过多次试验，而且总是得到相同的结果，那就可以得出结论，这里存在某种普遍适用的规律性。著名的霍桑实验就是采用试验法研究管理中人际关系的成功例子。

试验法可以得到接近真理的结论。但是，管理中也有许多问题，特别是高层的、宏观的管理问题，由于问题的性质特别复杂，影响因素很多，不少因素又是协同作用，很难逐个因素孤立地进行试验，并且此类管理问题的外部环境和内部条件特别复杂，要想进行人为的重复也是不可能的。例如，投资决策、生产计划、财务计划、人事管理、资源分配等。

1.4.3.3 演绎法

对于复杂的管理问题，管理学家可以从某种概念出发，或从某种统计规律出发，也可以在实证研究的基础上，用归纳法找到一般的规律性，并加以简化，形成某种出发点，建立起能反映某种逻辑关系的经济模型（或模式），这种模型与被观察的事物并不完全一致，它反映的是简化了的事实，完全合乎逻辑的推理。它是从简化了的实施前提推广得来的，所以，这种方法被称为演绎法。从理论概念出发建立的模型被称为解释性模型，例如，投入产出模型、企业系统动力学模型等都是建立在一定理论概念基础之上的。从统计规律出发建立的模型被称为经济计量模型。建立在经济归纳法基础上的模型被称为描述性模型。

现代科学技术的发展迅速地推动着管理学研究方法的现代化。特别是由于计算机技术的迅速发展，管理中的各种模型，甚至具有几百个变量的线性规划模型都可以在计算机上进行迅速的运算，或者进行动态模拟，如投资决策模拟等。计算机技术和数字科学的发展将大大促进管理学向更加精密的方向发展。

【素质课堂】

构建中国特色管理学体系

构建中国特色管理学体系，需要准确把握新发展阶段，全面贯彻新发展理念，弘扬不唯洋、不唯书、只唯实的学风文风，聚焦新时代、大场景、真问题，关注管理的时代化和中国化趋势，深入挖掘和提炼中国制度情境下的管理实践创新和理论故事，全面总结管理学理论在中国发展的现实道路，推动构建中国管理学的国际话语权，从而为新时代高质量发展提供有价值的本土管理学理论，并为世界管理学研究积极贡献中国理论与中国智慧。

1.4.4　学习管理学的意义

管理的重要性决定了学习管理学的必要性。学习和研究管理学的意义具体表现在以下三个方面。

①学习管理学有助于把握现代管理规律，提高人类实践活动水平。管理学自诞生之日起就将管理活动的基本规律和一般方法作为自己的研究对象，肩负着总结管理理论、传授管理技能、指导管理实践的历史使命。

②学习管理学有助于合理组织生产力的要素，提高生产力水平，充分发挥生产力在人类文明进步中的作用。管理贯穿生产实践的各个环节，通过履行计划、组织、领导、控制等职能，系统地整合了人、财、物等各种资源，从而推动生产力朝更高水平发展。

③学习管理学是个人谋职和从事社会活动的必要准备。对于立志从事管理工作的人来说，系统地学习管理知识，可以为日后的职业发展打下坚实的基础。

综上所述，学习和研究管理学已成为新时代社会进步的必然要求，只有从实际出发，认真学习先进的管理理论，通过丰富多彩的管理实践锻炼自己，才能做到与时俱进，始终走在时代的前列。

【练习与思考】

1. 对照多种管理定义，谈谈自己对管理定义的看法。

2. 有人把创新作为管理的基本职能，你是怎样认为的？

3. 请针对以下管理者角色进行识别。

(1)校长为优秀毕业生颁发证书。

(2)A 企业总经理与 B 企业进行合作洽谈。

(3)某商场决定在双十一期间进行促销活动，总经理在动员会上发表讲话。

(4)某企业领导在大会上传达省会议精神。

(5)某地区领导在春节期间看望慰问困难群众。

(6)某集团公司召开新产品发布会，董事长在发布会上就记者提问进行回答。

(7)某企业总经理接待访问团，介绍企业。

(8)某公司总经理制定公司五年规划，并在董事会上进行汇报。

4. 传统观点认为，管理者是在一个组织中运用职位、权力直接督导下级工作的人。而彼得·德鲁克在《卓有成效的管理者》一书中明确指出："在一个现代的组织里，如果每一位知识工作者能够凭借其职位和知识，对该组织负有贡献的责任，能实质性地影响该组织的经营能力及达成的成果，那么他就是一位管理者。"请问德鲁克对管理者的这种认识与传统观点对管理者的认识有什么不同？换言之，两者强调的内容有何不同？

5. 归纳法的局限性表现在哪几个方面？在运用归纳法进行管理问题的实证研究时，应当注意哪些问题？

6. 从统计规律出发建立的模型被称为什么模型？建立在经济归纳法基础上的模型被称为什么模型？

测试1

【职业技能强化】

组建模拟公司

目的：

1. 提升学生学习的兴趣，提高学生的沟通、协作能力。

2. 培养学生初步运用管理基础知识建立现代组织的能力。

3. 熟悉管理者的角色，培养管理者的技能。

方法与要求：

1. 6～8人为一组，自由组合，组建"某某有限责任公司"，共同商议，提出富有创意且符合法律规定的公司名称、公司标识、公司之歌、公司章程等。后续各项目将以模拟公司为单位开展学习、交流、竞赛。

2. 各模拟公司进行经理竞聘，先进行公开演讲，然后投票选出公司经理。

3. 设计各部门、人员分工和权力分配，要求人人有事做、事事有人担；模拟公司实行经理负责制，成员团结协作。

4. 各模拟公司将完成的任务形成文字、影像、图片等资料，在课堂上展示并交流。

5. 期末整理整个学期的实训材料并装订成册，作为小组期末作业，每个模拟公司的完成情况将作为小组平时考核评判的重要依据。

【综合评价】

小组名称			小组成员		
综合评价	教师评分	评价项目	分值	得分	备注
		任务完成情况	50		
		分析表达能力	30		
		小组协作能力	20		
		总计	100		
	学生互评评语				
	自我修正				

单元2

管理思想的发展

【学习目标】

知识目标：

(1)了解中西方早期管理思想的演进历程；

(2)掌握古典管理理论的代表人物及其主要理论观点。

技能目标：

(1)初步具有应用古典管理理论分析与处理实际管理问题的能力；

(2)能够了解中国古代与近代的管理思想精华，并灵活地应用到实际工作中。

素质目标：

(1)坚持实事求是、尊重历史；

(2)提升以管理为核心的综合素养；

(3)了解事物的客观规律，培养探索意识。

【情景导入】

UPS 的高效率

联合包裹运送服务公司(United Parcel Service，UPS)雇用了 15 万名员工，平均每天有 900 万件包裹发送到美国各地和 180 个国家。为了实现他们的宗旨"在邮运业中办理最快捷的运送"，公司系统地培训员工，使他们的效率工作尽可能高。下面以送货司机的工作为例，介绍管理运作：UPS 的工业工程师对每一位司机的行驶路线都进行了研究，并对每种取货、暂停和送货时间都设立了标准。工程师记录了红灯、通行、按门铃、穿过院子、上楼梯、中间休息喝咖啡的时间，甚至上厕所的时间，将这些数据输入计算机中，从而给出了每一位司机每天工作的详细时间标准。

问题：

(1)你认为衡量一个组织管理水平的主要标准是什么？

(2)案例将 UPS 的高效率归功于科学管理，请通过学习，简单描述一下什么是科学管理。

2.1 中国传统管理思想

任何管理思想都根植于一定的社会文化土壤之中，而一定的社会文化又都无法切断与历史传统的联系，并且总是在继承中发展，在发展中继承。只有这样，才能形成适合本国国情，才能具有强大的生命力。所以，我们在研究现代管理思想的时候，必须首先研究中国传统的管理思想。

中国是世界四大文明发源地之一，曾经产生出光辉灿烂的物质文明和精神文明，有许多成功的管理经验，形成了丰富的管理思想。当今世界上许多管理问题都能从中国论著中找到可以借鉴的哲理。

中国传统的管理思想，分为宏观管理的治国学和微观管理的治生学。治国学适应中央集权的封建国家的需要，包括财政赋税管理、人口田制管理、市场管理、货币管理以及国家行政管理等方面。治生学则是在生产发展和经济运行的基础上，通过官、民的实践逐步积累起来的，包括农副业、手工业、运输业、建筑业、市场经营等方面的学问。这两个方面的学问极其浩瀚，作为管理的指导思想和指导原则，可以概括为如下要点。

2.1.1　顺道

"道"在汉语中有多种含义。属于主观范畴的"道"，主要指治国的理论；属于客观范畴的"道"，主要是指客观经济规律。本处所指为后一种含义，指管理要顺应客观经济规律。例如，《管子》认为自然界和社会都有自身的运动规律："天不变其常，地不易其则，春夏秋冬，不更其节。"

2.1.2　重人

"重人"是中国传统管理的要素。它包括两个方面：一是重人心向背；二是重人才归离。要夺取天下，办成事业，人是第一位的，故我国历来讲究得人之道、用人之道。《管子》说："政之所兴，在顺民心；政之所废，在逆民心。"国家必须"令顺民心""从民所欲，去民所恶"，此为"政之宝"。司马迁提倡"能巧致富"，他提出"巧者有余，拙者不足"。

2.1.3　求和

"和"就是调整人际关系，讲团结，上下和、左右和。对治国来说，和能兴邦；对治生来说，和气生财。我国历来把天时、地利、人和作为事业成功的三大要素。孔子说："礼之用，和为贵。"《管子》说："上下不和，虽安必危。"

2.1.4　守信

治国要守信，办企业也要守信。孔子说："君子信而后劳其民。"《管子》特别强调要取信于民，提出国家行政应遵循的一条重要原则："不行不可复"。也就是说，治理国家，必须言而有信。政策多变，出尔反尔，历来就是治国大忌。治国如此，治生亦然。我国历来都提倡"诚工""诚贾"，商而不诚，苟取一时，终致瓦解，成功的商人多是商业信誉度高的人。

2.1.5　对策

"运筹策帷帐之中，决胜于千里之外。"在我国古代治国、治军、治生等一切竞争和对抗的活动中，都必须统筹谋划，正确研究对策，以智取胜。《孙子》云："知彼知己，百战不殆；不知彼而知己，一胜一负；不知彼，不知己，每战必殆。"《管子》主张"以备待时"

"事无备则废"。

2.1.6　法治

我国的法治思想起源于先秦法家和《管子》，后来逐渐演变成一整套法治体系，包括田土法治、财税法治、人才法治、军事法治等。韩非认为法治优于人治。他还主张法治应有公开性和平等性，在法律面前人人平等，人人都得守法。

管理思想的
逻辑结构

> 【素质课堂】
>
> 　　唐太宗曾说："以铜为镜可以正衣冠，以人为镜可以明得失，以史为镜可以知兴替。"历史对于国家和社会而言，总结经验、吸取教训，可以为国家和社会发展指引道路；历史对于个人而言，可以让人鉴古识今，少走弯路，还可以使人明智，提高人的素质和修养，增长人的智慧。
>
> 　　多学一点历史知识，对自己为人处世，对自己的素质发展和能力提高都是非常必要的。不管以后自己从事何种职业，都是必要的。

2.2　西方传统管理思想

2.2.1　西方早期管理思想的产生

西方的管理实践和管理思想也有着悠久的历史。古埃及人是首先意识到"管理幅度"的实践者，古巴伦王国的《汉谟拉比法典》和古希腊的大哲学家苏格拉底、柏拉图、亚里士多德等的著作中到处都闪耀着管理思想的火花。

西方近代管理思想开始于 18 世纪中叶的工业革命时期，止于 19 世纪末，其间经历了一百多年。其原因是，蒸汽技术导致的第一次工业革命使工厂成为资本主义工业生产的主要经营组织，大力推动了经济发展、劳动分工和专业化的加强。生产力发展水平和劳动方式的变化对管理提出了新的要求，从而促使人们从许多方面对管理工作进行探索。

2.2.1.1　亚当·斯密的劳动分工和"经济人"观点

亚当·斯密（1723—1790 年）是英国古典经济学体系的建立者，他在 1776 年出版的《国民财富的性质和原因的研究》（简称《国富论》）一书中，系统地阐述了劳动分工理论及劳动价值理论，他的学说对以后的管理理论产生了重大影响，成为后来资本主义管理理论基础的重要依据之一。

（1）劳动分工观点

该观点强调分工带来的经济利益，认为劳动分工是提高劳动生产率的重要因素。劳动分工之所以能够提高生产率，是因为它提高了每个工人的技巧和熟练程度，节约了由于交换工作而浪费的时间，以及有利于工具的改进和机器的发明。亚当·斯密的劳动分工观点适应了当时生产力发展的需要，也成为之后管理理论中的一条重要原理。

（2）"经济人"观点

经济现象是基于具有利己主义目的的人们的活动所产生的。人们在经济行为中追求的完全是私人利益，但是每个人的利益又为其他人的利益所限制，这就迫使每个人都必须顾及其他人的利益，由此而产生了相互的共同利益，进而形成总的社会利益。社会利益正是以个人利益为基础的。这些追求个人利益的人，就是亚当·斯密所说的"经济人"。

2.2.1.2 罗伯特·欧文的人事管理革命

罗伯特·欧文（1771—1858年）是英国著名的空想社会主义者。欧文最早注意到了企业内部人力资源的重要性，并于1800—1828年在苏格兰自己的几个纺织厂内进行试验，发现通过改善工作条件、缩短工作日、提高工资、改善生活条件、发放抚恤金等，能够提高工人的工作效率和质量，是一种双赢的结果。罗伯特·欧文的人事改革试验主要内容如图2-1所示。

通过试验，他认识到重视人的因素、尊重人的地位，可以使工厂获得更多的利润。

欧文在人力资源管理方面的开拓性实践，成为行为科学管理理论的先导。他的理论和实践对之后的管理特别是人事管理有相当大的影响。一般认为欧文是人事管理的创始人，称他为"人事管理之父"。

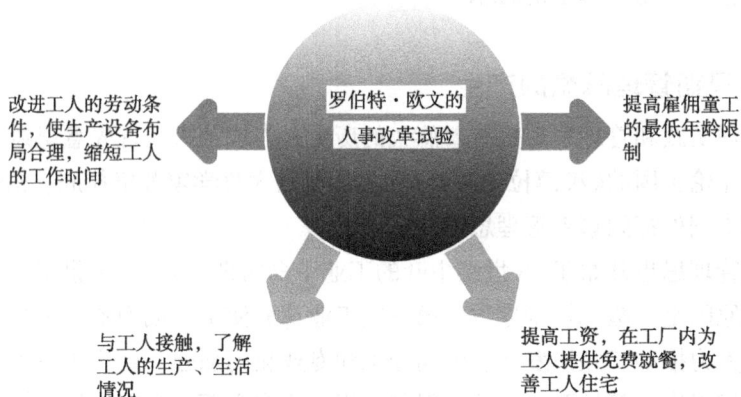

改进工人的劳动条件，使生产设备布局合理，缩短工人的工作时间

罗伯特·欧文的人事改革试验

提高雇佣童工的最低年龄限制

与工人接触，了解工人的生产、生活情况

提高工资，在工厂内为工人提供免费就餐，改善工人住宅

图 2-1　罗伯特·欧文的人事改革试验主要内容

2.2.1.3 查尔斯·巴贝奇的作业研究与报酬制度

查尔斯·巴贝奇（1792—1871年）是英国著名的数学家和机械学家，现代自动计算机的创始人和科学管理的先驱。巴贝奇出生于一个富有的银行家家庭，曾就读于剑桥大学三一学院。

他进一步发展了亚当·斯密的观点，于1832年出版了《论机器和制造业的经济》一书，着重论述了专业分工、工作方法、机器与工具的使用和成本记录等，这是管理学中的重要文献。他强调劳资协作，强调工人要认识到工厂制度对他们有利的方面。在工资分配上，他提出了固定工资和利润分享的制度，认为这种方法可以使员工的利益与工厂的生产效益挂钩，使每位员工都来关心生产和管理问题。

上述各种管理思想是随着生产力的发展而不断发展的，适应了当时工厂制度发展的需要。这些管理思想虽然不系统、不全面，没有形成专门的管理理论和学派，但对于促进生产及之后科学管理理论的产生和发展，都具有积极的影响。但他们毕竟不是专门研究管理的学者，研究仅注重生产组织、减少浪费、增产盈利的具体方法，而不注重理论。

2.2.2 管理科学理论的产生与发展

早期管理思想实际上是管理理论的萌芽。管理理论比较系统的建立是在 19 世纪末 20 世纪初。这个阶段所形成的管理理论被称为古典管理理论或科学管理理论。

随着生产的发展，科学技术的进步，自由竞争的资本主义也逐步走向垄断的资本主义。企业规模不断扩大，市场也在迅速扩展，从一个地区扩展到整个国家，从国内扩展到国外。例如，当时的英国自称"日不落"的国家，因为几乎在世界各大洲都有它的殖民地，这些殖民地就成了英国企业攫取原料、倾销商品的市场。随着竞争范围的扩大和竞争对手的增多，单凭经验进行生产和管理已经不能适应这种剧烈争夺的局面了。这就迫切需要改进企业管理，以增强企业的竞争能力。

在早期管理阶段，资本的所有者就是管理者。到了 19 世纪末期，由于生产技术日益复杂，生产规模发展和资本的日益扩大，企业的管理职能便逐渐与资本所有权分离，管理职能则由资本家委托给以经理为首的由各方面管理人员所组成的专门管理机构承担。从此，出现了专门的管理阶层。同时，管理工作也成了有人专门研究的一门学问，并产生了被称为科学管理的理论。

2.2.2.1 泰罗的科学管理理论

科学管理理论的创始人是弗雷德里克·温斯洛·泰罗（1856—1915 年）。泰罗出生于一个富裕的律师家庭。泰罗学习十分刻苦，18 岁以优异的成绩考入哈佛大学，但由于视力欠佳和健康原因，不得不中途退学。此后，进入米德维尔钢铁厂当技工，由于工作努力，从一般工人先后被提拔成工长、车间主任、设备维修总负责人、总制图师等职，1884 年被提拔成总工程师。从 1880 年开始，泰罗在米德维尔钢铁厂进行了时间研究和动作研究。此后，他又在伯利恒钢铁公司进行了搬运生铁、铲铁砂、煤块和金属切削试验，并按自己的设想制订试验方案，逐渐形成一套被称为"泰罗制"的管理制度和管理理论。其出版于 1911 年的不朽名著《科学管理原理》开创了一个管理新时代，泰罗本人因此也被称为"科学管理之父"。

何谓科学管理？泰罗回答认为："科学管理也不过是一种节约劳动的手段而已。也就是说，科学管理知识是能使工人取得比现在高得多的效率的一种适当的、正确的手段而已。这种手段并不会大量增加比工人们现在的负担更大的负担。"即科学管理是一种能使工人不用增加劳动而能增加功效的手段。

（1）泰罗科学管理理论的主要内容

①工作定额 科学管理如同节约劳动的机器一样，其目的在于提高每一单位的劳动生产率。工人提高劳动生产率的潜力是提高日工作量。他选择身体最强壮、技术最熟练的一个工人，把他的工作过程分解为许多个动作，并记录每个动作和每项工作的时间，再加上必要的休息时间和合理的延误时间，得出完成该项工作所需的时间，据此定出一个工人合

理的工作定额。

②标准化　标准化包括操作方法的标准化、工具机器材料的标准化、劳动时间的标准化和作业环境的标准化。在当时的企业里，工人的操作方法和使用的工具是根据已有的经验来确定的，工人的劳动时间、机器设备的管理、作业环境的设计布置，也是依据管理人员自己的判断和经验来确定的，这样往往缺乏科学的依据。泰罗认为，经过思考、试验和分析，可以将这些经验性的东西转化为科学的方法和理论，将操作方法与工具、劳动时间、机器的布置等进行合理的配置，从而达到提高劳动生产率的目的。

③科学地挑选和培训工人　所谓科学地挑选和培训工人有两重含义：第一重含义是要让合适的人做合适的工作，如身强力壮的体力型工人干重活，心灵手巧的能工巧匠干精细活。第二重含义是要用科学的操作方法和要求，正规化地培训工人，让他们成为"第一流的工人"。管理当局的责任在于为雇员找到最合适的工作，并且培训他们成为第一流的工人，激励他们尽最大的努力来工作。

④实行差别计件工资制　差别计件工资制是指按照工人是否完成其定额采用不同的工资率。如果工人完成或超额完成定额，按较高的工资率给付，一般为125%，不仅超额部分按较高工资率给付，全部生产都按这一标准给付，以此鼓励工人完成和超额完成任务；相反，如果无法完成定额任务，则以较低的工资率给付，一般为80%。

⑤计划职能与执行职能分开　在旧的管理方式下，工人用什么方法和工具劳动，都由工人凭经验来决定。尽管有些工人很熟悉生产情况，也掌握科学的计划方法，但绝大多数工人是做不到的。因此，泰罗主张把计划职能从工人的工作中分离出来，由专业的计划部门去做，专门进行调查和标准化研究，以制定科学的定额、标准，并进行监督执行。工人和工头只负责操作，按照计划部门指定的操作方法和指令，使用标准化的工具，从事作业生产。

⑥实行职能工长制　职能工长制将整个管理工作划分为许多较小的管理职能，使所有的管理人员尽量负责一项或两项管理职能。泰罗认为，这样可以对管理者的培养只花较少的时间；管理者的职责明确，可以提高效率；由于工作单一化，低工资的人也可以从事比较复杂的工作，从而降低企业的生产费用。

⑦实行例外制　规模较小的企业可以采用上述职能原则来管理，但规模较大的单位，还需要实行例外原则。例外原则是指高层管理者为减轻自身的烦琐事务，把处理一般日常事务的权力授予下级，高层只保留对例外事项的决策权和监督权。

(2) 对泰罗科学管理理论的评价

泰罗在历史上第一次使管理从经验上升到科学。泰罗科学管理的最大贡献在于所提倡的在管理中运用科学方法和他本人的科学实践精神，科学管理理论的推广，极大地提高了生产效率，推动了生产力的发展。100多年来，科学管理思想仍然发挥着巨大的作用。

当然，泰罗的科学管理理论也有一定的局限性。首先是泰罗的"经济人"假设。泰罗认为，企业家生产的目的是获得最大限度的利润，工人的目的是获得最大限度的工资收入。他把经济利益作为唯一动机，忽视了企业成员之间的交往以及工人的感情等社会因素对生产效率的影响，这无疑限制了理论的视野和高度。其次，泰罗的科学管理仅重视技术的因素，不重视人群社会的因素。最后，"泰罗制"仅解决了个别具体工作的作业效率问题，而没有解决企业作为一个整体如何经营和管理的问题。这些也正是需要泰罗之后的管理大师创建新的管理理论来加以补充的地方。

2.2.2.2 法约尔的一般管理理论

以泰罗为代表的一些人在美国倡导科学管理的时候，欧洲也出现了其他管理理论，其中影响最大的是亨利·法约尔（1841—1925 年）的一般管理理论。

法约尔，古典管理理论的主要代表人之一，管理学先驱之一，也是管理过程学派的创始人。他出生于法国一个中产阶级家庭，15 岁时就读于里昂一所公立中等学校，两年后，经考试及格转入圣太田国立矿业学院，是同一学年里最年轻的学生；19 岁毕业时他取得了矿业工程师资格。1860 年，他被任命为富香博公司的科芒特里矿井组工程师，在他漫长而成绩卓著的经营生涯中，他一直珍视这项事业。1918 年，他退休时的职务是公司总经理，之后他继续在公司里担任董事，直到 1925 年 12 月以 84 岁高龄去世为止。

法约尔主要著作有《工业管理和一般管理》（1916 年）一书，其从理论上概括出了一般管理的原理、要素和原则，把管理科学提到一个新的高度，使管理科学不仅在工商业界受到重视，而且对其他领域也产生了重要影响。由于法约尔从高层管理人员经常碰到的组织经营问题出发，对管理进行了开创性的研究，因而被称为"现代经营管理之父"。

（1）一般管理理论的主要内容

①企业六种经营活动和管理的五项职能　法约尔首次区分了经营和管理，认为这是两个不同的概念。通过对企业全部活动的分析，法约尔指出企业无论大小，简单还是复杂，每一种经营都包括六种经营活动，见表 2-1 所列。在这六种经营活动中，法约尔主要集中研究了管理活动，并首次把管理活动分为计划、组织、指挥、协调、控制五项职能，揭示了管理的本质，并对这五项职能进行了详细的分析。计划就是设计行动方案，使企业达到目标；组织就是合理安排人力、物力去实现目标；指挥就是指挥下级的行动；协调就是使组织内的资源与活动能够相互配合；控制就是保证实际工作与计划拟订的标准相一致。

②14 条管理原则　见表 2-2 所列。

表 2-1　一般管理理论的企业六种经营活动

活动类型	内容
技术活动	生产、制造和加工
商业活动	购买、销售和交换
财务活动	资金的筹集、运用和控制
安全活动	设备的维护和人员的保护
会计活动	货物盘点、成本统计和核算
管理活动	计划、组织、指挥、协调和控制

表 2-2　一般管理理论的 14 条管理原则

原则	14 条管理内容
劳动分工	法约尔认为，劳动分工不只适用于技术工作，而且适用于管理工作。应该通过分工来提高管理工作的效率。但是，法约尔又认为："劳动分工有一定的限度，经验与尺度感告诉我们不应超越这些限度。"
权力与责任	有权力的地方，就有责任。责任和权力是孪生物，是权力的必然结果和必要补充，这就是著名的权力与责任相符的原则。法约尔认为，要贯彻权力与责任相符的原则，就应该有有效的奖励和惩罚制度，即"应该鼓励有益的行动而制止与其相反的行动"。实际上，这就是现在我们讲的权、责、利相结合的原则
纪律	纪律是企业和其下属人员之间在服从、勤勉、积极、举止和尊敬等方面所达成的一种协议。组织内所有成员都要通过各方达成的协议对自己在组织内的行为进行控制
统一指挥	组织内的每一个人只能服从一个上级并接受他的命令
统一领导	对于力求达到同一目的的全部活动，只能有一个领导人和一项计划
个人利益服从集体利益	集体的目标必须包含员工个人的目标，但个人或小集体的利益不能超越组织的利益。当二者矛盾时，领导人要以身作则，使其一致
报酬合理	报酬制度应当公平，对工作成绩和工作效率优良者给予奖励，但奖励应有一个限度
集权与分权	集权与分权主要指权力集中或分散的程度。集权化管理作为一种制度，本身无所谓好坏，应该根据企业的情况，决定集中化的最适程度
等级链	等级链也称"法约尔跳板"。从最高权力机构直到低层管理人员的职权等级系列称为"等级链"
秩序	各就其位，各谋其政，各得其所
公平(公正)	合情合理则为公平。领导者要用公平原则激发员工的忠诚和工作热情
人员稳定	法约尔认为，员工的高流动会带来效率损失。一般来说，成功的企业和组织，管理人员是稳定的。上级管理人员应该鼓励职工，特别是管理人员长期承担任务分配工作
创造性	法约尔认为，创造性是行动的动力，必须大力提倡首创精神，但创造性不能违背职权和纪律
集体精神	鼓励团队协作，以实现组织内部成员之间的协调和合作

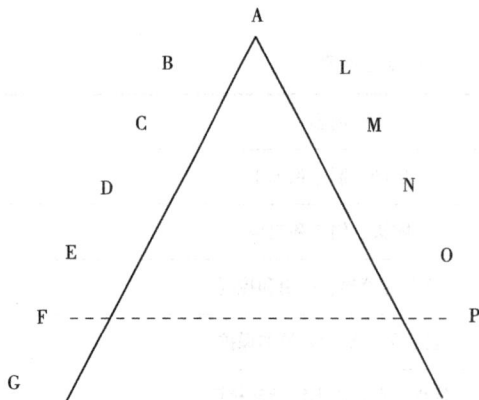

图 2-2　"法约尔跳板"

关于等级链，如图 2-2 所示，它显示出企业内信息传递的路线。在一个等级制度表现为 G-A-Q 双梯形式的企业里，假设要使 F 与 P 发生联系。按常规，需先从 F 到达最高处 A，再下到 P，这之间每一级都需停顿；然后，顺着原路，一级级返回出发点。如果通过 F-P "天桥"（跳板）直接从 F 到 P，那就简单、迅速和可靠多了。如果 F 的领导 E 和 P 的领导 O 允许他们各自的下属直接联系，等级原则就得到了捍卫。法约尔认为，各级人员都应养成使用这种最短通路的习惯。后来，人们称这种方式为"法约尔跳板"。

等级链说明了两个方面的问题：一是它表明了组织中各个环节之间的权力关系，通过这个等级链，组织中的成员就可以明确谁可以对谁下指令，谁应该对谁负责；二是这个等级链表明了组织中信息传递的路线，即在一个正式组织中，信息是按照组织的等级系列来传递的。贯彻等级制度原则，有利于组织加强统一指挥原则，保证组织内信息联系的畅通。但是，一个组织如果严格地按照等级系列进行信息的沟通，则可能由于信息沟通的路线太长而使得信息联系的时间延长，同时容易造成信息在传递的过程中失真。

（2）对法约尔一般管理理论的评价

法约尔的一般管理研究了管理的一般性（普遍性），对组织管理进行了系统的、独立的研究，特别是对管理要素和管理的原则系统地加以概括，为管理理论的形成构筑了一个科学的理论框架，使管理具有科学性。另外，一般管理理论提出了管理教育的必要性与可能性。

但法约尔的一般管理理论也有它的不足之处，如管理原则缺乏弹性，以至于有时实际管理工作者无法完全遵守；只考察了组织的内在因素，没有考察组织同周围环境的关系，缺乏具体性。正如他自己所强调的，这些原则并不完整，也不是一成不变的，它不能回答特殊的问题。

2.2.2.3 韦伯的行政管理理论

马克斯·韦伯（1864—1920 年）与泰罗、法约尔并称为西方古典管理理论的 3 位先驱，是公认的现代社会学和公共行政学最重要的创始人之一。韦伯出生于德国一个中产阶级家庭，毕生从事学术研究，在社会学、政治学、经济学、法学、哲学、历史学和宗教学等领域都有较深的造诣。他在管理理论上的研究主要集中在组织理论方面，主要著有《经济与社会》等。其主要贡献是提出了"理想的行政组织体系理论"，并因此被人称为"组织理论之父"。

（1）行政组织理论的主要内容

韦伯认为等级、权力和行政体系是一切社会组织的基础。对于权力，他认为任何一种组织都是以某种形式的权力为基础的。权力有 3 种类型："理性-合法"的权力、"传统"的权力和"神授"的权力。这 3 种权力中，只有"理性-合法的"权力才是构成理想的行政组织体系的基础。他所讲的"理想的"，不是指最合乎需要的，而是指现代社会最有效和最合理的组织形式。之所以是"理想的"，因为它具有以下一些特点，见表 2-3 所列。

表 2-3 韦伯的行政管理理论的特点

特点	内容
明确的分工	每个职位的权利和义务都应有明确的规定，人员按职业专业化进行分工
自上而下的等级系统	组织内的各个职位，按照等级原则进行法定安排，形成自上而下的等级系统
人员的任用	人员的任用要完全根据职务的要求，通过正式考试和教育训练来实行
职业管理人员	管理人员有固定的薪金和明文规定的升迁制度，是一种职业管理人员
遵守规则和纪律	管理人员必须严格遵守组织中规定的规则和纪律以及办事程序
组织中人员之间的关系	组织中人员之间的关系完全以理性准则为指导，只是职位关系而不受个人情感的影响

韦伯认为，这种高度结构的、正式的、非人格化的理想行政组织体系是人们进行强制控制的合理手段，是达到目标、提高效率的最有效形式。这种组织形式在精确性、稳定性、纪律性和可靠性方面都优于其他组织形式，能适用于各种管理工作及当时日益增多的各种大型组织，如教会、国家机构、军队、政党、经济企业和各种团体。

(2)对韦伯的行政组织理论的评价

韦伯认为高度集中的、理性的行政组织体系最符合理性原则，是达到目标、提高劳动生产率的最有效的形式。这一理论也是对泰罗、法约尔理论的一种重要补充，是古典管理理论的重要组成部分。

韦伯的行政组织理论的局限性体现在：过分强调组织形式的作用；过分重视成文的法律制度，完全忽视了管理活动应根据环境的变化而灵活地进行。

西方工业化以前的组织管理

2.3 西方现代管理思想的发展

第二次世界大战前后，特别是20世纪50~70年代，世界的经济、政治情况发生了极大的变化。第二次世界大战结束后，要求和平、民主和独立的浪潮席卷全球，企业的规模在激烈的竞争中迅速扩大，科学技术急速发展，职工队伍的结构、文化程度都有了变化等，上述社会经济和政治形势的变化，对企业管理提出了新的要求：突出了经营决策问题，要求运用更先进的管理手段，要求管理理论和经营方法能调动人的积极性等。在这一阶段中，不少的管理学家和企业家从事现代管理理论的研究。他们的思想非常活跃，研究的侧重点也各不相同，呈现出管理学派林立的局面。

2.3.1 行为科学学派

2.3.1.1 行为科学学派的由来

西方传统管理理论的建立为当时生产力的发展和社会的进步提供了有力的理论武器。但是，随着社会的发展，人们发现传统管理理论并不能解决实践中所遇到的一切问题，尤其是对人的研究，传统管理理论涉及非常少。而在实践中大量的问题是和人有关的，人的行为随着时间、环境等因素的变化而变化，而人的工作效率也因时、因地发生变化。

西方传统管理理论的"经济人假设"，在此时受到了更多的质疑。而要真正发展出更加符合人性的管理理论，没有心理学的帮助是做不到的。恰在这时，许多心理学家也加入了管理研究的行列。逐渐地，管理研究的前沿与重心，从科学管理理论转到了行为科学理论上。

行为科学是由人际关系学说发展而来的，它和工业心理学有密切的关系，后来又融合了人力资源学，而现代的管理心理学和组织行为学是行为科学的主要组成部分。由于社会快速发展，人随着社会环境的变化而变化，因而对人性的探索和对人的行为的研究永远是必要的，也是没有穷尽的。今天的行为科学成为根深叶茂的学科都是来源于梅奥与霍桑实验对人性的探索。

2.3.1.2　行为科学的早起理论——人群关系论

行为科学的发展是从人群关系论开始的。人群关系论的代表人物是埃尔顿·梅奥（1880—1949 年）。梅奥曾参加 1927—1932 年在芝加哥西方电气公司霍桑工厂进行的实验工作，即引起管理学界重视的霍桑实验。

霍桑实验的目的是要找出工作条件对生产效率的影响，以寻求提高劳动生产率的途径。实验首先从变换工作现场的照明强度着手。研究人员将参加实验的工人分成两组：一组为实验组，一组为控制组。控制组一直在平常的照明强度下工作，对实验组则给予不同的照明强度。当实验组的照明强度逐渐增大时，实验组的生产增长比例与控制组大致相同；当实验组的照明强度逐渐降低时，实验组的产量才明显下降。实验表明，照明度的一般改变，不是影响生产率的决定因素。后来，又继续进行改变其他条件的实验。这次实验是在电话继电器装配实验室分别按不同工作条件进行实验的。实验开始后，先逐步增加休息次数，延长休息时间，缩短每日工作时间，供应茶点，实行五日工作制等；接着，又逐步取消这些待遇，恢复原来的工作条件。结果发现，不论工作条件如何变化，生产量都是增加的，而且工人的劳动热情还有所提高，缺勤率减少了 80%。后来又选择工资支付方式作为实验内容，即将集体奖励制度改为个人奖励制度。实验结果又发现工资支付办法的改变也不能明显影响工人的生产效率。那么，为什么实验过程中工人的产量会有上升呢？研究小组认为，可能出于工人对实验的关心和兴趣。工人则认为，生产上升的原因是由于没有工头的监督，工人可以自由地工作。实验中比较尊重工人，实验计划的制订、工作条件的变化事先都听过工人的意见，因而工人与研究小组的人员建立了良好的感情。工人之间通过接触，也滋生了一种团结互助的氛围。

在实验过程中，研究小组的人员感到工人中似乎存在一种非正式组织。为此，又对有 14 名男工的生产小组进行了观察实验。这个小组根据集体产量计算工资，根据组内人员的情况，完全有可能超过他们原来的实际产量。可是，经过五个月的统计，小组产量总是维持在一定的水平上。经过观察，发现组内存在着一种默契：往往不到下班时间，大家已经歇手；当有人超过日产量时，别人就会暗示他停止工作或放慢工作速度。大家都按这个集体的平均标准进行工作，谁也不做超额生产的拔尖人物，谁也不偷懒。他们当中还存在着自然领袖人物。这就证实非正式组织是存在的，而这个组织对工人的行为有着较强的约束力，这种约束力甚至超过经济上的刺激。在进行实验的同时，研究小组还广泛地同工人进行交谈，以了解工人对工作和工作环境、监工和公司的看法，以及持有这种看法对生产有什么影响。他们先后共与两万多名职工进行交谈，取得了大量材料。

梅奥等人就实验及访问交谈结果进行总结，得出的主要结论是：生产效率不仅受物理的、生理的因素影响，而且受社会环境、社会心理的影响。这一点与科学管理的观点截然不同。他们的观点主要表现在以下几方面。

①企业的职工是"社会人"。从亚当·斯密到科学管理学派都把人看作仅仅为了追求经济利益而进行活动的"经济人"，或者是对于工作条件的变化能够作出直接反应的"机器的模型"。但是，霍桑实验表明，物质条件的改变，不是劳动生产率提高或降低的决定性原

因，甚至计件制的刺激工资制对产量的影响也不及生产集体所形成的一种自然力量大。因此，梅奥等人创立"社会人"的假说，即认为人不是孤立存在的，而是属于某一工作集体并受这一集体影响的。他们不是单纯地追求金钱收入，还要追求人与人之间的友情、安全感、归属感等社会和心理欲望的满足。梅奥等人曾经这样描绘人："人是独特的社会动物，只有把自己完全投入到集体之中，才能实现彻底的'自由'。"

②满足工人的社会欲望，提高工人的士气（所谓士气，也就是工作积极性、主动性、协作精神等结合成一体的精神状态），是提高生产效率的关键。科学管理理论认为，生产效率与作业方法、工作条件之间存在着单纯的因果关系，只要正确地确定工作内容，采取恰当的刺激制度，改善工作条件，引入科学的作业方法，就可以提高工人的劳动生产率。他们认为，生产效率的高低主要取决于工人的积极性，而工人的积极性则取决于他们感受到各种需要的满足程度。在这些需要中，金钱与物质方面的需要只占很小的一部分，更多的是获取友谊、得到尊重或保证安全等方面的社会需要。因此，要提高生产效率，就要提高职工的士气，而提高职工士气就要努力提高职工的满足程度。所以，新型管理人员应该认真地分析职工的需要，不仅要解决工人生产技术或物质生活方面的问题，还要掌握他们的心理状态，了解他们的思想情绪，以便采取相应的措施，适时、充分地激励员工，达到提高劳动生产率的目的。

③企业中实际存在一种非正式组织。非正式组织是与正式组织相对而言的。所谓正式组织是指为了有效地实现企业目标，依据企业成员的职位、责任、权力及其相互关系进行明确划分而形成的组织体系。科学管理只注意发挥正式组织的作用。梅奥等认为，不管承认与否，非正式组织都是存在的。它与正式组织相互依存，而且会通过影响工人的工作态度来影响企业的生产效率和目标的达成。因此，管理人员应该正视这种非正式组织的存在，利用非正式组织为正式组织的活动和目标服务。

④企业应采用新型的领导方法。新型的领导方法主要是组织好集体工作，采取措施提高士气，促进协作，使企业的每个成员能与领导真诚持久地合作。例如，建立邀请职工参加企业各种决策的制度，借以改善人与人的关系，提高职工士气并尊重下级的意见和建议；建立面谈制度，给职工以表达感情、不满和争论的机会，以消除不良的人与人之间的关系；美化工作环境，建设宿舍等福利设施，组织娱乐、体育活动等。

以上即以霍桑实验为基础提出的人群关系论。人群关系论是行为科学管理学派的早期思想，它只强调要重视人的行为；而行为科学还要求进一步研究人的行为规律，找出产生不同行为的影响因素，探讨如何控制人的行为以达到预定目标。

2.3.1.3 行为科学学派的主要理论

人际关系学说建立以后，这方面研究成果大量涌现。1949年在美国芝加哥召开的一次跨学科会议上，把这门综合性的学科命名为行为科学。行为科学蓬勃发展，产生了一大批影响力很大的行为科学家及其理论，内容如下。

(1)马斯洛的需要层次论

美国心理学家亚伯拉罕·马斯洛把人的各种需要归纳为五大类，这五大类需要是互相作用的，按其重要性和发生的先后次序，分别是生理需要、安全需要、社交需要、受人尊重的需要和自我实现的需要。

马斯洛的需要层次论包含两个基本论点：第一，人是有需要的动物，其需要取决于他已经得到了什么，尚缺少什么，只有尚未满足的需要能够影响行为，也就是说，已经得到满足的需要不能起激励作用；第二，人的需要都有轻重之分，某一需要得到满足后，另一个需要才出现。

（2）奥尔德弗的 ERG 理论

美国耶鲁大学的克莱顿·奥尔德弗在马斯洛需要层次论的基础上，进行了更接近实际经验的研究，提出了一种新的人本主义需要理论。奥尔德弗认为，人们共存在 3 种核心的需要，即生存的需要、相互关系的需要和成长发展的需要，因而这一理论被称为"ERG"理论。

（3）赫茨伯格的双因素理论

双因素理论又称激励-保健理论，由美国心理学家赫茨伯格 1959 年提出。他把企业中有关因素分为两种，即满意因素和不满意因素。满意因素是指可以使人得到满足和激励的因素；不满意因素是指容易产生意见和消极行为的因素，即保健因素。他认为这两种因素是影响员工绩效的主要因素。

保健因素的内容包括公司的政策与管理、监督、工资、同事关系和工作条件等。保健因素不能得到满足，则易使员工产生不满情绪、消极怠工，甚至引起罢工等对抗行为；但在保健因素得到一定程度改善以后，无论再如何进行改善都也很难使员工感到满意，因此也就难以再由此激发员工的工作积极性，所以就保健因素来说，"不满意"的对立面应该是"没有不满意"。

激励因素与工作本身或工作内容有关，包括成就、赞赏、工作本身的意义及挑战性、责任感、晋升、发展等。因激励因素的改善而使员工感到满意的结果，能够极大地激发员工工作的热情，提高劳动生产效率；但激励因素即使管理层不给予其满意，往往也不会因此使员工感到不满意，所以就激励因素来说，"满意"的对立面应该是"没有满意"。

（4）X 理论、Y 理论、Z 理论

三者的关系如图 2-3 所示。

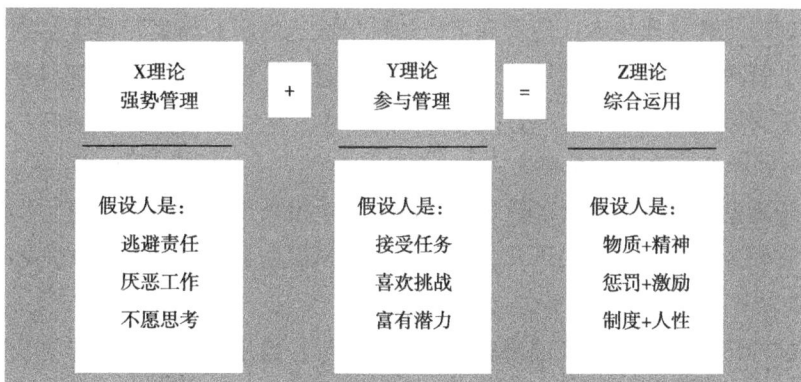

图 2-3　X 理论、Y 理论、Z 理论关系图

①美国心理学家道格拉斯·麦格雷戈的 X 理论和 Y 理论　X 理论对人性的假设是：

第一，天生就是懒惰的，并设法逃避工作；第二，缺乏进取心，宁愿接受别人指挥，不愿意承担责任；第三，安于现状，习惯守旧，反对变革，个人安全第一；第四，缺乏理性，容易受环境和别人的影响做出一些不合时宜的行为。

与 X 理论相反，Y 理论对人性的假设是：

第一，并非天生懒惰，要求工作是人的本能；第二，逃避责任、缺乏进取心是某种外部原因造成的，不是人的本性，在适当的条件下，人愿意而且能够主动承担责任；第三，大多数人对自己参与的工作目标，能够"自我指挥"和"自我控制"，不需要组织的强制和惩罚；第四，参与工作是需要报酬的，但最重要的报酬不是金钱，而是自主、自尊和自我实现需要的满足；第五，大多数人都具有丰富的想象力和创造力，都能够处理好工作中遇到的问题；第六，在现代社会生活条件下，一般人的潜能只得到了部分的发挥。

基于这样的认识，管理者便不能局限于发布命令，要关心人，满足人的交往、归属需要，重视员工之间的关系，沟通上下级之间的感情，培养和形成员工的归属感和集体感。

②洛尔施和莫尔斯的超 Y 理论　其主要观点是：对不同的人应该采取不同的管理方式，对不同的环境采取不同的管理方式；此外，工作的性质、员工的素质也影响管理理论的选择，不同的情况应采取不同的管理方式。

③威廉·大内的 Z 理论　Z 理论主张以坦白、开放和沟通作为基本的原则来实行民主管理。主张鼓励职工参与管理，注重培训职工多方面的工作技能，强调融洽上下级关系，使职工在工作中得到满足，心情愉快；要求长期雇佣职工，不因经营不佳而解雇职工；基层管理人员有权修正上级的错误指令，依靠职工的集体力量，提出联合方案解决问题。

2.3.2　管理科学理论

2.3.2.1　管理科学理论的特点

现代化管理理论的另一重要学派是管理科学学派。这一学派的理论与泰罗的科学管理理论实际上属于同一思想体系，但它又不是泰罗理论的简单延续，而是在它的基础上有新的发展。管理科学学派将近年来的最新科学技术成果应用到管理工作的各个方面，形成了许多新的管理思想和管理技术，使管理工作的科学性达到新的高度。为了区别于泰罗的科学管理理论，管理学界将新出现的一系列的管理思想与管理技术称为管理科学。管理科学理论有以下主要特点。

(1)强调管理的科学性和合理性

管理科学理论强调使用先进的数理方法和科学手段来组织生产和经营，以获得最佳的经济效益。它较少考虑人的行为因素，注重通过数学模型和计算机技术来优化管理决策。

(2)定量分析和标准化

管理科学理论要求对各项管理活动进行定量分析，使用标准化的操作方法、工具、机器和材料，并通过数学模型来描述事物的现状及发展规律。这有助于提高劳动生产率和整体效率。

（3）经济效果评价

管理科学理论以经济效果的好坏作为评价标准，即通过最小的消耗获得最大的经济效益。这要求在决策过程中依靠数学模型和计算机技术来找出最优实施方案。

（4）多学科融合

管理科学是数学、社会科学与经济学等学科相互渗透的产物，具有理工类学科的属性，同时也涉及社会学科的属性。它在定量分析时采用数学方法，在定性分析时则采用逻辑推理和辩证分析的方法。

（5）实践应用性强

管理科学理论强调理论与实践的结合，通过实践来检验管理理论和方法的有效性。有效的管理理论和方法只有通过实践才能带来实际效果。

管理科学学派的主导思想是使用先进的数理方法及管理手段，使生产力得到最为合理的组织，以获得最佳的经济效益，而较少考虑人的行为因素。

2.3.2.2　数学模型与管理科学

管理科学的重要特点是将数学模型广泛应用于经营管理。在很多科学领域，实验是科学研究的重要方法，可是对于管理科学来说，实验往往是不适用的。例如，库存量应为多少，才能既保证满足生产需要，又使库存费用、订货费用最低？一个企业应该生产哪几种产品，利润才能最大？对于这类管理问题，是不能采用实验方法找出答案的，但一个构思精确的数学模型却能使决策者在不影响正常生产经营秩序的情况下，找到可行的方案。只要这个模型能精确地表现运行中的系统，它就能为决策者提供所假定的各种解决方案的结果。数学模型的另一个重要特点，是能使分析的问题及供决策者选择的方案数字化，便于管理者对问题进行定量分析。

模型是对客观现实的一种描述，因此必须反映实际；同时，模型又是对现实世界的一种抽象，所以它还必须反映与所描述的实际问题有关的各种因素的构成和它们相互之间的关系。对于任何一个模型而言，它的价值取决于其能否很好地表现所描述的系统或程序。一个能准确地描述系统或程序的高度简化的模型，可以促使管理人员系统地考虑与问题有关的各个方面的因素以及它们之间的关系，避免忽视某些重要因素或过多地考虑次要因素。

管理人员在了解、评价并利用数学模型之前，必须知道这些模型的类型。数学模型既可按它的作用分类，也可按它所含变量的种类分类。

（1）按作用分类

①描述性模型　描述性模型是说明一个系统怎样进行工作的模型，用它可清楚表明问题的现状，并可指明应怎样改变这种现状。描述性模型可以指出可供选择的方案，有时还可帮助管理者确定方案将会产生的结果或效果，但并不能选出最优方案。

②规范性（或指示性）模型　规范性（或指示性）模型中包含早已确定了的某些准则及事物的变化规律。它能指出要完成一个特定目标，这个系统应该是什么样的。这类模型也被称为最优化模型，因为它能从可以采用的所有解决方法中找出最优解决办法。

（2）按变量种类分类

①确定性模型　确定性模型中的所有因素都有准确的或确定的数量，而对问题的解答是由一套准确的关系来确定的。也就是说，在一个确定性模型中，所有的假定条件都是肯定的。

②随机性模型　随机性模型中采用了随机变量，即存在着不确定因素。这些随机变量是以统计规律为基础确定的。也就是说，模型中的不确定条件大都是以客观实践中的各种观察、统计数据为基础来确定的。

2.3.2.3 系统管理理论的应用

传统的分析问题的方法，往往是把一个事物分解成许多独立的部分，分别进行深入研究。这样做容易把事物看作孤立的、静止的，所得出的结论也只适合于一定的局部条件，如果放到更大的范围来考察，那个结论就可能是片面的，甚至是错误的。

系统管理理论则把管理对象看作一个整体，是一个有机联系的系统。研究企业管理的任何个别事物，都要从系统的整体出发，既要研究此事物与系统内各组成部分之间的关系，又要研究此事物同系统外部环境的相互联系。

一个企业，在研究计划、生产、质量、人事、销售、财务等各个部门的工作时，应该依据系统管理思想把内部因素和外部环境结合起来进行全面分析，研究各个部门之间的相互促进和制约关系，以求各个部门的工作能保证整个企业获得最佳的效果。系统理论认为，各部门工作的优化固然重要，但企业整体目标的优化更为重要。

企业作为一个系统，既包括物的生产和为了进行物的生产所需要的技术手段，又包括经营管理部门、服务部门、情报部门等所采用的各种管理方法。前者可以称为"硬件"，后者可以称为"软件"，两者结合构成了企业系统，具体来说，企业系统包括人、物资、设备、财、任务和信息六个要素。

企业的具体组织是各式各样的，但可按系统理论将上述六个要素分为许多子系统，如技术子系统、财务子系统、情报子系统、生产子系统等。由于企业系统总是处于不断变化当中，所以，在研究系统管理时，不仅要考虑系统的静态结构，更要研究系统的动态变化。系统管理离不开数学方法、模型理论和计算机手段以及行为科学，所以，也可以说系统管理理论是对现代管理科学的综合。

2.3.3 决策理论学派

2.3.3.1 决策理论学派简介

决策理论学派是以统计学和行为科学作为基础的，运用电子计算机技术和统筹学方法的一个新兴的管理学派。自第二次世界大战以后，许多运筹学家、统计学家、计算机专家和行为科学家都力图在管理领域寻找一套科学的决策方法，以便对复杂的多方案问题进行明确的、合理的、迅速的选择。随着这方面研究工作的推进，决策理论得到迅速的发展。

在这个学派中，作出突出贡献的是美国卡内基-梅隆大学的教授赫伯特·西蒙。他长期讲授计算机和心理学等课程，还从事过计量经济学的研究。由于在决策理论研究中作出了重要贡献，他于1978年获得诺贝尔经济学奖。他的主要著作有《管理行为》《组织》《经济学和行为科学中的决策理论》《管理决策的新科学》等。

2.3.3.2 决策理论学派的主要观点

（1）管理就是决策

传统观点认为，决策是高层管理人员的事，是用来解决经济管理中的发展目标和经营方针等重大问题的。西蒙等人认为，管理活动的全部过程都是决策的过程。确定目标、制订计划、选择方案是经营目标及其计划决策；机构设计、生产单位组织、权限分配是组织决策；对计划执行情况进行检查、对在制品进行控制及控制手段的选择是控制决策。决策贯穿于整个管理过程，所以，管理就是决策。

（2）决策是一个复杂的过程

决策理论学派提出决策过程包括四个阶段，即搜集情况阶段、拟定计划阶段、选定计划阶段及评价计划阶段。这四个阶段中的每一个阶段本身都是一个复杂的决策过程。

（3）合理性的决策标准

在决策标准上，决策理论学派强调用"令人满意"的准则代替"最优化"准则。以往的管理学家把人看作以"绝对的理性"为指导，按最优化准则行动的理性人。"管理人"假设代替"理性人"假设，"管理人"不考虑一切可能的复杂情况，只考虑与问题有关的情况，采用"令人满意"的决策准则，从而可以做出令人满意的决策。

（4）决策分为程序性决策和非程序性决策

程序性决策即按既定的程序所进行的决策。对于经常发生的需要决策的问题，往往可制定一个例行程序，凡遇到这一类问题，就按照既定程序进行决策，例如，存储问题的决策就属于程序性决策。若问题的涉及面广，又是新发生的、非结构性的，或者问题极为重要而复杂，没有例行程序可以遵循，就要进行特殊处理。对这类问题的决策就被称为非程序性决策。例如，开辟新市场、增加新产品的决策就属于非程序性决策。

企业里大多数管理部门在其日常业务中所处理的问题一般是结构性、重复性问题，因此，可以利用常规的、标准的工作程序或事先编制的专门的程序进行决策。近年来，数学模型的发展更为进行这类决策提供了方便。但是非程序性决策方法的研究进展却比较缓慢，而这类决策方法是处于关键岗位的高层管理人员所极为关注的。

2.3.4 经验主义学派

2.3.4.1 经验主义学派简介

经验主义学派以向西方大企业的经理提供管理企业的成功经验和科学方法为目标。他们认为，管理科学应该从企业管理的实际出发，以大企业的管理经验为主要研究对象，将其概括和理论化，以便于向企业管理的实际工作者和研究人员传授。这个学派包括许多管理学家、企业高级管理人员和咨询人员，其主要代表有德鲁克、戴尔等。其中，以德鲁克最为著名。

德鲁克生于 1909 年。他早年接受的是法律教育，1929 年成为英国伦敦一家国际性银行的报纸通讯员和经济学家。为了躲避德国纳粹的迫害，他从 1937 年起移居美国，开始在一家由若干银行和保险公司组成的集团工作，后来担任通用、克莱斯勒等大企业的顾问。从 1942 年开始，德鲁克先后在本宁顿学院、纽约大学工商学院任教授。20 世纪 60 年代，德鲁克曾受日本政府的邀请，为政府和企业的许多高级管理人员进行管理培训。德鲁克的主要著作有《管理的实践》《有效的管理者》《管理：任务、责任、实践》《动荡年代的管理》等。

2.3.4.2 德鲁克的主要观点

德鲁克认为，管理只同生产商品和提供各种经济服务的企业有关，管理学由管理工商企业的理论和实践的各种原则组成。管理的能力、技巧、经验不能移植到其他机构中去。但另一些人则认为，虽然不同组织的管理在外部表现上有许多不同之处，但其基本原理是共通的。

德鲁克指出，作为企业主要管理者的经理，要承担两项别人无法替代的任务。

(1) 经理必须创造一个"生产的统一体"

这个统一体的生产力要大于其组成部分的生产力之和。为此，经理要注意克服企业中所有的弱点，并使各种资源，特别是人力资源得到充分的发挥。为了使企业的各项活动能够协调进行，他必须既考虑到作为整体的企业，又照顾到各个方面的特殊问题，因为这些特殊问题有时可能是决定性的。

(2) 经理要综合考虑企业的利益

经理在制定每个决策或采取每个行动时，都必须统筹考虑企业的长期利益和目前利益。根据德鲁克的分析，每个经理，不论他是否意识到，都在执行一些基本的、共同的职能。这些职能包括：

①树立目标 经理必须要树立目标并决定为了达到这些目标需要做些什么，然后把它传达给与目标的实现有关的人员。

②进行组织工作 经理要将组织活动划分成较小的项目，以便进行管理，并据此建立组织机构，选拔人员，等等。

③进行鼓励和沟通工作 经理要利用表扬、奖金、报酬、提拔等手段来鼓励人们做好工作，并通过沟通信息来协调整个企业的活动。

④确定标准 经理要确定标准，对企业成果进行分析，对所有人员的工作情况进行评价。

⑤使职工得到成长和发展 经理的工作将影响到职工的才能能否得到发展。

此外，为了组织职工参与企业管理，充分调动职工的积极性，德鲁克还提出了目标管理的观点和方法。

2.3.5 企业再造理论

企业再造理论是 1993 年开始在美国出现的关于企业经营管理方式的一种新的理论和方法，它以一种再生的思想重新审视企业，并对传统管理学赖以存在的基础——分工理论提出了质疑，被称为管理学发展史上的一次革命。该理论强调企业为了能够适应新的竞争环境，必须摒弃已成惯例的运营模式和工作方法，以工作流程为中心，重新设计企业的经营、管理及运营方式。

2.3.5.1 企业再造理论的基本概念

企业再造也称"公司再造""再造工程"（reengineering）。它是 1993 年开始在美国出现的关于企业经营管理方式的一种新的理论和方法。所谓企业再造，简单地说就是以工作流程为中心，重新设计企业的经营、管理及运作方式。该理论的创始人——原美国麻省理工学院教授迈克·哈默与詹姆斯·钱皮对企业再造的定义是"为了飞越性地改善成本、质量、服务、速度等重大的现代企业的运营基准，对工作流程进行根本性重新思考并彻底改革"，换句话说就是"从头改变，重新设计"。为了能够适应新的世界竞争环境，企业必须摒弃已成惯例的运营模式和工作方法，以工作流程为中心，重新设计企业的经营、管理及运营方式。

企业再造包括企业战略再造、企业文化再造、市场营销再造、企业组织再造、企业生产流程再造和质量控制系统再造。

2.3.5.2 企业再造理论的基本内容

企业再造理论认为，企业再造活动绝不是对原有组织进行简单修补的一次改良运动，而是重大的突变式改革。企业再造是向植根于企业内部的、影响企业各种经营活动开展的、固有的基本信念提出了挑战；企业再造必须对组织中人的观念、组织的运作机制和组织的运作流程进行彻底的更新，要在经营业绩上取得显著改进。哈默和钱皮为"显著改进"制定了一个目标："周转期缩短 70%，成本降低 40%，顾客满意度和企业收益提高 40%，市场份额增长 25%。"企业再造理论的"企业再造"就是"流程再造"，其实施方法是以先进的计算机信息系统和其他生产制造技术为手段，以顾客中长期需求为目标，在人本管理、顾客至上、效率和效益为中心的思想指导下，通过最大限度地减少对产品增值无实质作用的环节和过程，建立起科学的组织结构和业务流程，使产品质量和规模发生质的变化，从而保证企业能以最少的成本、高质量的产品和优质的服务在不断加剧的市场竞争中战胜对手，获得发展的机遇。

2.3.5.3 企业再造理论的主要程序

企业再造就是重新设计和安排企业的整个生产、服务和经营过程，使之合理化。通过对企业原来生产经营过程的各个方面、每个环节进行全面的调查研究和细致分析，对其中不合理、不必要的环节进行彻底的变革。在具体实施过程中，可以按以下程序进行。

（1）对原有流程进行全面的功能和效率分析，发现其存在问题

根据企业现行的作业程序，绘制细致、明了的作业流程图。一般地说，原来的作业程序是与过去的市场需求、技术条件相适应的，并由一定的组织结构、作业规范作为其保证的。当市场需求、技术条件发生的变化，使现有作业程序难以适应时，作业效率或组织结构的效能就会降低。因此，必须从以下方面分析现行作业流程的问题。

①功能障碍 随着技术的发展，让原技术上具有不可分性的团队工作，个人可完成的工作额度发生变化，这就会使原来的作业流程支离破碎而增加管理成本，或者核算单位太大造成权责利脱节，并会造成组织机构设计的不合理，形成企业发展的瓶颈。

②重要性 不同的作业流程环节对企业的影响是不同的。随着市场的发展，顾客对产

品、服务的需求发生变化，作业流程中的关键环节以及各环节的重要性也在变化。

③可行性 首先基于市场动态与技术迭代方向，结合企业资源禀赋，筛选出亟待突破的高优先级问题，明确再造的可行切入环节；其次通过投资回报率模拟与风险影响矩阵，评估不同改造方案的经济可行性与实施难度，优先选择风险可控、资源匹配度高的优化节点；最后深入作业一线，通过流程时序分析、资源消耗统计、故障溯源追踪等实证方法，定位现有流程的功能短板、外部制约及改进机会点，确保可行性结论具备可量化支撑。

（2）设计新的流程改进方案，并进行评估

为了设计更加科学、合理的作业流程，必须群策群力、集思广益、鼓励创新。在设计新的流程改进方案时，可以考虑：

①将现在的数项业务或工作进行组合，合并为一。

②工作流程的各个步骤按其自然顺序进行。

③给予职工参与决策的权利。

④为同一种工作流程设置若干种进行方式。

⑤工作应当超越组织的界限，在最适当的场所进行。

⑥尽量减少检查、控制、调整等管理工作。

⑦设置项目负责人。

如果提出了多个流程改进方案，还要从成本、效益、技术条件和风险程度等方面进行评估，选取可行性强的方案。

（3）形成系统的企业再造方案

制定与流程改进方案相配套的组织结构、人力资源配置和业务规范等方面的改进规划，形成系统的企业再造方案。企业业务流程的实施，是以相应组织结构、人力资源配置方式、业务规范、沟通渠道甚至企业文化作为保证的，所以，只有以流程改进为核心形成系统的企业再造方案，才能达到预期的目的。

（4）组织实施与持续改善

实施企业再造方案，必然会触及原有的利益格局。因此，必须精心组织，谨慎推进。既要态度坚定，克服阻力，又要积极宣传，形成共识，以保证企业再造的顺利进行。

企业再造方案的实施并不意味着企业再造的终结。在社会发展日益加快的时代，企业总是不断面临新的挑战，这就需要对企业再造方案不断地进行改进，以适应新形势的需要。

2.4 中国现代管理思想的发展

2.4.1 中国现代管理思想形成的历史背景

中国现代管理思想既不是在一张白纸上设计出来的，也不是在中国传统管理思想基础上自然发展出来的，更不是单纯地从西方引进得来的，而是在极其复杂的历史背景下形成的。

2.4.1.1　中国官僚资本企业和民族资本企业的管理

中国近代企业管理，主要包括官僚资本企业管理和民族资本企业管理。官僚资本企业有官办、官督商办和官商合办三种形式。中国真正意义上的企业是从官办企业开始的。所谓官办企业，是指晚清政府时期，清政府洋务派官僚集团，在军事、经济等主要方面与外国政府和企业合作开办采用机器生产的新式军事、民用企业。其中比较有规模的企业有江南制造总局、天津机器制造局、金陵机器制造局、福州船政局等。这些工厂的产品大部分拨归军用，经营管理是封建衙门式的，工厂的生产技术管理大权绝大部分掌握在外国人手中。

（1）中国官僚资本企业的管理

从 19 世纪 70 年代起，晚清政府在"洋务运动"中又采取官督商办和官商合办等方式，兴办了一大批工矿企业。官督商办是利用私人资本举办工矿企业采取的主要形式，它由洋务派官僚发起，商人出资，政府官僚管理，盛行于 19 世纪七八十年代，这些企业得到李鸿章的庇护，享有减税、免税、贷款、缓息和专利的特权。这些企业名义上商人可以参与管理，但企业实权却掌握在由官方委派的承办人手中；名义上企业的盈亏全归商人，与官无涉，但实际上官方只享有企业盈利而不负亏损责任，这类企业多在甲午战争后破产。官商合办是官方与私人资本联合举办的工矿企业，盛行于 19 世纪 80 年代后期至 20 世纪初期，清政府对合办企业派官员督办掌权或委派与官方有密切关系的企业商董为督办、总办，结果，有的企业因商股中途退出而成为官方独办，有的企业因管理不善发生亏损而出租、出卖或停止。官督商办或官商合办企业，实际上都是由官僚掌管，企业内部采用雇佣劳动，其收益相当大的部分落到企业当权官僚和他们的僚属亲朋手中。

洋务派兴办的近代企业，在中国近代早期工业发展中占有重要地位。官办企业是国家资本主义的基本形式，官商合办、官督商办是国家资本与私人资本相结合，由国家资本控制私人资本的企业形式，它们本身是一种资本主义性质的企业。投资于洋务企业的官僚、地主、买办和商人成为中国早期资本家的重要组成部分，洋务派官僚在兴办近代企业的过程中，也积累了一些经营管理经验和教训，对民族资本企业有借鉴作用。

为外商直接雇用的买办在 19 世纪末逐渐形成一个新的阶层。1911 年辛亥革命后，一些由官僚军阀控制的"国营"企业接受外商的监督，企业的经营权实际上被外商控制。这些企业多数推行了欧美资本主义的一套比较规范化的企业管理方式。官僚资本与买办资本相互勾结，外国列强的在华投资推动了中国封建官僚的买办化。

抗日战争胜利后，官僚资本的发展达到最高峰，形成了以蒋介石、宋子文、孔祥熙、陈立夫四大家族为核心的官僚资本集团，在他们当权的 20 多年里，集中了约 200 亿美元的巨大财产，垄断了全国经济命脉。到 1947 年，四大家族控制的工矿业资本额占全国工矿业资本总额的 70%~80%，这一时期的企业管理方式有了较大的进步，主要表现在以下几个方面。

第一，更多地采取了资本主义色彩的雇佣劳动管理方式。包工头制度大多被改为直接考工制，并直接按工人的职责、工资级差、工作定额等发放工资。制定了较为严格的选用人才的标准和实施办法，吸收和培养了比较熟悉近代企业管理方法的知识分子参加企业工作。

第二，成立企管协会，经常商讨改进管理办法，建立集中统一的生产指挥系统，制定财务管理与仓储保管制度。

第三，出现了向托拉斯①和康采恩②方向发展的趋势。四大家族官僚资本垄断经营规模越来越大，经营方式也发展到跨行业的程度。

第四，组织工会和在较大的官僚资本企业中派出稽查组，并秘密收买工人提供情报，使企业的人事管理、劳动管理带有思想统制和行动统制的色彩。

（2）中国民族资本企业的管理

中国民族资本主义是指在近代形成的民间投资的私人资本主义经济成分，出现于19世纪70年代。随着外国资本主义的刺激和中国资本主义的萌芽，一部分商人、地主和官僚开始投资于新型工业，逐渐形成了中国的民族资本。中国早期民族资本主义来源于封建地租和买办收入的转化，资本带有原始积累的性质。中国民族资本工业是曲折发展的，其经营管理也在不同时期显现不同特点。

甲午战争以后，在抵制洋货、收回利权运动、戊戌变法及辛亥革命的推动下，民族资本主义获得初步发展，出现了1895—1898年和1905—1908年的两次投资高潮。民族资本的投资，主要以纺织、面粉、卷烟等轻工业为主，采矿、水电等部门有所发展，航运、铁路、银行也有不少投资。当时的民族资本企业资金少、规模小，除少数企业从国外购进一些设备进行机器生产外，大多数企业承袭了手工作坊的办法，生产效率低下。从方便购销出发，多把厂址设在通商口岸或交通便利的地方。企业一般由官僚、富绅、商人来管理。他们缺乏技术和经营知识，经营管理水平低，产品生产批量小、质量低，往往不能和外资竞争，有些企业常因亏本而停产。

第一次世界大战期间，西方列强忙于战争，同时由于工业品价格的上涨和爱国反帝运动的推动，中国民族工业发展进入了"黄金时代"。这一时期，清政府和北洋军阀政府先后公布了《振兴工艺给奖章程》《公司条例》等法规，对促进民族资本企业的发展及其经营管理的改善起了一定作用。民族资本的投资开始涉足重工业，如采煤、钢铁、锑钨、水泥等行业。这一时期的经营管理有了以下改善：由于工生产逐渐过渡到机器生产，并采取了招股、添股、借贷等集资方式，原材料供应对生产的重要性得到充分认识，并设立了较稳定的来源，重视产品配套、产品质量。同时，也加强了工人的劳动强度，提高了生产效率。

第一次世界大战结束后，列强卷土重来，到20世纪20年代，中国民族工业陷入萧条阶段。虽然在个别部门和一些企业中有所发展，但由于帝国主义垄断资本采用借款、合办、收买等方式，大力兼并，加上连年内战，"蒋、宋、孔、陈"四大家族官僚资本对国民经济的全面控制，民族资本企业遭到沉重打击，传统工业走向衰落。资本主义生产方式由

---

①托拉斯（business trust）直译为商业信托，原意为托管财产所有权，是垄断组织的高级形式之一，是指在一个行业（商品领域）中，通过生产企业间的收购、合并以及托管等形式，由控股公司在此基础上设立一个巨大企业来兼并、包容、控股大量同行业企业来达到企业一体化目的的垄断形式。

②康采恩（konzem）是德语词汇的音译，原意为多种企业集团，是一种通过母公司对独立企业进行持股而达到实际支配作用的垄断企业形态。在资本集中方面，康采恩比托拉斯更加进步。

通商口岸向内地中小城市推广。政府公布了公司法、商标法、商品检验法等法律，但民族资本企业仍然得不到法律的真正保障，企业倒闭不断增加。

抗日战争期间，沿海民族工业因迁移、战争破坏和日本侵略者的掠夺，损失极其严重。后方民族工业也因官僚资本的压制和通货膨胀的影响而陷于停滞。民族资本企业的处境十分悲惨，陷于破产，它们为了在帝国主义和官僚资本主义双重压迫下生存和发展，在经营管理上开始采用科学管理方式。首先，加强了供销管理。一方面，为摆脱外国资本的控制，自建了原材料工厂和种植园，并广设原材料采购站，大量购储廉价原料；另一方面，销售上努力扩大销售网点，通过设立批发部和分销店，工商联营，并加强了广告和宣传活动。其次，推行机械化和半机械化生产。通过引进国外先进技术设备，安排合理的生产工艺，不断改善生产组织，努力降低消耗，建立质量检验制度。最后，投资联号企业或创办附属企业。在资金上相互支持、调剂；开办存款业务，充实企业经营资金；与金融资本结合，便于动用银行资本，并开展各种形式的企业联营，同时加强了人才培养。

中国的民族资本企业大多集中于大城市，集中于轻工业，不可能形成独立的工业体系，又由于在技术、设备、原料及资金等方面依赖帝国主义，造成了它的先天不足。民族资本企业采用了大机器生产和较科学的管理方式，尽力摆脱封建主义与帝国主义的束缚，建立了许多有中国特色的企业管理制度和方法，形成了中国企业科学管理思想的萌芽。这时期涌现出许多中国民族企业家，如张謇、荣德生、荣宗敬、胡厥文、刘国钧、刘鸿生等。

2.4.1.2 我国革命根据地公营企业的管理

中国大规模的现代工业是在1949年中华人民共和国成立后发展起来的，在其后相当长的时期内，政府管理部门、银行、工厂、商店、学校等几乎一切企事业单位的主要领导和从事管理工作的干部绝大多数都来自军队和革命根据地。因此，中国的现代管理思想不可避免地会受到军队管理和革命根据地公营企业管理的严重影响。革命根据地公营企业的管理又基本上是根据军队管理的模式，结合地方的特点逐步发展的。

（1）土地革命战争时期的管理

在20世纪30年代的土地革命战争时期，中国共产党领导的苏区开始创办小型修械所，并相继建立了被服、印刷、兵工、织布、造纸等工厂，生产革命战争和人民生活迫切需要的物资。这些工厂在经营管理上重视行政管理，建立了企业的行政机构以及中国共产党的支部和职工会，贯彻了革命军队中的官兵一致、民主管理原则，吸收职工参加管理，教育职工自力更生、艰苦创业。由于客观条件的限制，当时工厂中还没有严格的生产计划和验收、保管制度。

为了加强公营工厂的管理，1934年，中华苏维埃共和国人民委员会颁布了《苏维埃国有工厂管理条例》，中国共产党中央组织局发布了《苏维埃国家工厂支部工作条例》。以上两个条例的施行进一步加强了苏区工厂的经营管理工作。

①建立了由厂长、支部书记和工会委员长组成的"三人团"，作为企业的领导机构，统一处理工厂的生产、生活问题。

②建立了规章制度。普遍订立了集体合同和劳动合同，严格了劳动纪律，规定了生产定额和工资制度，有条件的工厂实行了计件工资制，制定了产品检验制度。

③开展了劳动竞赛。在竞赛中注意推广先进生产经验，发扬职工忘我劳动的革命精神，促进了生产任务的完成。

④加强了思想政治工作。共产党支部和工厂委员会围绕企业的中心任务，采用多种形式教育工人以新的态度对待新的劳动，努力生产，为争取苏维埃的胜利而斗争。要求共产党员、共青团员在生产劳动中起先锋模范作用。要求管理干部深入工人群众听取意见，帮助他们解决工作、学习和生活中的困难。

（2）抗日战争时期的管理

抗日战争时期，抗日根据地的军民在"自己动手，丰衣足食"的方针指导下，开展了大规模的生产运动，公营工厂在大生产运动中进一步发展起来。

抗日战争初期，抗日根据地的工厂大多数实行全部费用向上级主管部门报销，全部产品上交主管部门统一分配的制度。这种制度造成了工厂只重生产、不重经济、不讲成本的状况。

1942 年，毛泽东在陕甘宁高级干部会议上作了《经济问题与财政问题》的重要报告，提出了"发展经济，保障供给"的经济工作和财政工作总方针，并提出了改善工厂经营管理的方向。各厂矿根据报告的精神，在以下几个方面改进了工矿企业的管理工作。

①实行了工厂管理一元化。在厂外，工厂只受政府的一个管理部门领导；在厂内，厂长集中管理行政和生产，对生产上的问题有最后决定权。支部和工会以保证完成生产任务为中心工作。"三人团"改为厂长领导下的厂务会议。

②实行经济核算制，制定了会计制度、保管制度、产品检验制度。

③精简机构，减少非生产人员。

④改革工资制度。自 1942 年开始，各工厂逐步改供给制为工资制。

⑤进一步开展劳动竞赛。

⑥发挥技术人员的作用，奖励创造发明。

（3）解放战争时期的管理

解放战争时期，解放区的公营企业有了迅速发展，工厂管理工作也有了新的进展。1946 年 5 月，颁布了《中共中央关于工矿企业政策的指示》。1948 年 1 月，中共中央进一步指示："在公营企业中必须由行政方面和工会方面组织联合的管理委员会，以加强管理工作，达到降低成本、增加生产、公私两利的目的。"根据中共中央的指示精神，工厂在以下几方面进一步改善了管理。

①加强了民主管理。各工厂普遍建立了工厂管理委员会。500 人以上的工厂建立了职工代表会议制度。

②普遍进行了工厂企业化。在工厂中实行严格的经济核算。建立了成本会计制度、各种责任制度以及产品检验制度、奖罚制度。

③贯彻按劳分配的原则，改革工资制度。计件奖励工资制度被各工厂普遍采用。

④加强对职工的思想教育，开展了立功运动。在中华人民共和国成立初期，基本上沿

用了革命根据地对公营企业的政策和管理思想，对被没收的官僚资本企业和公私合营企业进行改造和管理。

2.4.1.3　全面学习苏联的管理模式

1953 年起，我国进入了大规模的、有计划的社会主义经济建设时期，开始了发展国民经济的第一个五年计划。这个时期的企业管理主要是全面学习苏联的经验，引进其整套企业管理制度和方法。在国营企业中，普遍建立了生产技术财务计划、生产技术准备计划和生产作业计划，实行了计划管理，组织了有节奏的均衡生产，建立了生产责任制度，进行原始记录和统计工作，确立了正常的生产秩序；制定了技术标准、工艺规程、劳动定额，建立了设备计划预修制度和技术检查制度，建立了技术工作的秩序；建立了经济核算制度和"各尽所能、按劳分配"的等级工资制度，建立与健全了企业的管理机构，普遍推行"一长制"。

由于推行了这套管理制度，我国国营企业的管理工作基本走上了科学管理的轨道，并培养了一批管理干部。

第一个五年计划期间，我国在百废待举、多种经济成分并存的条件下，在全国范围内实行了财政经济工作的统一领导和计划管理，实现了财政收支平衡和物价稳定，并集中了大量人力、资金和物资进行了大规模的工业基本建设。这个时期，国民经济高速发展，人民生活不断改善，社会安定团结，人民奋发向上。这是中国共产党在管理上获得的杰出成就。但是，在学习苏联管理经验的过程中，也出现了一些缺点，如不加分析地照抄照搬，没有充分考虑我国的实际情况，单纯依靠行政命令，忽视民主管理等。

2.4.1.4　探索中国现代管理模式

为了克服学习苏联过程中照抄照搬的缺点，1956 年 9 月，中共八大决定在企业中实行党委领导下的厂长负责制，以加强党的集体领导。1957 年 3 月，党中央又决定在工业企业中实行党委领导下的职工代表大会制，以调动广大职员、工人的积极性，行使主人翁的权利。在从 1958 年开始的第二个五年计划期间，鞍山钢铁公司、国营庆华工具厂等企业又创造、总结出了"两参、一改、三结合"的经验，并在全国得到了推广。这一系列的改革，对于纠正过去企业管理中出现的一些偏向，对于继承和发扬党的优良传统，调动和发挥广大职工的革命精神和生产积极性，促进企业生产的发展，探索中国现代管理模式，起了重要的作用。但是，在 1958 年的"大跃进"过程中，由于片面夸大精神的作用，背离了"实事求是"的原则，在企业管理的指导思想上又犯了不尊重客观规律的"左"的错误，否定了在第一个五年计划期间建立起来的适合现代化大生产要求的科学管理制度和办法，造成了国民经济的比例失调和企业管理上的极大混乱，给国家在经济上造成了巨大的浪费和损失。

党中央及时采取了一系列措施来纠正这些错误。在从 1961 年开始的对国民经济进行的三年"调整、巩固、充实、提高"过程中，颁布了《国营工业企业工作条例（草案）》。此条例总结了我国企业管理正反两方面的经验，体现了党的优良传统与现代化大生产的客观要求相结合的精神。此条例的贯彻实施，明显提高了企业的管理水平，促进了生产的迅速发展。到 1965 年，许多工业部门和企业的技术经济指标都达到我国历史上的最高水平。

这一阶段是我国进行企业管理改革的初步尝试过程，虽然经历了一段曲折的道路，但开始找到了适合我国国情的改革方向。

2.4.1.5 "文化大革命"期间管理的大倒退

从1966年开始的"文化大革命"，以"阶级斗争"代替了企业管理，否定了企业管理的"两重性"，企业管理的规章制度被废弃。管理机构被撤销合并，大多数管理人员被下放到车间劳动。而一些"政治"挂帅，不懂生产、不懂管理的人被派到各级管理岗位，这使我国的企业管理工作遭到严重的破坏。

2.4.2 社会主义经济管理体制改革

1976年10月，我国进入一个新的历史发展时期，工农业生产得到较快的恢复。特别是1978年后，开始全面、认真地纠正过去的"左"倾错误，决定把党和国家的工作重点转移到社会主义经济建设上来。为了恢复和发展国民经济，提出了"调整、整顿、改革、提高"的新八字方针，调整了农业、轻工业、重工业各部门之间以及积累和消费之间的比例关系，在经济体制上进行重大的改革，实行对外开放、对内搞活经济的政策。在工业企业管理方面，颁布和实施了一系列新的法律法规，如《国营工业企业暂行条例》《国营工业企业职工代表大会暂行条例》《国营工厂厂长工作暂行条例》《中华人民共和国中外合资经营企业法》《中华人民共和国专利法》《中华人民共和国商标法》《中华人民共和国会计法》等，并在肯定企业管理具有"两重性"的基础上，有分析、有选择地学习外国先进的科学管理理论、方法和手段。

在完成指导思想的拨乱反正，实现国民经济初步调整的基础上，中国共产党第十二次全国代表大会明确提出了系统地进行经济体制改革的任务，并且指出这是坚持社会主义道路、实现社会主义现代化的重要保证。1984年10月，中共十二届三中全会又通过了《中共中央关于经济体制改革的决定》，进一步肯定了我国进行经济体制改革的必要性和迫切性，并指出改革是为了建设充满生机的社会主义经济体制，而增强企业活力是经济体制改革的中心环节。中国共产党第十三次全国代表大会提出了社会主义初级阶段理论、所有权和经营权分离的理论，为深化企业改革奠定了理论基础。

具体说来，我国企业改革可以划分为以下三个阶段。

2.4.2.1 第一阶段(1978—1986年)

以扩大企业自主权，推行经济责任制和利改税为主要内容。

(1)扩大企业自主权，简政放权

从1978年下半年起，部分省份在一些国有企业进行试点，其主要内容是扩大企业经营管理权。扩权的主要内容有：国有工业企业由按工资总额提取企业基金的办法改为实行利润留成办法；企业拥有制订补充生产计划的权力；企业有权销售超产产品；企业有权使用留成资金等。1984年5月，国务院颁布了《关于进一步扩大国营工业企业自主权的暂行规定》，明确规定了企业十个方面的自主权，即生产经营计划权、产品销售权、产品定价权、物资选购权、资金使用权、资产处置权、机构设置权、人事劳动权、工资奖金使用权和联合经营权。

（2）推行经济责任制

工业经济责任制的根本目的是处理好国家与企业的关系、企业与职工的关系，解决好企业吃国家大锅饭、职工吃企业大锅饭的问题。解决前一个问题的方法是利润留成、盈亏包干、以税代利、自负盈亏等；解决后一个问题的方法有计件工资、超产奖、浮动工资等。

（3）实行利改税

其主要内容有：把工商企业上缴国家财政的利润分别改为按 11 个税种缴税；国有大中型企业基期利润扣除按 55% 计算的所得税和 1983 年合理留利后的部分占基期利润的比例，为调节税率。国有企业利润分别征收所得税和调节税；国有小型盈利企业按新的八级超额累进税率缴纳所得税后，自负盈亏。

2.4.2.2　第二阶段（1987—1991 年）

以推行各种经营责任制，实行所有权和经营权分离为主要内容。

（1）承包经营责任制

所谓承包经营责任制，是在坚持企业的社会主义全民所有制的基础上，按照所有权与经营权分离的原则，以承包经营合同形式，确定国家与企业的责权利关系，使企业做到自主经营、自负盈亏的经济管理制度。承包的主体是创造物质财富的商品生产者和经营者。承包的对象是全民所有制企业。发包方是国家，承包方是从事物质生产的全民所有制企业。基本原则是包死基数，确保上缴，超收多留，欠收自补。

自 1987 年 4 月，国务院作出在全国范围内推广经营承包责任制决定后，全国 28 个省（自治区、直辖市）80% 以上的独立核算工业企业和 90% 以上预算内国有工业企业于 1987 年开始了第一轮承包，1990 年有 90% 左右的企业第一轮承包到期，它们中的绝大多数又转入第二轮承包。实践证明，承包制有许多优点。

①它是具有中国特色的在全民所有制基础上产生的经营管理制度，在某种程度上使企业成为相对独立的经济实体。

②这是将国家、企业、个人三者利益结合起来的一种新的尝试。

③它能在很大程度上挖掘蕴藏在企业中的潜力。

但是，承包制的缺点也很明显。一是企业行为短期化；二是包盈不包亏；三是受外部环境的影响，不利于确定承包基数等。

为了避免上述问题，承包经营责任制有了许多新的发展和形式，如风险抵押承包、比例承包、滚动式承包、分段连续推进承包等。

（2）租赁经营责任制

所谓租赁经营责任制，是指以国家为资产所有者的代表，按出租企业资产价值收取一定租金，将企业出租给承租人，使其在一定时期内获得资产经营权与使用权的一种经营让渡行为的经济管理制度。其实质是出租人用企业经营权换取承租人租金的一种交换活动。

租赁制与承包制有以下重要区别。

①承包制是承包企业及其经营成果，租赁制是租赁资产及其租赁权力。

②承包制无需押金，租赁制需财产抵押。

③承包制适用于大中型企业，租赁制适用于小企业、微利或亏损企业。

1984 年，沈阳首先在商业、饮食业中推行租赁经营责任制，取得了明显的效果，1985 年 32 户租赁企业利润增长 3.3 倍，职工收入增长 16%。1988 年，国务院颁布了《全民所有制小型工业企业租赁经营暂行条例》，开始全面推行该种经营责任制。

（3）股份制

股份制是指将企业的资本划分为一定数量的股份，继而发行认购，吸收投资者入股的一种资本组织形式。我国的股份制试点工作主要目的是通过个人持股和企业相互参股，改变长期以来的全民企业所有制单一国家所有的格局，促进两权分离，政企分开，使企业真正成为自主经营、自负盈亏的独立法人实体。

1984 年 7 月，北京天桥百货商场率先进行股份制试点工作，同年 11 月，上海电声总厂发起组建上海飞乐音响股份公司，公开发行股票。1986 年，重庆市已有 17 000 家乡镇企业实行股份制。从 1991 年开始，特别是邓小平南方谈话后，股份制试点工作进入一个全新的发展阶段，与股份制配套的政策法规不断完善，试点规模大大扩大，证券市场初步建立且进一步发展。

2.4.2.3 第三阶段（1992—2013 年）

以理顺产权关系，转换企业经营机制和建立现代企业制度为主要内容。

（1）转换企业经营机制，搞活国有大中型企业

1991 年 9 月，中央召开工作会议研究和讨论如何搞活国有大中型企业。随后，中央和地方政府出台了一系列的措施，主要内容有：进一步扩大企业自主权；增加企业技术改造投入；降低税率；保护国有大中型骨干企业；健全企业内部领导体制；加强企业内部管理等。

1992 年 7 月，国务院又颁布了《全民所有制工业企业转换经营机制条例》，该条例将 1988 年 4 月通过的《中华人民共和国企业法》进一步明确化和具体化，并且有所创新和发展。该条例的主要内容有：企业对国家赋予其经营管理的财产享有占有、使用和依法处置的权力；这些权力包括企业生产经营决策权，产品和劳务定价权，产品销售权，物资采购权，进出口权，投资决策权，留用资金支配权，资产处置权，劳动用工权，联营、兼并权，人事管理权，工资、奖金分配权，内部机构设置权和拒绝摊派权共 14 项权力；企业是法人实体，它对国家授予其经营管理的财产承担民事责任。

（2）建立现代企业制度

1993 年 11 月 14 日，中共十四届三中全会通过了《中共中央关于建立社会主义市场经济体制若干问题的决定》。该决定指出，"以公有制为主体的现代企业制度是社会主义市场经济体制的基础""继续深化企业改革，必须解决深层次的矛盾，着力进行企业制度的创新"。该决定明确提出了"建立现代企业制度，是发展社会化大生产和市场经济的必然要求，是我国国有企业改革的方向"。

现代企业制度的定义很多，但比较权威的说法则来自上述文献。具体说来，现代企业

制度有五个基本特征。

①产权关系明晰。企业的所有权属于出资者；企业拥有出资者投资形成的全部法人财产权；企业是享有民事权利、承担民事责任的法人实体。

②企业以其全部法人财产，依法自主经营，自负盈亏。

③出资者按其投入企业的资本额享有所有者的权益，包括资产受益权、重大决策权等；同时以投入企业的资本额为限对企业的债务承担责任。

④企业在国家宏观调控下，按照市场需求自主组织生产经营，以提高经济效益、劳动生产率和实现资产保值增值为目的。

⑤企业实行权责分明、管理科学、激励和约束相结合的内部管理体制。

1993 年 12 月 29 日，全国人大常委会第五次会议通过了《中华人民共和国公司法》，该法用法律语言详尽地描述了现代企业制度，为今后的企业改革指明了方向。

1997 年 9 月，中国共产党第十五次全国代表大会进一步系统地阐述了社会主义初级阶段理论，明确提出，建设有中国特色社会主义的经济，就是在社会主义条件下发展市场经济，不断解放和发展生产力；就是要坚持和完善社会主义公有制为主体、多种所有制经济共同发展的基本经济制度，坚持和完善社会主义市场经济体制，使市场在国家宏观调控下对资源配置起基础性作用，并且提出了全面认识公有制经济的含义和公有制实现形式多样化的论点。

党的十五大要求加快推进国有企业改革，并再次肯定建立现代企业制度是国有企业改革的方向。国有大中型企业必须按"产权清晰、权责明确、政企分开、管理科学"的要求实行规范的公司制改革，使企业成为适应市场的法人实体和竞争主体。在此之后，在全国范围内对国有大中型企业进行了大规模的战略性改组，同时采取改组、联合、兼并、租赁、承包经营和股份合作制、出售等形式，加快了搞活国有和集体所有小企业的步伐。

最近十多年，我国经济实现了较快发展，经济总量跃居世界第二，综合国力大幅提升，基础建设全面加强，在航天航空、高速铁路、高速公路、5G 通信、高端电制造、芯片制造、人工智能、国防和城市建设等许多方面都实现了重大突破。同时必须清醒看到，在经济持续高速的发展过程中，由于对国内生产总值（GDP）增长的盲目追求，大部分企业单纯地追求利润极大化，普遍放松了生态环境保护和产品质量监督，漠视企业的社会责任和管理道德，置最基本的管理原理于不顾。

2.4.3　中国现代管理思想发展的新阶段

中国现代管理思想发展的新阶段通常被认为是自 2012 年至今，即党的十八大以来的新时期。党的十八大提出"全面建成小康社会"目标，强调经济高质量发展、创新驱动和绿色发展，管理思想随之转向可持续发展与创新管理。党的十九大进一步明确"新时代"定位，推动供给侧结构性改革、数字化转型和"双循环"新发展格局，管理理论与实践更注重全球化和本土化结合。党的二十大强调"中国式现代化"，推动管理思想从规模扩张转向质量、效率与可持续性并重。二十届三中全会进一步强调，要健全推动经济高质量发展的体制机制，其中包括健全因地制宜发展新质生产力体制机制。因此，中国现代管理思想发展的新阶段是伴随国家战略转型、技术革命深化以及全球化格局变化而逐步形成的。这一阶段的核心特征是创新驱动、数字化转型、本土化理论构建以及社会责任强化。

2.4.3.1 创新驱动成为管理主线

（1）国家层面

在全球化和知识经济时代背景下，创新驱动已成为国家发展的核心战略，主要体现在政策制定、资源配置、教育体系改革和科技创新体系构建等方面。如在政策制定上，我国出台了《国家创新驱动发展战略纲要》，明确了到 2020 年进入创新型国家行列、到 2030 年跻身创新型国家前列、到 2050 年建成世界科技创新强国的"三步走战略"目标。在资源配置上，通过设立国家自然科学基金、国家重点研发计划等项目，支持基础研究和应用基础研究，引导社会资金投入创新领域。此外，还建立了国家高新区、科技企业孵化器等创新平台，为创新型企业提供成长的土壤。

（2）企业层面

企业将创新作为核心竞争力，通过持续的技术创新、管理创新、商业模式创新等，实现企业的可持续发展。以华为公司为例，华为将创新视为企业发展的根本动力，建立了以客户需求为导向的研发体系，持续投入研发资金，保持技术领先。华为的创新管理体现在其独特的"轮值 CEO 制度"和"客户为中心"的企业文化上。轮值 CEO 制度保证了公司决策的灵活性和前瞻性，而"客户为中心"的文化则确保了创新始终围绕市场需求进行。华为还建立了全球化的研发网络，通过与全球顶尖高校和研究机构的合作，不断吸收和融合全球创新资源。

2.4.3.2 本土化管理理论崛起

本土化管理理论的崛起标志着管理学领域对文化差异和地域特色的重视。近年来，学者们提出了多种具有东方特色的管理框架，如"东方管理""和谐管理"。东方管理理论强调在管理实践中融入儒家文化中的"仁、义、礼、智、信"的价值观作为现代企业管理的道德基础，促进企业内部和谐与社会责任感的提升。该理论主张在管理决策中注重集体利益，强调领导者的道德修养和对员工的关怀。和谐管理理论的核心在于创造一个和谐的工作环境，使员工能够在相互尊重和理解的基础上发挥最大潜能，强调和谐管理不仅关注经济效益，更注重社会和环境效益，倡导企业与社会的和谐共生。

本土化管理理论试图将传统儒家文化与现代管理理念相结合，以适应亚洲特别是中国的管理环境。这些理论的提出，反映了学者们试图将西方管理工具与东方文化价值观相结合。例如，将西方的项目管理、战略规划等工具与儒家的集体主义、关系网络等元素融合，形成一种既符合现代管理需求又具有本土文化特色的管理方式。

本土化管理理论的崛起，不仅为管理实践提供了新的视角，也为管理学研究开辟了新的领域。通过深入挖掘和应用本土文化资源，这些理论有望在全球化背景下为不同文化背景下的企业提供更为有效的管理策略。

2.4.3.3 ESG 与社会责任深度嵌入

ESG 是环境（environmental）、社会（social）和公司治理（governance）的缩写，是衡量企

业发展可持续性的重要指标。ESG 与社会责任深度嵌入是当前企业发展的重要趋势。

首先，ESG 理念是对企业社会责任的深化和演进。企业社会责任强调企业在创造利润的同时，要关注对消费者、社区和环境的影响，承担相应责任。而 ESG 则通过更为清晰和明确的标准来衡量企业履行社会责任的表现，涵盖了环境、社会和公司治理等多个方面，更好地带动了投资者、政府、社会公众的参与。

在 ESG 框架下，企业不仅要关注自身的经济效益，还要积极履行社会责任，推动环境保护，加强公司治理。例如，企业会制定并实施一系列环境保护措施，减少碳排放，提高资源利用效率；同时，企业也会关注员工福利、产品质量和社区关怀等方面，以提升整体社会形象和声誉。

此外，ESG 评级作为衡量企业可持续性表现的重要指标，也促使企业更加重视社会责任的履行。通过 ESG 评级，企业能够更全面地了解自身的可持续性表现，并在经营决策中考虑社会和环境的影响。这有助于企业建立可持续经营的意识，建立更加环保、负责任的经营模式。

ESG 与社会责任深度嵌入不仅有助于企业提升社会形象和声誉，还能推动企业的可持续发展和长期价值创造。未来，随着社会对 ESG 理念的认知和接受程度不断提高，将会有更多的企业将其深度嵌入自身的运营和发展战略中。

2.4.3.4　数据驱动的决策模式

数据驱动的决策模式是一种基于数据分析和统计方法来指导决策过程的方法。这种模式强调在做出任何决策之前，首先收集和分析相关数据，以确保决策基于客观事实和证据。在数据驱动的决策模式中，数据被视为最宝贵的资产，它能够揭示趋势、模式和洞察力，帮助决策者理解复杂问题并预测未来的发展。数据驱动的决策模式与统计学、机器学习、数据挖掘等领域的理论紧密相关。这些理论提供了从数据中提取有价值信息的方法，如回归分析、聚类分析、预测建模等。通过这些方法，决策者可以识别数据中的关键变量，理解变量之间的关系，并构建模型来预测结果。

【练习与思考】

1. "无为而治"是不作为吗？请用自己的语言来阐述你对"无为而治"的理解。

2. 中国古代政治家管仲提出"仓廪实而知礼节，衣食足而知荣辱"。他的这一论述，在某种程度上与西方国家哪一理论在观念上有明显的相似之处？

3. 管理学中，泰罗提出的计划职能和执行职能相分离同亚当·斯密提出的劳动分工理论有何联系与区别？

4. 诸多的管理理论流派，他们将何去何从？是并行不悖地继续繁荣，还是遵循"天下大事，合久必分，分久必合"的规律而走向统一呢？

5. 结合学习型组织的基本理念，谈谈该理念对自己有何启示。

6. 你认为世界管理科学今后将呈现怎样的发展趋势？

测试 2

【职业技能强化】

管理思想和管理理论起源于管理实践

目的：

掌握管理实践和管理思想与理论的来源及演变过程；提高学习管理理论与实践的兴趣。

方法与要求：

(1)小组分工，每组5~6人。

(2)分别站在管理思想、管理理论、管理实践三个不同立场各抒己见，论述自己的立场观点对现代管理理论的发展和演变过程的重大影响和作用；试述它们对学习管理学的指导意义和作用。

(3)各方在辩论中，既要回答对方的提问，也要向对方提出疑难问题，要求答辩。

(4)各组辩论要坚持理论与案例相结合，举例要鲜明生动，说服力要强，并分别形成书面辩论资料，呈报老师或评委。

【综合评价】

小组名称				小组成员		
综合评价	教师评分		评价项目	分值	得分	备注
			任务完成情况	50		
			分析表达能力	30		
			小组协作能力	20		
			总计	100		
	学生互评评语					
	自我修正					

单元3

决　策

【学习目标】

知识目标：

(1) 了解决策的原则；

(2) 了解决策的类型；

(3) 熟悉决策的基本程序；

(4) 掌握决策的方法。

技能目标：

(1) 具备一定的科学决策能力，并使用常用的决策方法进行决策；

(2) 学生具备决策意识，能够根据实际情况选择决策类型。

素质目标：

(1) 树立牢固的法治观念；

(2) 具有"对立与统一"的哲学思想；

(3) 加深对于人类命运共同体的感受。

【情景导入】

坐飞机扫雪

　　有一年，我国北方格外寒冷，大雪纷飞，电线上有大量积雪，大跨度的电线常被积雪压断，严重影响通信。过去，许多人试图解决这一问题，但都未能如愿。后来，电信公司经理采用奥斯本发明的头脑风暴法，尝试解决这一难题。他召开了一次座谈会，参加会议的是不同专业的技术人员，要求他们必须遵守以下原则：第一，自由思考，即要求与会者尽可能解放思想，无拘无束地思考问题并畅所欲言，不必顾虑自己的想法是否"离经叛道"或"荒唐可笑"；第二，延迟评判，即要求与会者在会上不要对他人的设想评头论足，不要发表"这主意好极了""这种想法太离谱了"之类的评价，至于对设想的评判，留在会后组织专人考虑；第三，以量求质，即鼓励与会者尽可能多而广地提出设想，以大量的设想来保证质量较高的设想存在；第四，结合改善，即鼓励与会者积极进行智力互补，在自己提出设想的同时，注意思考如何把两个或更多的设想结合成另一个更完善的设想。按照这种会议规则，大家七嘴八舌地讨论开来，不到一小时，与会的10名技术人员共提出90多条新设想。

问题:
1. 为什么参加会议的人员是不同专业的技术人员?
2. 分析电信公司经理为什么要求与会人员遵守既定原则?
3. 头脑风暴法得出的结论可以直接实施吗?

3.1 决策概述

3.1.1 决策的含义与类型

3.1.1.1 决策的含义

决策一词的英语表述为 decision,意思是做出决定或选择。决策与人类活动密切相关。例如,企业要开发一种新产品,引进一条新的生产线;人们要选购一种商品或选择一种职业,都带有决策的性质。决策有广义和狭义之分。

广义的决策是指人们为了实现目标,根据客观条件,通过调查和研究,在掌握大量有关信息和经验的基础上,借助一定的方法和手段,从众多方案中选择一个最满意或最合理的方案并付诸实施的过程。

狭义的决策是指为达到某个目标,从众多方案中选定一个满意方案的行为,也就是通常所说的拍板或决断。

本书将决策定义为组织或个人为了实现某种目标而对未来一定时期内有关活动的方向、内容及方式的选择或调整过程。其主体可以是组织,也可以是个人。

正确理解上述概念,应把握以下几层含义。

(1)决策要有明确的目标

决策是为了解决某一问题,或是为了达到一定的目标。因此,决策所要解决的问题必须十分明确,所要达到的目标必须十分具体。没有明确的目标,决策将是盲目的。

(2)决策要有两个以上备选方案

决策实质上是选择行动方案的过程。如果只有一个备选方案,就不存在决策的问题。因此,方案至少要有两个,决策者才能从中进行分析、比较,最后选择一个满意的方案作为行动方案。

(3)选择后的行动方案必须付诸实施

如果选择后的方案被束之高阁,不付诸实施,那么也就等于没有决策。因此,决策不仅是一个制定过程,也是一个实施的过程。

【案例 3-1】

捉火鸡的故事

有个人布置了一个捉火鸡的陷阱,他在一个大箱子的里面和外面撒了玉米,大箱子有一道门,门上系了一根绳子,他抓着绳子的另一端躲在一处,只要等到火鸡进入箱子,他就拉扯绳子,把门关上。一天,有12只火鸡进入箱子,不巧有1只溜了出来,他想等箱子里有 12 只火鸡后再关上门，然而就在他等第 12 只火鸡的时候，又有 2 只火鸡跑出来了，他想等箱子里再有 11 只火鸡时就拉绳子，可是在他等待的时候，又有 3 只火鸡溜出来了，最后箱子里 1 只火鸡也没留下。

思考：

当情况发生变化时，是应该等待观望还是及早做出决策？管理学家西蒙认为人们不可能做出最优决策，你同意他的看法吗？为什么？

3.1.1.2　决策的类型

决策涉及组织管理的各个方面，内容广泛。从不同的角度可以把决策分为不同的类型。

(1)按所解决的问题在组织中的地位分类

按所解决的问题在组织中的地位分类，决策可分为战略决策和战术决策。

①战略决策　战略决策是确定组织远景规划的重大方向性决策，重点是解决组织与外部环境的关系问题。如企业的投资方向、新产品选择、企业上市、兼并企业等。这类决策事关组织全局，其正确与否，对组织的整体利益、发展速度以及前途影响极大。

②战术决策　战术决策是为实现战略决策而进行的短期具体决策，重点是解决组织内部人、财、物等有限资源分配的问题。如生产任务分配、质量控制、劳动力调配等。这类决策虽然不直接决定组织的全局，但它的正确与否，将在很大程度上影响组织目标的实现程度和组织管理效率的高低。

(2)按问题出现的重复程度分类

按问题出现的重复程度分类，决策可分为程序化决策和非程序化决策。

①程序化决策　程序化决策是指对经常重复出现的例行性问题，运用一定的程序、标准和模式来处理的决策。组织日常管理中的大部分工作都属于这类决策。管理人员可以凭借自己的经验，使决策过程标准化、程序化。当例行问题出现时，可以按照既定的程序处理。这样，可以大大节约管理者的时间和精力。

②非程序化决策　非程序化决策是对管理过程中的例外情况或不经常出现的偶然情况使用的，由于缺乏准确可靠的统计数据和资料，对这类问题的决策主要取决于决策者的知识、经验、洞察力和创造性思维以及决策方法的科学化程度。

【案例 3-2】
一万个电灯泡的赌注——商战危机

日本松下电器公司董事长松下幸之助早年曾在大阪电灯公司工作。他对电灯泡着了迷，为了实现其改进电灯灯头的构想，不惜倾资从事改良的工作，并组成了松下电器公司。不巧公司成立之初，恰遇经济危机，市场疲软，销售困难。怎样才能使公司摆脱困境，转危为安呢？松下权衡再三，决定一不做、二不休，拿出一万个电灯泡作为宣传之用，借以打开灯泡的销路。

灯泡必须备有电源，方能起作用。为此，松下亲自拜访冈田干电池公司的董事长，希望双方合作进行产品的宣传，并赠送一万只电灯泡。一向豪迈爽直的冈田听了此言，也不禁大吃一惊，因为这显然是一种很不合常理的冒险。但松下诚挚、果敢的态度实在感人，冈田终于答应了他的请求。

松下公司的电灯泡搭配冈田公司的干电池，发挥了最佳的宣传效用，很快电灯泡的销路直线上升，干电池的订单也雪片般飞来。初创伊始的松下电器公司非但没有倒闭，反而从此名声大振，业务兴隆。

对于刚刚创办的松下电器公司来说，一万只电灯泡是个不小的数目。但松下在危机面前敢于孤注一掷、铤而走险，采取破釜沉舟的推销策略，争取到了支持者，终于获得成功。

思考：

从非程序化决策的角度分析，松下电器公司起死回生的关键因素是什么？

(3) 按决策者掌握信息的完备程度分类

按决策者掌握信息的完备程度分类，决策可分为确定型决策、风险型决策和不确定型决策。

①确定型决策　确定型决策是指各种备选方案只有一种确定结果的决策，即决策事件未来的自然状态明确，只要比较各方案的结果就能选出最优方案。在现实管理工作中，严格意义上的确定型决策并不多。

②风险型决策　风险型决策是对未来的情况不太清楚和肯定，只能运用统计分析手段，确定其发生概率的方法进行决策。企业在经营管理中大多数的决策问题都会采用风险型决策。对于这类问题，由于决策者无法确定未来的情况，无论选择哪种方案都有一定的风险，在决策时，通常根据期望值对各备选方案的优劣进行评价。

③不确定型决策　不确定型决策是指决策过程中面临许多不确定因素，既不能确定各方案的后果，也不能确定其发生概率的一种决策。这类决策比较复杂，难度大，风险也大，只有把科学方法与决策者的经验结合起来，才有可能作出比较正确的选择。

(4) 按决策起始点分类

按决策起始点分类，决策可分为初始决策和追踪决策。

①初始决策　初始决策是在有关活动尚未进行，对环境尚未产生任何影响的前提下作出的决策。这是零起点决策，意味着在决策实施前，相关的活动和环境都保持原状，不受决策的影响。初始决策是对某种活动或从事该种活动的方案所进行的初次选择。

②追踪决策　追踪决策则是在初始决策实施后，由于组织环境发生变化而进行的决策。这种情况下所进行的决策是非零起点决策，因为随着初始决策的实施，组织环境已经发生了变化，这种变化要求对原有的决策进行调整或重新决策。

简而言之，初始决策是对从事某种活动的方案所进行的初次选择，而追踪决策则是在初始决策实施后，由于环境变化所进行的调整或重新决策。这两种决策类型的划分，有助于更好地理解和应对决策实施过程中的变化和挑战。

(5) 按决策目标分类

按决策目标分类，决策可分为单目标决策和多目标决策。

①单目标决策 单目标决策是指解决一个主要问题的决策，其目标相对单一，集中在解决一个核心问题或达到一个特定的目标。这种决策类型通常涉及的问题较为简单，解决方案也相对直接。

②多目标决策 多目标决策则涉及同时解决多个相互关联的问题，这些目标可能包括提高效率、降低成本、增加收入等多个方面。多目标决策要求决策者综合考虑多个目标，寻找能够同时满足这些目标的最佳解决方案。

这两种分类方式基于决策者需要解决的目标数量和复杂性进行划分，单目标决策适用于问题简单、目标明确的情况，而多目标决策则适用于需要综合考虑多个因素、解决复杂问题的场景。在实际决策过程中，决策者需要根据问题的性质和复杂程度选择合适的决策类型，以确保决策的有效性和可行性。

3.1.2 决策的原则

为了进行有效的决策，管理者在进行任何一项决策时都必须遵循以下原则。

3.1.2.1 经济性原则

经济性原则是指研究决策时所耗费的代价和取得收益的关系、投入与产出的关系。决策者必须以经济效益为中心，并且要把经济效益同社会效益结合起来，以较小的劳动消耗和物资消耗取得最大的成果。如果一项决策所付出的代价大于所得，那么这项决策是不科学的。

3.1.2.2 可行性原则

可行性原则的基本要求是以辩证唯物主义为指导思想，运用自然科学和社会科学的手段，寻找能达到决策目标的一切方案，并分析这些方案的利弊，以便最后抉择。可行性分析是可行性原则的外在表现，是决策活动的重要环节。只有可行性分析论证后选定的决策方案，才是有较大把握实现的方案。掌握可行性原则必须认真研究分析其制约因素，包括自然条件的制约和决策本身目标系统的制约。

3.1.2.3 科学性原则

科学性原则是一系列决策原则的综合体现。决策科学性的基本要求是：决策思想科学化、决策体制科学化、决策程序科学化、决策方法科学化。科学性原则的这几个方面是互相联系、不可分割、缺一不可的。只有树立科学的决策思想，遵循科学的决策程序，运用科学的决策方法，建立科学的决策体制，整个决策才可能是科学的；否则，就不能称为科学决策。

3.1.2.4 民主性原则

民主性原则是指决策者要充分发扬民主作风，调动决策参与者甚至决策执行者的积极性和创造性，共同参与决策活动，并善于集中和依靠集体的智慧与力量进行决策。

3.1.2.5 整体性原则

整体性原则也称系统性原则，它要求把决策对象视为一个整体或系统，以整体或系统目标的优化为准绳，协调整体或系统中各部分或分系统的相互关系，使整体或系统完整和平衡。因此，在决策时，应该将各个部分或分系统的特性放到整体或大系统中去权衡，以整体或系统的总目标来协调各个部分或分系统的目标。

3.1.2.6 预测性原则

预测是决策的前提和依据。预测是以过去和现在，运用各种知识和科学手段来推知未来。科学决策必须用科学的预见来克服没有科学根据的主观臆测，防止盲目决策。决策的正确与否，取决于对未来后果判断的正确程度，若不知道行动的后果如何，常会造成决策失误。因此，决策必须遵循预测性原则。

3.1.3 决策的程序

科学的决策必须遵循一定的工作程序，才能使决策科学化和规范化，避免决策的盲目性和主观随意性，从而取得应有的效果。合理的决策程序可分为以下六个步骤。

3.1.3.1 识别机会，诊断问题

确定决策目标是决策的开始。首先，在确定前要进行调查研究，分析存在的问题；其次，找出要解决问题的关键，以此确定决策目标。决策目标可分为必达目标和争取要达到的目标。根据实际情况，决策目标的确立要注意以下几个问题：一是要分清主次，抓住主要目标；二是要保持各项目标的一致性，做到相互配合、衔接；三是目标要尽可能明确、具体，力求数量化，便于衡量；四是要明确规范好决策目标的约束条件。因此，只有在深入分析、全面考虑各种因素的基础上，才能正确地确定目标，从而保障目标的可实现性。

3.1.3.2 确定决策目标

决策要求有明确而具体的决策目标。若决策的目标是模糊的，甚至是模棱两可的，则无法以目标为标准评价方案，更无从选择方案。失败的决策，往往是由于决策目标不明确或不正确。犹豫不决，通常也是由于目标很模糊或设立得不合理。在确定决策目标的时候必须注意以下几个方面的问题：一是决策目标要明确而具体；二是决策目标要分清主次，并形成目标系统；三是要规定决策目标的约束条件；四是决策目标要有时间要求；五是决策目标要尽可能量化。

3.1.3.3 拟定备选方案

拟定各种备选方案，即根据决策目标的要求，寻求和拟定实现目标的多种方案。拟定的方案应满足两个要求：一是方案的整体性，即备选方案应包括所有可能的方案；二是方案的相互排斥性，即不同的方案必须相互替代、相互独立，不能相互包容。

拟定备选方案时应注意：一是以实现决策目标为目标；二是拟定方案是一个创新过程，既要实事求是、讲求科学，又要勇于突破常规、敢于和善于创新；三是要充分考虑企业外部环境所提供的条件；四是充分利用企业内部的各种资源。

3.1.3.4 评价和选择方案，做出决策判断

这一步骤是对备选方案进行评价、分析，从中选出一个最优方案。这个阶段是决策的关键，起着决定性的作用。在这一阶段应确定两个问题：一是评价的内容，二是评价的方法。

（1）评价的内容

评价的内容主要包括：方案是否与目标相符合；方案在技术上是否具有可行性；方案是否具有风险性；方案的制定是否科学；方案在经济方面是否可行；方案在社会方面是否

可行；方案与企业所提供的资源是否契合等。

(2) 评价的方法

评价的方法主要有经验判断法、数学分析法和实验法等。经验判断法是决策者依据以往经验和所掌握的信息资料，权衡好利弊，作出决断。在某些难以量化的定性决策和较规范的确定型决策中，经验判断法仍被视为一种有效的选择方法，在这个方法中，决策者的个人素质、性格、知识和能力等起着决定性作用。数学分析法是运用数学方法从数量关系角度对备选方案进行优劣比较，从而选定最佳方案。实验法是对各种备选方案进行模拟实施或实验，以此获得第一手资料，用以验证方案的优劣，从中选出较优方案。

3.1.3.5 实施方案

在方案选定以后，管理者就要制订方案实施的具体措施和步骤。通常，实施过程中要注意做好以下工作：首先，制定相应的具体措施，保证方案的良好实施；其次，确保与方案有关的各种指令能被所有有关人员充分接受和彻底了解；再次，应用目标管理的方法把决策目标层层分解，落实到每一个执行单位和个人；最后，建立重要的工作报告制度，以便及时了解方案进展情况，及时进行调整。

3.1.3.6 监督和评估

一个方案可能涉及的时间较长，在这段时间内，形势可能发生变化，而初步分析建立在对问题或机会的初步估计基础上。因此，管理者要不断对方案进行修改和完善，以适应新的形势。同时，连续性活动因涉及多阶段控制也需要定期进行分析。

由于组织内部条件和外部环境的不断变化，管理者要不断修正方案来减少或消除不确定性，定义新的情况，建立新的分析程序。具体来说，职能部门应对各层次、各岗位履行职责的情况进行检查和监督，检查有无偏离目标，掌握执行进度并将信息反馈给决策者。决策者则根据职能部门反馈的信息，及时追踪方案实施情况，对与既定目标发生部分偏离的，应采取有效措施，以确保既定目标的顺利实现；对因客观情况发生重大变化，使既定目标确实无法实现的，则要重新寻找问题或机会，确定新的目标，重新拟定可行的方案，并进行评估、选择和实施。

需要说明的是，管理者在以上各个步骤中都受到了个性、态度、行为、伦理和价值，以及文化等诸多因素的影响。

3.2 决策方法

3.2.1 影响决策方法的因素

决策的方法按照决策依据的不同，可以分为定性决策方法和定量决策方法两大类。每个类别又有不同的方法，具体使用哪种或者哪几种方法，首先要考虑以下五个方面的因素。

3.2.1.1 环境

社会环境对决策的影响体现在其不断变化中，包括政治、经济、法律、科技、社会文化等多个方面。例如，政治环境的稳定性、经济政策的调整、科技的发展速度、社会文化变迁等都会对决策产生直接影响。企业需要通过环境研究来了解现在并预测未来，这对于企业的决策和其他管理活动是必不可少的。

3.2.1.2 组织文化

组织文化会影响组织成员对决策的态度与参与方式。不同类型的组织文化，如团结型、和谐型、平等型、压抑型、等级森严型等，形成不同的决策氛围和决策习惯。积极向上的文化鼓励广泛参与民主决策，而消极封闭的文化可能导致决策集中在少数人手中，甚至缺乏透明度。

3.2.1.3 历史决策

在实际管理工作中，决策问题大多是建立在过去决策的基础上的，属于一种非零点决策。决策者必须考虑过去决策对现在的延续影响，即使对于非程序化决策，也会受到过去决策的影响。

3.2.1.4 决策者对风险的态度

决策者个人对待风险的态度（如敢于承担风险或是保守）常与年龄、个性、心理有关，如年老者、快退休者求稳，年轻人敢于冒险。

3.2.1.5 决策的时间紧迫性

时间紧迫性是影响决策方法的重要因素之一。当决策时间非常有限时，组织往往需要快速作出决策，并尽量保证准确性。如面对突发地震等紧急情况时，决策者必须在极短时间内作出撤退决策。这种情况下，决策方法通常会以经验判断或应急预案为主而不是经过全面分析和多方讨论。

3.2.2 定性决策方法

定性决策方法又称主观决策法，是指在决策中主要依靠决策者或有关专家的智慧来进行决策的方法，这是一种"软技术"。管理决策者运用社会科学的原理并依据个人的经验和判断能力，采取一些有效的组织形式，充分发挥各自丰富的经验、知识和能力，从对决策对象的本质特征的研究入手，掌握事物的内在联系及其运行规律，对企业的经营管理决策目标、决策方案的拟定以及方案的选择和实施作出判断。这种方法适用于受社会、经济、政治等非计量因素影响较大，所含因素错综复杂，涉及社会心理因素较多以及难以用准确数量表示的综合性问题。这种"软技术"方法是企业决策采用的主要方法，它弥补了"硬技术"方法对于人的因素、社会因素等难以奏效的缺陷。"硬""软"两种技术相互配合，取长补短，才能使决策更为有效。

定性决策方法有很多种，常用的有德尔菲法、专家会议法、头脑风暴法、哥顿法等。其中德尔菲法是最具代表性的方法。尤其在长远的战略决策中，由于许多条件的不确定性，德尔菲法特别适用。

3.2.2.1 德尔菲法

德尔菲法是由美国兰德公司于20世纪50年代初发明的，最早用于预测，后来推广应用到决策中来。德尔菲是古希腊传说中的神谕之地，城中有座阿波罗神殿可以预卜未来，因而借用其名。

德尔菲法是专家会议法的一种发展，是一种向专家进行调查研究的专家集体判断。它是以匿名方式通过几轮函询征求专家的意见，组织决策小组对每一轮的意见进行汇总整理，作为参照资料再发给每一个专家，供他们分析判断，提出新的意见。如此反复，专家的意见渐趋一致，最后得出最终结论。

德尔菲法的
实施过程

3.2.2.2 专家会议法

专家会议法是指根据决策的目的和要求，邀请有关专家以会议的形式展开讨论分析，从而作出判断，最后综合各专家的意见作出决定。

这种方法通过座谈讨论，能互相启发、集思广益、取长补短，全面地集中各方面的意见，从而得出决策结论。但是，由于参加人数有限，易受到技术权威或政治权威的影响，使与会者不能真正畅所欲言。

因此，采用此方案时应注意：一是参加会议的人数不宜过多；二是要开展讨论式的会议，让与会者各抒己见；三是决策者要虚心听取专家意见。

3.2.2.3 头脑风暴法

头脑风暴法最早是由"风暴式思考之父"奥斯本提出的。其具体过程是，将相关专家聚集在一起，使其在不受任何约束条件的环境下针对所要解决的问题畅所欲言、各抒己见，最后由组织者整理、分析、系统化之后得到决策结果。

头脑风暴法主要吸收专家的创造性思维活动，其原则如下：第一，严格控制问题范围，明确具体要求；第二，提倡即兴发言，不允许参与者提前准备发言稿；第三，鼓励参与者对已经提出的设想进行改进和综合；第四，支持和激励参与者解除思想顾虑，创造一种自由的气氛，从而激发参与者的积极性。

3.2.2.4 哥顿法

哥顿法又称群辩法，是美国人哥顿于 1964 年发明并以他的名字命名的方法。与头脑风暴法不同，会议的参加者，不确切知道要解决的问题，仅仅提供一个一般化的概念。如要解决的问题是改善食品脱水方法，而给参与者的概念可能是保存。与头脑风暴法一样，与会者可以不受拘束地发表自己的见解。这是因为一般化的概念不会对人的思想产生先入为主的限制，也不易使提出点滴见解的成员产生不满，因为他对观点的确切意义不甚了解。应用这种方法要对参与者审慎选择，一般需要较高的文化素养和专业素养，而且主持人也应该具有较高的领导艺术。

3.2.3 定量决策方法

定量决策方法是建立在数学工具基础上的决策方法。这种方法的核心是利用统计学、概率论、运筹学、计算机技术，把决策的变量以及变量与目标之间的关系，用数学模型表示出来，然后根据决策条件，通过计算求得决策答案，以供领导者选择和决策。

定量决策方法主要适用于重复性的程序化决策。定量决策方法一般分为确定型决策、风险型决策和不确定型决策三种。

3.2.3.1 确定型决策

确定型决策常用的决策方法有盈亏平衡分析法、线性规划等。

(1)盈亏平衡分析法

盈亏平衡分析法又称量本利分析法或保本分析法。该方法是通过考察产量(或销售量)、成本和利润的关系以及盈亏变化的规律来为决策提供依据的方法。在应用盈亏平衡分析法时,关键是找出企业不盈不亏时的产量(称为盈亏平衡产量或保本产量,此时企业的总收入等于总成本)。而找出盈亏平衡产量的方法有图解法和代数法两种。

①图解法 图解法是用图形来分析产量、成本、收入和利润之间关系的方法。在使用图解法时,通常假设产品价格和单位变动成本不随产量变化而变化,因此销售收入曲线、总成本曲线都呈现直线形式。

【例3-1】某企业生产某种产品,总固定成本为6万元,单位变动成本为每件1.8元,产品价格为每件3元。假设该生产方案带来的产量为10万件,那么该方案是否可取?

利用上述数据,在坐标图上画出总固定成本线、总成本线和销售收入线,得到盈亏平衡分析图,如图3-1所示。

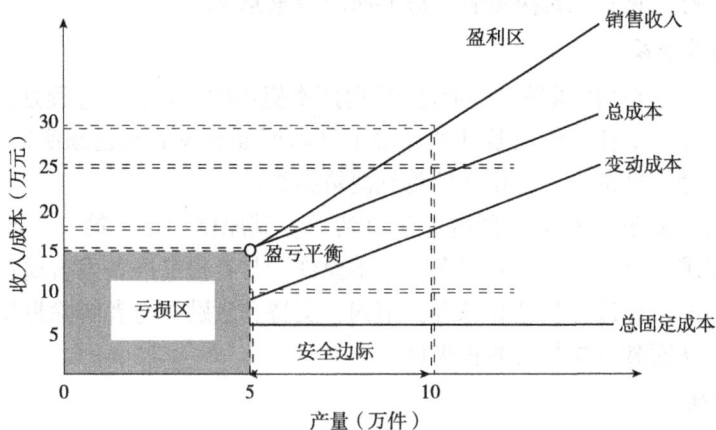

图3-1 盈亏平衡分析图

②代数法 代数法是用数学表达式来描述产量、成本、收入和利润之间的关系,并通过计算直接求出盈亏平衡点和其他指标。

基本公式:
$$TR = P \times Q$$
$$TC = F + CV' \times Q$$
$$\pi = TR - TC = PQ - (F + CV'Q) = (P - CV')Q - F$$

式中:TR 为销售收入;P 为单价;Q 为销售量;TC 为总成本;F 为总固定成本;CV' 为单位变动成本;π 为利润。

a. 盈亏平衡点产量(利润=0时)

盈亏平衡时有
$$TC = TR$$

即
$$F + CV' \times Q = P' \times Q_0$$

整理得
$$Q_0 = F / (P - CV')$$

式中:Q_0 为盈亏平衡点的产量。

代入本例数据:

$$Q_0 = F/(P-CV') = 6/(3-1.8) = 5(万件)$$

b. 安全边际和安全边际率

$$安全边际 = 实际产量 - 保本产量$$

$$安全边际率 = 安全边际/实际产量$$

代入本例数据：

$$安全边际 = 10 - 5 = 5(万件)$$

$$安全边际率 = 5/10 \times 100\% = 50\%$$

（2）线性规划

线性规划是在一些线性等式或不等式的约束条件下，求解线性目标函数的最大值和最小值的方法。线性规划是运筹学中研究较早、发展较快、应用广泛、方法较成熟的一个分支，是辅助人们进行科学管理的一种数学方法。它是解决多变量最优决策的方法，是在各种相互关联的多变量约束条件下，解决或规划一个对象的线性目标函数最优的问题，即给予一定数量的人力、物力和资源，如何应用而能得到最大经济效益。当资源限制或约束条件表现为线性等式或不等式，目标函数表示为线性函数时，可运用线性规划法进行决策。

决策变量、目标函数和约束条件是线性规划的三要素。其中，目标函数是决策者要求达到目标的数学表达式，用一个极大值或极小值表示。约束条件是指实现目标的能力资源和内部条件的限制因素，用一组等式或不等式来表示。

通过线性规划进行决策一般有以下三个步骤：

第一步，确定影响目标大小的变量，列出目标函数方程；第二步，找出实现目标的约束条件；第三步，找出使目标函数达到最优的可行解，即该线性规划的最优解。

【例 3-2】某企业生产两种产品——桌子和椅子，它们都要经过制造和装配两道工序，有关资料见表 3-1 所列。假设市场状况良好，企业生产出来的产品都能卖出去，试问何种组合的产品使企业利润最大？

表 3-1　某企业的有关资料

项目	桌子(张)	椅子(把)	工序可利用时间(小时)
在制造工序上的时间(小时)	2	4	48
在装配工序上的时间(小时)	4	2	60
单位产品利润(元)	8	6	

这是一个典型的线性规划问题。

第一步，确定影响目标大小的变量。在本例中，目标是利润，影响利润的变量是桌子数量 T 和椅子数量 C。列出目标函数方程：$\pi = 8T + 6C$。

第二步，找出约束条件。在本例中，两种产品在一道工序上的总时间不能超过该道工序的可利用时间，即制造工序：

$$2T + 4C \leqslant 48$$

装配工序：

$$4T + 2C \leqslant 60$$

除此之外，还有两个约束条件，即非负约束：

$$T \geq 0$$
$$C \geq 0$$

由此，本题的线性规划问题成为：如何选取 T 和 C，使 π 在上述四个约束条件下达到最大。

第三步，求出最优解——最优产品组合。通过计算，求出上述线性规划问题的解为 $T = 12$ 和 $C = 6$，即生产 12 张桌子和 6 把椅子使企业的利润最大。

3.2.3.2 风险型决策

风险型决策也叫统计型决策、随机型决策，是指已知决策方案所需的条件，但每种方案的执行都有可能出现不同的后果，每种后果的出现都有一定的概率。

在风险型决策中，通常使用"损益期望值"作为重要的分析依据，帮助决策者判断哪种方案的平均收益更高。所谓损益期望值实质上是各种状态下加权性质的平均值。风险型决策方法有决策收益表法和决策树分析法。

（1）决策收益表法

决策收益表法又称决策损益矩阵，是一种比较简单、直观的方法，可用于比较简单的决策。

【例3-3】某厂在下一年拟生产某种产品，需要确定产品批量。根据预测估计，这种产品市场状况的概率是：畅销为 0.3，一般为 0.5，滞销为 0.2。产品生产采取大、中、小三种批量的生产方案（表3-2），如何决策使本厂取得最大的经济效益？

表 3-2　数据表

批量大小	畅销	一般	滞销	期望值
	0.3	0.5	0.2	
大批量 I	40	28	20	30
中批量 II	36	36	24	33.6
小批量 III	28	28	28	28

选择方案的过程如下：

①计算期望值

大批量生产：$40 \times 0.3 + 28 \times 0.5 + 20 \times 0.2 = 30$。

中批量生产：$36 \times 0.3 + 36 \times 0.5 + 24 \times 0.2 = 33.6$。

小批量生产：$28 \times 0.3 + 28 \times 0.5 + 28 \times 0.2 = 28$。

②比较期望值的大小，作出决策　中批量生产的期望值要高于大批量生产和小批量生产的期望值，最终企业的经营决策应当选择中批量生产。

（2）决策树分析法

决策树分析法是将构成决策方案的有关因素以树状图形的方式表现出来，并据以分析和选择决策方案的一种系统分析法。该方法特别适用于方案多且分析比较复杂的问题。

①决策树的构成　"□"为决策节点，从它引出的分支称为方案枝，每个分支代表一个

方案，分支数就是方案数。"○"为状态节点，从它引出的分支称为概率枝，每个分支代表一种自然状态。"△"为结果节点，代表各方案在相应状态下的损益值。附加条件用"◇"表示。""表示剪枝，即剪除不必要的方案。

②决策步骤　决策树分析法的程序主要包括以下步骤：

步骤一，绘制决策树图形，按上述要求由左向右顺序展开。

步骤二，计算每个节点的期望值，计算公式为：

$$状态节点的期望值 = \sum(损益值 \times 概率值) \times 经营年限$$

步骤三，剪枝，即进行方案的选优。

$$方案净效果 = 该方案状态节点的期望值 - 该方案投资额$$

【例3-4】某企业为了扩大某产品的生产，拟建设新厂。据市场预测，产品销路好的概率为0.7，销路差的概率为0.3，有三种方案可供企业选择。

方案一：新建大厂，需投资300万元。据初步估计，销路好时，每年可获利100万元；销路差时，每年亏损20万元。服务期为10年。

方案二：新建小厂，需投资140万元。销路好时，每年可获利40万元；销路差时，每年仍可获利30万元。服务期为10年。

方案三：先建小厂，3年后销路好时再扩建，需追加投资200万元，服务期为7年，估计每年获利95万元。

问：哪种方案最好？

画出该问题的决策树，如图3-2所示。

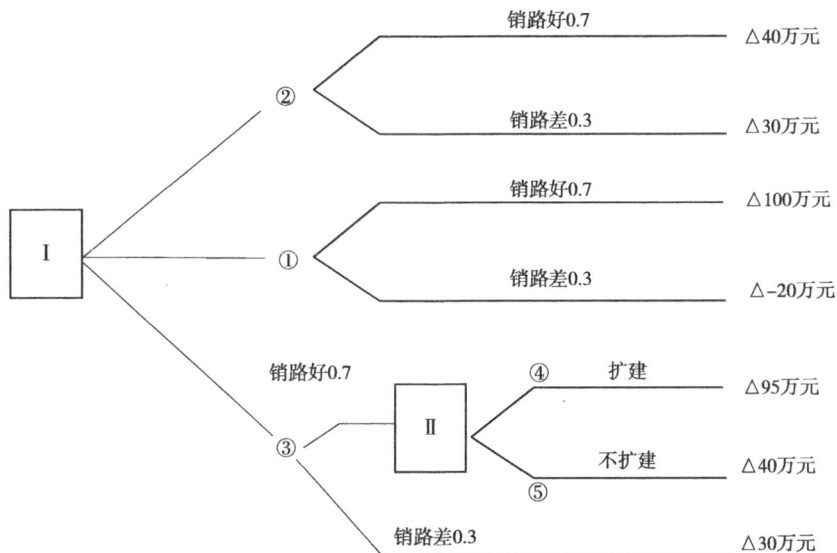

图3-2　决策树

方案一(节点①)的期望收益为：

$$[0.7 \times 100 + 0.3 \times (-20)] \times 10 - 300 = 340（万元）$$

方案二(节点②)的期望收益为：

[0.7×40+0.3×30]×10-140=230(万元)

至于方案三，由于节点④的期望收益[95×7-200=465(万元)]大于节点⑤的期望收益[40×7=280(万元)]，所以销路好时，扩建比不扩建好。方案三(节点③)的期望收益为：

[0.7×40×3+0.7×465+0.3×30×10]-140=359.5(万元)

计算结果表明，在三种方案中，方案三最好。

需要说明的是，在上面的计算过程中，没有考虑货币的时间价值，这是为了使问题简化。但在实际中，多阶段决策通常要考虑货币的时间价值。

3.2.3.3 不确定型决策

不确定型决策因其每一种自然状态出现的概率无法估算，故风险型决策所用的方法不能运用。不确定型决策常用的决策方法有乐观准则法、悲观准则法、折中准则法、最小后悔值决策法和等可能性法五种。

(1)乐观准则法

有人把该方法称为大中取大法或最大最大原则。在企业中富于开拓性的决策者会采取这种方法。

①乐观准则法的决策步骤

第一步，找出每个方案的最大收益值。

第二步，比较所找出的最大收益值的最大值，最大值所对应的方案为最佳方案。

【例3-5】某企业拟开发新产品，有三种设计方案可供选择。不同设计方案的制造成本、产品性能各不相同，在不同的市场状态下的损益值也各异。由于无确切的统计资料，各种自然状态出现的概率无法估计。具体资料见表3-3所列。

表3-3 三种设计方案

方案	畅销	一般	滞销	最大收益值
一	50	40	20	50
二	70	50	0	70
三	100	30	−20	100

②乐观准则法的决策过程

第一步，在各方案的损益中找出最大者。方案一为50万元；方案二为70万元；方案三为100万元。

第二步，在所有方案的最大损益值中找出最大者。方案三的最大损益值最大，因此，方案三为最佳方案。

(2)悲观准则法

悲观准则法又称小中取大法。较保守的决策者会采用这种方法。

①悲观准则法的决策步骤

第一步，找出每个方案的最小损益值。

第二步，比较所找出的最小收益值，其中的最大收益值所对应的方案为最佳方案。

②悲观准则法的决策过程 以例3-5为例：

第一步，在各方案的损益中找出最小者。方案一为 20 万元；方案二为 0 万元；方案三为-20 万元。

第二步，在所有方案的最小损益值中找出最大者。方案一的最小损益值最大，因此，方案一为最佳方案。

（3）折中准则法

乐观准则法和悲观准则法走向了两个极端，折中准则法主张用折中系数调和一下，并计算折中期望值，取折中期望值最大的方案为最佳方案。折中准则法的核心在于采用一个系数 a（称为折中系数），规定 $0 \leq a \leq 1$。每个决策方案在各个自然状态下的最大损益值乘以 a，再加上最小效益值乘以 $1-a$，然后比较结果，从中选择最大值作为最优方案。

例 3-5 采用折中准则法的决策过程如下：

①找出各方案在所有状态下的最小损益值和最大损益值，见表 3-4 所列。

表 3-4　三种设计方案的最大损益值和最小损益值

方案	最小损益值	最大损益值
一	20	50
二	0	70
三	-20	100

②决策者根据自己的风险偏好程度给定折中系数 a（$0 \leq a \leq 1$），最小值的系数随之被确定为 $1-a$。

③用给定的折中系数 a 和各方案对应的最大、最小损益值计算各方案的加权平均值，见表 3-5 所列。

表 3-5　计算加权平均值

方案	最小损益值	最大损益值	加权平均值（$a=0.75$）
一	20	50	42.5
二	0	70	52.5
三	-20	100	70

方案一：$20 \times 0.25 + 50 \times 0.75 = 42.5$

方案二：$0 \times 0.25 + 70 \times 0.75 = 52.5$

方案三：$-20 \times 0.25 + 100 \times 0.75 = 70$

④取加权平均值最大的方案作为所选方案　方案三为折中系数 $a=0.75$ 时的最佳方案。

用折中准则法选择方案的结果，取决于反映决策者风险偏好程度的折中系数的确定。当 $a=0$ 时，结果与悲观准则法相同；当 $a=1$ 时，结果与乐观准则法相同。这样，悲观准则法与乐观准则法便成为折中准则法的两个特例。

（4）最小后悔值决策法

最小后悔值决策法是用后悔值标准选择方案。所谓后悔值是指在某种状态下因选择某方案而未选取该状态下的最佳方案而少得的收益。

例3-5采用最小后悔值决策法的决策过程如下：

①计算损益值的后悔值矩阵 首先确定各状态下的最大损益值，再用最大损益值分别减去该状态下所有方案的损益值，从而得到对应的后悔值，见表3-6所列。

表3-6 计算对应的后悔值

方案	畅销(最大值为100)	一般(最大值为50)	滞销(最大值为20)
一	50(100-50)	10(50-40)	0(20-20)
二	30(100-70)	0(50-50)	20(20-0)
三	0(100-100)	20(50-30)	40(20+20)

②从各方案中选取最大后悔值，见表3-7所列。

表3-7 选取最大后悔值

方案	畅销	一般	滞销	最大后悔值
一	50	10	0	50
二	30	0	20	30
三	0	20	40	40

③在已选出的最大后悔值中选取最小值，对应的方案即为用最小后悔值决策法选取的方案。本例中方案二为用最小后悔值决策法选取的最佳方案。

（5）等可能性法

该方法是法国数学家拉普拉斯首先提出来的，又称拉普拉斯法。由于各个自然状态出现的概率无法估计，则认为它们是以等可能性出现的。若有 n 种自然状态，那么每一种自然状态出现的概率均相等，然后计算期望值，根据期望值的大小选择最优方案。对例3-5计算如下：

方案一：$1/3 \times (50+40+20) = 36.7$

方案二：$1/3 \times (70+50+0) = 40$

方案三：$1/3 \times (100+30-20) = 36.7$

计算结果表明方案二为最佳方案。

【练习与思考】

1. 对照决策的定义，谈谈决策与管理的关系。

2. 企业为了扩大某产品的生产，拟建新厂。据市场预测，产品销路好的概率为0.7，销路差的概率为0.3。有三种方案可供企业选择：

方案一：新建大厂，需要投资300万元。初步估计，销路好时，每年可获利100万元；销路差时，每年亏损20万元。服务期为10年。

方案二：新建小厂，需要投资140万元。销路好时，每年可获利40万元；销路差时，每年可获利30万元。服务期为10年。

方案三：先建小厂，三年后若销路好再扩建，需追加投资200万元，服

测试3

务期为 7 年，估计每年可获利 95 万元。

请运用定量决策方法进行决策分析。

【职业技能强化】

决策

目的：

通过对决策项目制订决策方案，掌握决策的程序，提高决策能力。

方法与要求：

1. 每个模拟公司的总经理通过抽签选择决策项目。

2. 按照决策程序和方法制订决策方案。

3. 以模拟公司为单位提交决策方案，并在课堂上进行陈述和交流。

4. 由师生根据决策方案及课堂报告表现综合评分。

5. 建议决策的项目：

(1) 假如你是班长，请就怎样建设好班级拟定一份计划书。

(2) 为自己班级策划一次周末联欢活动，拟定策划书。

(3) 计划在"3·15"国际消费者权益日策划一次街头宣传活动，拟定策划书。

(4) 请给校园内的一家超市拟定一份商业策划书。

(5) 请策划"校园十大歌手大赛"。

(6) 请策划"学校迎新晚会"。

(7) 请策划学校的秋季运动会。

(8) 假如你所在的班级存在同学关系不和问题，你将从哪些方面进行解决？

(9) 如何改善班级学习气氛不浓的问题？请拟定工作方案。

(10) 假如校园里有铺面要转让，你想承租下来，你将经营什么，请拟定策划书。

【综合评价】

小组名称				小组成员		
综合评价	教师评分		评价项目	分值	得分	备注
			任务完成情况	50		
			分析表达能力	30		
			小组协作能力	20		
			总计	100		
	学生互评评语					
	自我修正					

单元4

计 划

4.1 计划概述

"凡事预则立，不预则废"，任何组织和管理活动都需要计划，计划职能在管理的职能中处于首要地位，在管理的整个过程中居于支配地位。计划通过将组织在一定时期内的活动任务分解给组织的每个部门、环节和个人，从而不仅为这些部门、环节和个人在该时期的工作提供具体的依据，而且为决策目标的实现提供保障。

4.1.1 计划的概念

计划是对组织在未来一段时间内的目标及其实现路径的策划与安排。

在汉语中，"计划"一词既可以是动词，也可以是名词，所以计划有两层含义。一是计划工作(动词)，即作为管理职能的计划。二是计划工作的结果(名词)，指用文字和指标等形式所表述的组织目标和方案。

计划工作的内容通常用"5W1H"来表示，即：

做什么(What)，指出方案的内容和具体工作任；

为什么要做(Why)，表明计划的原因；

何人做或哪个部门做(Who)，确定该任务的执行部门；

何时做(When)，给出计划方案执行的进度表；

在何地做(Where)，明确执行地点；

怎么做(How)，指出完成任务的方法和措施。

上述内容是一个计划的主体要素，一个完整的计划还应该包括控制标准和考核指标的制定，这样，就能更加清晰地对计划实施者的工作进行考评。

4.1.2 计划的特征

计划的特征主要表现在计划的首位性、普遍性、目的性、实践性、明确性和效率性六个方面。

4.1.2.1 首位性

计划是进行其他管理职能的基础或前提条件。计划在前，行动在后。组织的管理过程首先应当明确管理目标、筹划实现目标的措施和途径，而这些恰恰是计划工作的首位性，计划工作在组织管理职能中处于首要地位。

4.1.2.2 普遍性

实际的计划工作涉及组织中的每位管理者及员工。一个组织的总目标确定之后，各级管理人员为了实现组织目标，使本层次的组织工作得以顺利进行，都需要制订相应的分目标及分计划。因此计划具有普遍性。

4.1.2.3 目的性

任何组织或个人制订的各种计划都是为了促使组织经营的总目标和一定时期目标的实现。在管理过程中，计划职能作为决策的延伸，实质是为了实现决策目标进行结构分析和设计，将组织的总目标计划分成不同层次、不同等级的分目标、次目标，并落实到组织的各个层次、各个部门，直到各生产单位、车间和个人，即实行目标管理，从而保证组织总目标的实现。有了具体的目的、任务，才能把组织决策落到实处，计划工作才具有指导性。

4.1.2.4 实践性

计划的实践性主要是指计划的可操作性。符合实际、易于操作、目标适宜，是衡量一个计划好坏的重要标准。另外，为了适应环境的变化，克服不确定因素的干扰，应适当增加计划的弹性。

4.1.2.5 明确性

计划应明确表达出组织的目标与任务，明确表达出实现目标所需要的资源(人力、物力、财力、信息等)以及所采取行动的程序、方法和手段，明确表达出各级管理人员在执行计划过程中的权力和职责。

4.1.2.6 效率性

计划的效率性主要是指时间性和经济性两个方面。任何计划都有限制，也有实施计划时机的选择。经济性是指实现计划应该以最小的资源投入获得尽可能多的产出。

4.1.3 计划的类型

计划是将决策实施所需完成的活动任务进行时间和空间上的分解，以便将其具体落实到组织中的不同部门和个人。因此，计划的分类可以依据时间和空间两个不同的标准。除了时间和空间两个标准外，还可以根据计划的明确性程度和计划的程序化程度对计划进行分类，将计划分为战略性计划和战术性计划，这一分类综合时间和空间的标准，考察计划涉及的时间长短和职能范围的广狭程度。

4.1.3.1 按时间分类

(1) 长期计划

长期计划指组织在较长时期(通常为五年以上)的发展方向和方针，其规定了组织的各个部门在较长时期内从事某种活动应达到的目标和要求，绘制了组织长期发展的蓝图。

(2) 短期计划

短期计划具体规定了组织各个部门在目前到未来的各个较短的时期阶段，特别最近的时段中，应该从事何种活动，从事该种活动应达到何种要求，从而为各组织成员在近期内的行动提供依据。

4.1.3.2 按职能空间分类

(1) 业务计划

企业业务计划包括产品开发、物资采购、仓储后勤、生产作业以及销售促进等内容。

(2) 财务计划

研究如何从资本的提供和利用上促进业务活动的有效进行。例如，长期财务计划要确定，为了满足业务规模发展从而资本增大的需要，如何建立新的融资渠道或选择不同的融资方式；短期财务计划则研究如何保证资本的供应或如何监督这些资本的利用效率。

(3) 人事计划

分析如何为业务规模的维持或扩大提供人力资源的保证。例如，长期人事计划要研究如何保证组织的发展，提高成员的素质，准备必要的干部力量；短期人事计划则要研究如何将具备不同素质特点的组织成员安排在不同的岗位上，使他们的能力和积极性得到充分的发挥。

4.1.3.3 按综合程度分类

(1) 战略性计划

战略性计划是应用于整体组织的，为组织未来较长时期(通常为五年以上)设立总体目标和寻求组织在环境中的地位的计划。战略性计划的两个显著特点是长期性与整体性。

（2）战术性计划

战术性计划是规定总体目标如何实现的细节的计划，其需要解决的是组织的具体部门或职能在未来各个较短时期内的行动方案。

4.1.3.4 按明确性分类

（1）具体性计划

具体性计划具有明确规定的目标，不存在模棱两可。例如，公司的营销部门计划在未来6个月内将销售额提升20%，它需要制订明确的程序、预算方案以及日程进度表，这便是具体性计划。

（2）指导性计划

指导性计划只规定某些一般的方针和行动原则，给予行动者或实施者较大的自由处置权，它指出重点，但不把行动者或实施者限定在具体的目标上或特定的行动方案上。例如，一个提升销售额的具体计划可能规定未来六个月内销售额要提升20%；而指导性计划则可能只规定未来六个月内销售额要提升18%~22%。

4.1.3.5 按程序化程度分类

（1）程序性计划

程序性计划指一些重复出现的工作，如订货、材料的出入库等。有关这类活动的决策是经常反复的，而且具有一定的结构，因此，可以建立一定的决策程序。每当出现这类工作或问题时，就利用既定的程序来解决，而不需要重新研究。

（2）非程序性计划

非程序性计划不重复出现，如新产品的开发、生产规模的扩大、品种结构的调整、工资制度的改变等。处理这类问题没有一成不变的方法和程序，因为这类问题在过去未发生过，或因为其确切的性质和结构捉摸不定或极为复杂，再或因为其十分重要而须用个别方法加以处理。

【案例4-1】

苏明是本地某汽车品牌4S店的市场销售总监，临近新年，为进一步提升下一年度销售业绩，基于本岗位职责，苏明制订了新一年的销售业务工作计划：

（1）新一年的销售目标为2000台，销售主力车型为年度新上市主打车型。

（2）提升团队的营销能力，计划每月定期开展一次对销售顾问的培训，同时不定期地开展对新上市车型与竞争车型对标的业务分析、研讨。

（3）完善销售流程，强化客户服务意识。

（4）优化媒体投放渠道，实现精准投放、高效传播。

（5）深挖市场，聚焦潜在客户，策划各类实效性高的促销活动。

请回答：

苏明的新年工作计划属于什么类型的计划？

【案例 4-2】

A公司是某地一家大型国有企业，为提升公司的经营管理水平，增强公司的经营预见性，2022年10月，A公司运营部向公司各部门及控股子公司发出通知，要求在2022年11月15日前完成2023年度初步的预算编制工作，主要的要求如下：

(1)预算编制单位为A公司总部各部门、A公司控股子公司。

(2)预算周期为2023年全年，即2023年1月1日至2023年12月31日。

(3)预算内容包含经营预算、费用预算及资金预算。

在2022年11月15日，A公司总部各部门、控股子公司都按时提交了相关预算，经过A公司经营班子会、战略委员会多轮讨论商议，将讨论修改后的2023年年度预算提交A公司董事会，并最终获得董事会批准通过。

请回答：

1. A公司的2023年年度预算属于长期计划还是短期计划？

2. 如何理解预算与计划的关系？

4.1.4 计划的作用

计划作为管理的职能，对管理的成功和失败起关键性作用，良好的计划是成功的先决条件，正如列宁所指出的："任何计划都是尺度、准则、路标。"计划在管理中的作用主要表现在以下四个方面。

4.1.4.1 计划是管理活动的依据

计划为管理工作提供了基础，是管理活动的依据，良好的计划能够为组织中的所有成员指明行动方向。计划制订以后，管理者要根据计划进行指挥。他们要分派任务，要根据任务确定下属的责任和权力，要促使组织中的全体人员的活动方向趋于一致，从而形成一种协调的组织行为，以保证达到计划所设定的目标。

4.1.4.2 计划是合理配置资源的手段

计划是将组织活动在时间、空间上进行分解，通过规定组织中不同部门在不同时间应从事何种活动，明确所需的资源的时间、数量和种类，从而为组织合理配置资源提供依据。组织的任何活动都必须以一定资源为基础，通过计划可以使组织的各项资源合理分布，使组织的各项目标活动顺利完成。

4.1.4.3 计划是降低风险、掌握主动的手段

计划没有变化快。当今世界正处于一种剧烈变化中，如未来的资源价格变化、竞争者的变化、国际形势的变化、技术的变革、人们价值观念的变化。如果不预先估计到这些变化，就可能导致组织的失败。计划是预期这种变化并设法消除变化对组织造成不良影响的一种有效手段。计划是针对未来的，这就使计划制订者不得不对将来的变化进行预测，通过计划工作，提高组织的预见性和主动性，使高层领导高瞻远瞩，有计划地、科学地安排各项任务，把将来的风险降低到最低限度。

4.1.4.4 计划是管理者进行控制的标准

计划工作和控制工作是分不开的——它们是管理的一对孪生子。未经计划的活动是无法控制的，因为控制就是纠正脱离计划的偏差，以保持组织活动的既定方向。计划是为控制工作提供标准的，没有计划指导的控制是毫无意义的。另外，控制职能的有效行使往往需要根据客观条件的变化拟订新的计划或修改原定计划，而新计划或修改过的计划又被作为连续进行控制工作的基础。

企业预算

4.2 编制计划

4.2.1 计划的编制程序

计划的编制过程包括三个阶段、七个步骤的工作，第一阶段为目标确定阶段，这一阶段包含收集资料、分析预测、目标决策三个步骤；第二阶段为方案选择阶段，这一阶段包含拟定备选方案、评价方案、选择满意方案；第三阶段为计划制订阶段，这一阶段就是最后一个步骤——制订实施计划。

4.2.1.1 目标确定阶段

目标确定阶段包含三个步骤，如图 4-1 所示。

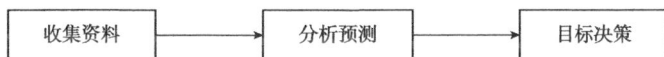

收集资料 → 分析预测 → 目标决策

图 4-1 目标确定阶段三个步骤

步骤一：收集资料

收集资料的目的是为计划的编制提供依据。通过市场调查等资料收集手段，有目的地、系统地收集有关市场信息资料，了解市场的现状及其发展趋势，并分析组织面临的机会和挑战，为市场预测和企业决策提供依据。根据调查的任务和目的可以采用不同的调查方法进行资料收集，如文案调查法、询问法、观察法、实验法等。

步骤二：分析预测

管理者通过收集资料认真分析组织所拥有的资源、条件、面临的环境状况，预测其变化趋势，从中掌握市场的机会与威胁，根据组织自身的优势与劣势，明确组织发展的约束条件，对于未来不确定的事件尽可能做出科学的判断，使之满足一定程度的准确度。

步骤三：目标决策

这一步骤中，首先要确定整个企业的目标；其次要把整体目标分解到组织的各个部门和各个环节中；最后要确定长期和短期目标，由此形成组织中的目标网络体系。在这个网络体系中，组织的整体目标具有支配组织所有分目标和计划的性质。

4.2.1.2 方案选择阶段

方案选择阶段包含三个步骤，如图 4-2 所示。

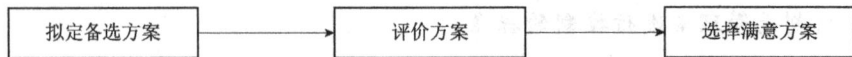

图 4-2　方案选择阶段三个步骤

步骤一：拟定备选方案

围绕组织目标，拟定尽可能多的实施方案，以便在评估和选定计划方案时有比较和鉴别，为最优方案的选定提供前提条件。

步骤二：评价方案

根据环境和目标来权衡各种因素，以此来对各个方案进行评价。在评价方案时应注意几点：第一，要特别注意发现每一个方案的制约因素或隐患；第二，将一个方案的预测结果与原有目标比较时，应将可量化和不可量化的因素结合起来考虑；第三，要用整体效益观点来衡量方案。

步骤三：选择满意方案

为了对环境变化的不确定性做出一定的防范准备，保持计划稳定性，同时使计划具有灵活性，计划的确定者应该在确定执行方案后，对其他备选方案按综合评估得出的结果，排出顺序作为后备方案。

4.2.1.3　计划制订阶段

根据计划目标和所确定的满意方案，确定组织的总体计划。为了使它具有更强的针对性和可操作性，还需要编制一系列支持计划，它们是总体计划的子计划，其作用是支持总体计划的贯彻落实，如投资计划、生产计划、销售计划、人力资源计划、财务计划等。

4.2.2　计划的编制方法

4.2.2.1　环境分析法

环境分析是计划制订的前提。对环境进行分析，就是要通过对信息的把握以识别环境中正在出现的趋势。对企业而言，环境分析的一个重要方面是竞争者分析。这需要企业去确定竞争者，以分析竞争者正在做什么以及竞争者所做的事情对自身有怎样的影响。全面的环境分析有可能帮助计划制订者发现许多问题以及问题之间的联系，这些问题和联系可能影响组织当前的或拟订中的计划。当然，在环境中，并非所有的信息同等重要，这需要计划制订者进行甄别和分析。

4.2.2.2　甘特图法

甘特图（Gantt chart）又称横道图、条状图，是以提出者亨利·劳伦斯·甘特的名字命名的。

甘特图是以图示的方式展示项目实施进度，通过项目列表和时间刻度形象地表示出任意特定项目的工作顺序与持续时间。

甘特图是基于作业排序的目的，将工作项目与时间联系起来的最早尝试之一。该图能帮助企业描述对诸如工作中心、超时工作等资源的使用。其基本上是一种线条图，横轴表示时间，纵轴表示要实施的项目，线条表示在整个期间计划和实际的活动完成情况。它直观地表明任务计划在何时进行，以及实际进展与计划要求的对比。管理者由此可以方便地弄清一项任务还剩下哪些工作要做，并可评估工作进度。

下面以对 A 城市进行工业企业与居民排污调查的例子来说明甘特图的应用(图 4-3)。

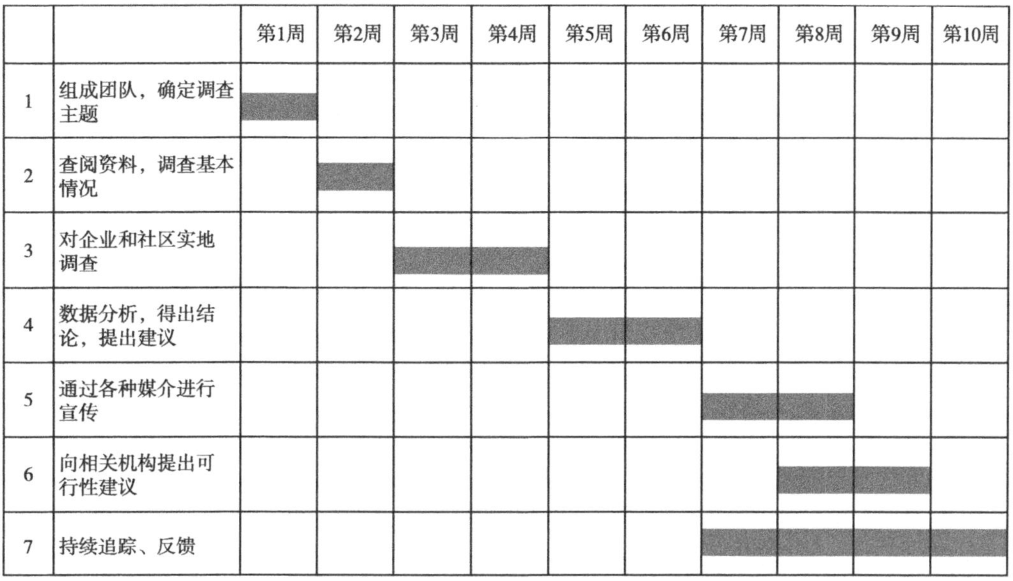

		第1周	第2周	第3周	第4周	第5周	第6周	第7周	第8周	第9周	第10周
1	组成团队，确定调查主题	■									
2	查阅资料，调查基本情况		■								
3	对企业和社区实地调查			■							
4	数据分析，得出结论，提出建议					■	■				
5	通过各种媒介进行宣传							■	■		
6	向相关机构提出可行性建议								■	■	
7	持续追踪、反馈							■	■	■	■

图 4-3　对 A 城市进行工业企业与居民排污调查甘特图

图 4-3 中，主要项目工作从上到下排列在图的左边，时间以周为单位表示在图的下方。图中需要确定调查计划有哪些工作内容、这些工作内容的顺序，以及每项工作内容持续的时间。时间框里的黑色粗线条表示各项工作开展的进度。

4.2.2.3　滚动计划法

(1)滚动计划法的基本思想

滚动计划法是根据计划的执行情况和环境变化定期修订未来的计划，并逐期向前推移，使短期计划、中期计划有机地结合起来。由于在计划工作中很难准确地预测将来影响企业经营的经济、政治、文化、技术、产业、顾客等各种变化因素，而且随着计划期的延长，这种不确定性越来越大，因此，若机械地按最初的计划实施，或机械地、静态地执行战略性计划，有可能导致巨大的错误和损失。滚动计划法可以避免这种不确定性带来的不良后果。具体做法是用近细远粗的办法制订计划。在计划期的第一阶段结束时，要根据该阶段计划的实际执行情况和外部有关因素的变化情况，对原计划进行修订，并根据同样的原则逐期滚动。每次修订都使整个计划向前滚动一个阶段。

可见，滚动计划法能够根据变化了的组织环境及时调整和修正组织计划，体现了计划的动态适应性，而且它可使中长期计划与年度计划紧密衔接起来。

滚动计划法还应用于编制年度计划或月度作业计划。采用滚动计划法编制年度计划时，一般将计划期向前推进一个季度，计划年度中第一季度的任务比较具体，到第一季度末编制第二季度的计划时，要根据第一季度计划的执行结果和客观情况的变化及经营方针的调整对原先制订的年度计划做相应的调整，并在此基础上将计划期向前推进一个年度。采用滚动计划法编制月度计划时，一般可将计划期向前推进 10 天，这样可省去每月月末预计下个月初修改计划等工作，有利于提高计划的准确性。

（2）滚动计划法的评价

滚动计划法虽然使得计划编制和实施工作的任务量加大，但在计算机普及应用的今天，其优点十分明显。其最突出的优点是提高计划的准确性，更好地发挥计划的指导作用，并且使战略性计划的实施更加切合实际。战略性计划是指应用于整体组织的，为组织未来较长时期内设立总体目标和寻求组织在环境中的地位的计划。由于人们无法对未来的环境变化进行准确的估计和判断，所以计划针对的时期越长，不准确性就越大，其实施难度也越大。

首先，滚动计划法相对缩短了计划时期，加大了计划的准确性和可操作性，是战略性计划实施的有效方法。其次，滚动计划法使长期计划、中期计划与短期计划相互衔接，短期计划内部各阶段相互衔接，这就保证了即使由于环境变化出现某些不平衡时，也能及时地进行调节，使各期计划基本保持一致。最后，滚动计划法大大加强了计划的弹性，这对环境剧烈变化的时代尤为重要，它可以提高组织的应变能力。

4.2.2.4 网络计划技术

网络计划技术是 20 世纪 50 年代后期在美国产生和发展起来的。1958 年美国海军特别项目局去研发武器系统中首次采用并被创造出来，并经汉密尔顿管理咨询公司协助改进的计划评审技术。此后，这项技术很快扩展到美国的国防和航天工业。大约在海军发展此技术的同时，杜邦公司为了解决新产品从研究到投入生产时间日益增长的时间和成本问题，使用了一套类似的技术，称为关键路线法（critical path method，CPM）。这种方法包括各种以网络为基础制订计划的方法，如关键路径法、计划评审技术、组合网络法等。现在，网络计划技术在组织管理活动中已被广泛应用。

网络计划技术是运用网络图的形式来组织生产和进行计划管理的一种科学方法。它的基本原理是：利用网络图表示计划任务的进度安排，并反映出组成计划任务的各项活动之间的关系。在此基础上，进行网络分析，计算网络时间，确定关键工序和关键线路，利用时差，不断改善网络计划，求得工期、资源与成本的综合优化方案。在计划执行过程中，通过信息反馈进行监督和控制，以保证预定计划的实现。

（1）网络图及其构成要素

网络图是网络计划技术的基础。任何一项任务都可分解成许多步骤的工作，根据这些工作在时间上的衔接关系，用箭线表示它们的先后顺序，画出一个各项工作相互关联、注明所需时间的箭线图，这个箭线图就称作网络图。如图 4-4 所示是一个简单的网络图。

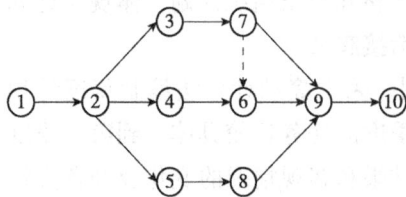

图 4-4 网络图

分析图 4-4 可以发现，网络图由以下三部分构成。

①"→" 表示工序，是一项工作的过程，有人力、物力参与，经过一段时间才能完成。该工序的名称标在箭线的上方，完成该项工作所需的时间标在箭线的下方。此外，还有一些工序既不占用时间，也不消耗资源，是虚设的，称为虚工序，在图中用"⇢"表示。

网络图中应用虚工序的目的是避免工序之间关系的含混不清，以正确表明工序之间先后衔接的逻辑关系。

②"○" 表示事项，是两个工序间的连接点。事项既不消耗资源，也不占用时间，只表示前道工序结束、后道工序开始的瞬间。一个网络图中只有一个始点事项、一个终点事项。

③路线 是指网络图中由始点事项出发，沿箭线方向前进，连续不断地到达终点事项的一条通道。一个网络图中往往存在多条路线，如图 4-5 中从始点①连续不断地走到终点⑩的路线有四条。比较各路线的路长，可以找出一条或几条最长的路线，这种路线称为关键路线。关键路线上的工序称为关键工序。关键路线的路长决定了整个计划任务所需要的时间，关键路线上各工序的完工时间提前或推迟都直接影响着整个活动能否按时完成。确定关键路线，据此合理地安排各种资源，对各工序活动进行进度控制，是利用网络计划技术的主要目的。

（2）网络计划技术的步骤

进行一个网络分析包括以下四个步骤。

步骤一：为完成工程对所有必要的活动进行准备。

步骤二：设计实际的计划评估和审查技术网络，把所有的活动按照适当的先后顺序联系起来。对一项重要工程包括的所有活动做出预期需要很多技巧。另外，活动必须按照先后顺序，即计划者必须决定哪个活动在前，哪个活动在后。

步骤三：估算每项活动的完成时间。因为时间估算是很关键的，所以应该由几个人分别处理三种不同的估算：乐观时间、悲观时间和最可能时间。乐观时间是指如果所有的事情都顺利进行，完成一项活动所需的最短时间。悲观时间是指如果所有的事情都很不顺利，完成一项活动所需要的时间。最可能时间是指对一项活动所需时间的实际估算。当计划者收集了全部的估算时间之后，就会运用一个公式来计算期望时间。期望时间是指完成一项活动所必需的时间。期望时间的计算公式为：

$$期望时间=（乐观时间+4×最可能时间+悲观时间）/6$$

步骤四：计算关键路径。关键路径是 PERT 网络中从始点事项到终点事项花费时间最长的活动的序列。关键路径的基本原理是：对于某一项工程来说，只有当其中所需时间最长的组成部分完成了，才能认为完成了整个工程。因此，利用网络计划技术制订计划，主要包括三个阶段的工作：首先分解任务，即把整个计划活动分成若干具体工序，并确定各工序的时间，然后在此基础上分析并明确各工序时间的相互关系；其次是绘制网络图，根据各工序之间的相互关系，根据一定规则（如两个事项之间只能由一条箭线相连），绘制出包括所有工序的网络图；最后根据各工序所需作业时间，计算网络图中各路线的路长，找出关键线路，并对此进行优化。

（3）网络计划技术的评价

网络计划技术虽然需要大量烦琐的计算，但在计算机广泛运用的时代，这些计算大多已程序化了。这种技术之所以被广泛地运用，是因为它有以下优点：

①该技术能清晰地表明整个工程各个项目的时间顺序和相互关系，并指出完成任务的

关键环节和路线。因此，管理者在制订计划时可以统筹安排，全面考虑，而又不失重点。在实施过程中，管理者可以进行重点管理。

②可对工程的时间进度与资源利用实施优化。在计划实施中通过调动非关键路线上的人力、物力和财力从事关键作业，进行综合平衡，这样既可节约资源，又能加快工程进度。

③可以事先评价达到目标的可能性，指出实施中可能发生的困难点，以及这些困难点对整个任务产生的影响，准备好应急措施，减小任务无法完成的风险。

④便于组织与控制，特别是对于复杂的大项目，可以分成许多支系统来分别控制，通过保证各局部的最优情况，保证整个项目的最优。

⑤简单易懂，对于复杂的、多环节的工作，可以利用已有的软件在计算机上优化。

⑥可以广泛地应用于各行各业。

4.3 目标管理

4.3.1 目标管理概述

4.3.1.1 目标管理的概念

目标管理(management by objective，MBO)的概念是管理专家彼得·德鲁克于1954年在其著作《管理实践》中最先提出来的。德鲁克认为，为了充分发挥不同组织成员在计划执行中的作用，协调这些组织成员的努力，必须把组织任务转化为总目标，并根据目标活动及组织结构的特点分解为各个部门和层次的分目标，组织和各级管理人员根据分目标的要求对下层的工作进行指导和控制。

目标管理是指组织的管理者和员工共同参与目标的制定，在工作中员工实行自主控制并努力完成工作目标，管理者实行最终成果控制的一种现代管理思想与管理方法。

4.3.1.2 目标管理的特点

(1)员工参与管理

目标管理是员工参与管理的一种形式，由上下级共同商定目标。首先确定总目标，然后对总目标进行分解，逐级展开，通过上下协商，制定出企业各部门、各车间直至每个员工的目标；用总目标指导分目标，用分目标保证总目标，形成一个"目标手段"链。

(2)以自我管理为中心

目标管理的基本精神是以自我管理为中心。目标的实施由目标责任者进行，通过自身监督与衡量，不断修正自己的行为，以达到目标的实现。这种用"自我控制的管理"代替"压制性的管理"，使管理人员能够控制自己的成绩。这种自我控制可以成为更强烈的动力，推动他们尽自己最大的努力把工作做好，而不仅仅是"过得去"。

(3)促使权力下放

集权和分权的矛盾是组织的基本矛盾之一，担心失去控制是阻碍大胆授权的主要原因之一。推行目标管理有助于协调这一矛盾，促使权力下放，有助于在保持有效控制的前提下，让局面更有生气。

（4）重视成果

采用传统的方法评价员工的表现，往往容易根据刻板的印象和对某些问题的态度等定性因素来评价。实行目标管理后，便有了一套完善的目标考核体系，评价重点放在工作成效上，按员工的实际贡献大小评价一个人，使评价更具有建设性。

4.3.2 目标管理的实施

目标管理的实施可分为五个步骤。

步骤一：制定目标

包括确定组织的总体目标和各部门的分目标。总目标是组织在未来从事活动要达到的状况和水平，其实现有赖于全体成员的共同努力。为了协调这些成员在不同时空的努力，各个部门的每个成员都要建立与组织目标相结合的分目标，这样就形成了一个以组织目标为中心、一贯到底的目标体系。在制定每个部门和每个成员的目标时，上级要向下级提出自己的方针和目标，下级根据上级的方针和目标制订自己的方案，在此基础上进行协商，最后由上级综合考虑并作出决定。

步骤二：执行目标

组织中各层次、各部门的成员为达成分目标，必须开展一定的活动，活动中必须利用一定资源。为了保证他们有条件组织目标活动的展开，必须授予相应的权力，使之有能力调动和利用必要的资源。有了目标，组织成员便会明确努力的方向；有了权力，他们便会产生强烈的与权力使用相应的责任心，从而能充分发挥他们的判断力和创造力，使目标执行活动有效地进行。

步骤三：成果评价

成果评价既是实行奖惩的依据，也是员工之间沟通的机会，同时还是自我控制和自我激励的手段。成果评价既包括上级对下级的评价，也包括下级对上级、同级关系部门相互之间以及各层次的自我评价。上下级之间的相互评价，有利于信息、意见的沟通，从而实现组织活动的控制；横向的关系部门相互之间的评价，有利于保证不同环节的活动协调进行；而各层次组织成员的自我评价，则有利于促进他们的自我激励、自我管理以及自我完善。

步骤四：实行奖惩

组织对不同成员的奖惩，是以上述各种评价的结果为依据的。奖惩可以是物质上的，也可以是精神上的。公平合理的奖惩有利于维持和调动组织成员饱满的工作热情和积极性；若奖惩有失公正，则会影响这些成员行为的改善。

步骤五：制定新目标，并开始新的目标管理循环

成果评价与成员行为奖惩，既是对某一阶段组织活动效果以及组织成员贡献的总结，也为下一阶段的工作提供参考和借鉴。在此基础上，为组织及其各个层次、部门的活动制定新的目标并组织实施，便展开了目标管理的新一轮循环。

计划在执行过程中，有时需要根据情况进行调整。这不仅因为计划活动所处的客观环境可能发生了变化，而且可能因为人们对客观环境的主观认识有了改变。为了使组织活动

更加符合环境特点的要求，必须对计划进行适时的调整。

【案例4-3】

王勇曾经在一家有名的外商独资企业中担任销售经理，成绩卓著。2018年，他离开了这家企业，自己开办了一家建材贸易公司，由于有以前的工作基础，所以生意不错，2019年年初，他准备进一步扩大业务，在若干个城市设立经销处，同时扩大经营范围，增加产品的花色品种。面对众多要处理的问题，王勇决定将部分权力授予下属的各部门经理。随后，他逐一与经理们谈话，一一落实要达到的目标。其中，他给采购部经理定的目标是：保证每一个经销处所需货物的及时供应；所采购货物的合格率需保持在98%以上；采购成本保持在采购额的5%以内。采购部经理当即提出异议，认为有的指标不合理。王勇回答说："可能吧，你尽力而为就是了。"

到年终考核时发现，采购部达到了王勇给他们规定的前两个目标，但采购成本大大超出计划，约占当年采购额的8%。王勇问采购部经理原因时，采购部经理解释说："就目前而言，我认为，保证及时供应和货物质量比我们在采购时花掉多少钱更重要。"

讨论：

1. 你认为王勇在实施目标管理中有问题吗？他应如何改进？

2. 分析说明目标管理要怎样设计才具有可操作性。

【练习与思考】

人们常认为"有没有计划无所谓""计划赶不上变化""计划只是高层或者计划部门的事，和其他人员没有什么关系"。你同意上述观点吗？对于计划的作用和意义你是如何理解的？

测试4

【职业技能强化】

模拟编制公司的年度计划

目的：

1. 培养学生全局意识与统筹协调能力。

2. 培养学生目标管理、计划制订、过程控制的技能。

方法与要求：

1. 模拟公司为年产值约5000万元的玩具制造企业(行业参考标准：人均产值120万元，销售利润5%)。按12~15人为一组进行分组，每个小组按公司组织结构的完整性划分为六大部门(约每两人负责一个部门)，分别为运营部、人事部、财务部、生产部、采购部、销售部。

2. 各部门分工明确、权责对等，以部门为单位，编制各部门的年度计划，各部门的年度计划都需包含相应指标(如部门的成本指标等)及具体工作计划。

3. 各部门年度计划以演示文稿形式，在课堂上展示并交流。

4. 该年度计划作为对小组考评依据之一，考评人为课程教师及行业专家。

【综合评价】

小组名称				小组成员		
综合评价	教师评分		评价项目	分值	得分	备注
			任务完成情况	50		
			分析表达能力	30		
			小组协作能力	20		
			总计	100		
	学生互评评语					
	自我修正					

单元5

组　织

【学习目标】

知识目标：

 (1)掌握组织的含义；

 (2)掌握设计组织的横向、纵向与职权结构的含义；

 (3)掌握管理人员选聘的内容；

 (4)理解组织结构设计的基本原则；

 (5)理解集权与分权的含义。

技能目标：

 (1)能够进行企业的环境分析；

 (2)能够绘制企业的业务流程图；

 (3)能够设置企业的组织机构，并画出组织结构图；

 (4)能够根据企业的需求进行人员配备；

 (5)能够分析说明企业的组织文化；

 (6)能够分析组织变革的原因、组织变革中遇到的障碍并提出解决措施。

素质目标：

 (1)具有"以人为本"的意识；

 (2)具有改革与发展的精神；

 (3)具有团队合作意识。

【情景导入】

全宇公司的组织机构优化

全宇是一家由民营企业发展壮大的企业。在发展的过程中，企业的组织结构和经济体制不断改革，以适应企业不断发展的需要。

全宇公司的改革是从企业收购一家国有企业开始的：企业原有的组织机制产生了巨大的变化，资产从国营变成私营，国企职工变成合同工人，组织结构从厂长责任制变成股东会、董事会、监事会等。

全宇公司近年来在组织机构改革方面主要是推行事业部制。经精心研究和策划将集团的八个职能部门重新合并成八部一室，压缩或分流208名处室人员。这一措施激发了各事业部的活力，管理效率得以提高，而总部的工作则着重于制定企业的发展战略及协调各事业部的经营战略、技术战略等更高层次的决策。

全宇公司在生产组织管理上也进行了改革，从工艺专业化转向产品专业化。在 2007 年年末，员工高某发现全宇公司采用以工艺专业化为核心的生产组织形式存在以下两个问题：一是该种生产组织是跨行政部门的，在各生产环节生产进度不一致时，有时难以协调；二是由于原料品种多，可能会引起原料组织不到位而出现停工待料现象，影响生产效率。经过企业高层的仔细研究，建立起产品专业化的新体系，一年内劳动生产率提高了 50%。

随后，全宇又进行了科研体制改革。以前，公司将研究所集中于总部，负责全公司的技术开发，现在公司做出把科技人员推向市场的决策，即将新产品开发研究所转移到相关的事业部。这一措施取得了很好的效果，首先消除了科研与生产、销售脱节的弊端，再者由于有了经济观念，产品开发中的不合理费用得以减少。

思考：

1. 全宇公司的组织变革和发展说明了什么？

2. 结合全宇公司的改革分析影响组织结构调整的因素是什么？

5.1　组织概述

5.1.1　组织的含义

广义上讲，组织是指由诸多要素按照一定方式相互联系起来的系统。狭义上讲，组织就是指人们为了实现一定的目标，互相协作结合而成的集体或团体，如党团组织、工会组织、企业、军事组织等。

组织一词还可以分为动词与名词来解释，当作为名词时，是指一个有效的工作集体，如古典组织理论的研究者詹姆斯·D·穆尼认为，组织是每一类人群联合起来以达到某种共同的目标形式。美国管理学家切斯特·巴纳德认为，组织就是有意识地协调两个或者两个以上的人的活动力量的协作系统，该定义强调了组织是由个体或者群体集合而成的系统。格罗斯与埃策尼认为："组织，是人类为了达到某种共同目标而特意建构的社会单元，企业公司、军队、学校、教会、监狱等都是组织。"作为动词来讲，组织是指将众多的人组织起来，协调其行为，以实现某个共同目标。

对于组织的内涵，我们可以做出以下的理解：

（1）组织有明确的目标

目标是组织存在的前提，没有目标就不是组织而仅是一类人群。目标是组织的愿望和外部环境结合的产物，所以组织的目标是受环境影响和制约的，这个环境包括物质环境及社会文化环境，有了目标组织才能确定方向。

（2）组织需要分工和协作

人们聚集在一起，通过分工协同完成某项活动即产生了组织。组织的本质是协作。例如，在一条高速公路上，同向行驶的汽车具有相同的目标，但他们之间没有协作，便不能称为一个组织；而在这条路上修路的工人，通过协作保证了行车的安全和方便，所以这些工人就构成了一个组织。

（3）组织中存在权责关系

权责关系是在分工协作的基础上形成的，同时又是实现合理分工协作的有效保证，也是组织目标的保证。组织规模越大，权责关系的处理越重要。

【趣味阅读】

"群体增量"现象

生物中最勤劳的莫过于蚂蚁，他们能够以惊人的速度将超过体重数倍的东西拖回蚁巢。即便是这样，蚂蚁的工作潜能仍然很大。有人把蚂蚁放在大玻璃瓶里，观察他们在独自情况下和三五成群时的活动情形。结果发现，在数目增加时，蚂蚁工作量也增加，独自在瓶中的蚂蚁，只要有一只新蚂蚁加入，它的工作就更加起劲，加入第三只时，原来两只的活动反应加快。这说明群体因素提高了工作效率。这样的现象也存在于其他动物的活动中。研究者发现有同类在旁边时，鸡、鱼、老鼠吃得多些，马、狗、蟑螂跑得快些。

管理启示：要实现群体增量，必须培育出一个良好的"群体生态系统"。对于一个企业来讲，内部的用人机制、管理机制和由此产生的群体氛围，是形成良性群体生态系统的关键要素。

5.1.2　组织的分类

组织按其内在结构可以分为正式组织与非正式组织，正式组织与非正式组织在组织内的关系如图5-1所示。

5.1.2.1　正式组织

正式组织是具有一定结构、同一目标和特定功能的行为系统。它有明确的目标、任

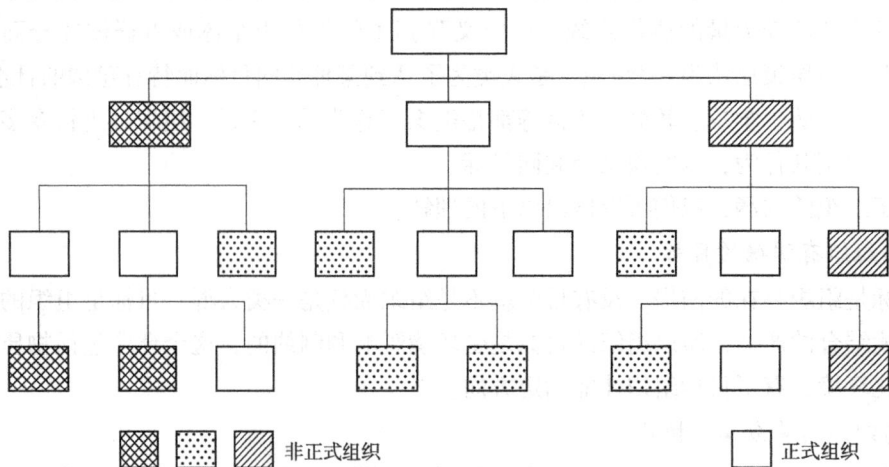

图5-1　正式组织与非正式组织

务、结构和相应的机构、职能、成员的权责关系以及成员活动的规范。其组建、运行都需要有三个基本要素，即意愿协作、共同目标和信息沟通，如政党、企业、军队、学校等。正式组织具有以下特征：

①保持相对的稳定性，存在稳定的秩序，人员流动性小，权责结构清晰。

②专业化分工，分成若干岗位及与之相应的职责。

③对不同观念层次的协调由于进行了专业化分工并且分成一定结构和层次，同级要协调相互关系，在上下级工作链上也要协调关系，从而形成立体的协调层次。

④拥有法定的领导权威。其最高领导者的领导权是由法定的规章制度确定的，并强制要求所有成员服从。

⑤建立了相对稳定的规章制度体系，把很多的岗位分工、行为规范、奖惩措施、运营机制、产品范围、行动范围，都以明确的条文确定下来并公布给每个成员，要求他们去遵守。

⑥职位具有可取代性。它的职位和职责要求都是某个人离开，其他人可以在这个岗位继续工作。

5.1.2.2 非正式组织

（1）非正式组织的概念

非正式组织最早由美国管理学家梅奥通过"霍桑实验"提出，是人们在共同的工作过程中自然形成的以感情、喜好等情绪为基础的松散的、没有正式规定的群体。例如，老同学周末聚会、牌友会、老街坊聚会和紧急情况下形成的自助团体等。非正式组织没有明确的目标且成员模糊，可能存在若干骨干成员。

（2）非正式组织的特征

①没有共同的组织目标　非正式组织并非在完成一定任务的过程中形成的，而是在自然状态下形成的，所以这个群体没有一个共同的任务。

②没有明确的组织制度和规定　非正式组织的制度和规定是一些约定俗成的、靠默契和非正式的契约来实现的。

③成员和形式不稳定　非正式组织的成员经常发生变动，它的边界是不清晰的，人员变动也是随意的，并且它的交互和影响过程都是非常随意的，有时表现为缺乏秩序。

（3）非正式组织的作用

①非正式组织在管理中的积极作用

• 有利于组织正常运作：通过非正式组织活动，满足员工对正式组织的需求，消除员工对工作的抵触情绪，从而有利于正式组织的正常运作。

• 增强组织凝聚力：通过非正式组织成员之间的感情交流，相互理解、相互信任，有利于组织成员间的协调与合作，增强集体凝聚力。

• 促进信息沟通：非正式组织避免了正式组织僵化所导致的信息沟通不畅的情况，同时也消除了上级和下级之间的等级鸿沟。

• 展现组织魅力：有利于利用本身的吸引力来提高员工的稳定性，保持组织的稳定和发展。

②非正式组织在管理中的消极作用

• 容易因观念差异影响组织运转：非正式组织成员形成的习俗、信仰与正式组织的目标、行为规范有差异甚至背道而驰时，将影响组织运转。

• 容易出现内部冲突：各层管理人员没能处理好正式组织与非正式组织的关系，会导致非正式组织成员不愿意听从指挥，甚至故意破坏既定的组织制度。

【案例 5-1】
小张为什么遭排挤？

全宇公司新来的员工小张，毕业于国内某高校企业管理专业。在校期间多次获得奖学金、"三好"学生及优秀学生干部等荣誉。进入公司后，小张对未来充满期待，希望能干出一番事业，于是他非常勤奋，积极主动承担工作任务。他的到来大大减轻了办公室老员工的工作压力，老员工非常高兴，很喜欢这位新来的员工，部门经理也经常表扬小张。随着表扬次数的增加，小张发现，这些老员工慢慢地对自己冷淡了，甚至对小张冷嘲热讽。

同时，刚入职时，小张经常跟同时进入公司的员工聚会，这些员工因为小张的突出表现而经常被自己部门的领导批评，也对小张产生不满，聚会也将小张排除在外。

小张很疑惑，自己那么努力地工作为什么反遭排挤？

思考：

1. 在本案例中存在非正式组织吗？
2. 非正式组织对企业的发展起到什么作用？
3. 小张应该怎样做才能改变遭排挤的现状？

5.1.2.3 对待非正式群体的策略

非正式群体的存在是客观的，不能漠视、回避它的存在，也不能一刀切简单地将其禁止、取缔，而要根据实际情况对不同类别的非正式群体采取不同的策略。

(1) 对消极型群体的策略

对于消极型群体，要找出有影响力的成员，谋求与他们的合作。管理者应对非正式群体中领袖的影响给予高度重视，积极谋求与他们在各个层面上的有效沟通，使其理解和接受组织的目标。

(2) 对兴趣型群体的策略

对于兴趣型群体，应理解其存在及立场，向其提供支持和帮助，为其成员提供自我表现和发展的机会，使他们在组织中的需求也能得到满足，引导其群体的目标和价值观与组织一致，使他们慢慢向积极型群体转化。

(3) 对破坏型群体的策略

对于破坏型群体，应当教育、引导，不能使其向有害于企业的方向发展，对群体中极具破坏性的人物要坚决清除，使其接受应有的惩罚。

（4）对积极型群体的策略

对于积极型群体，应有意识地对其进行方向性的引导，使群体内部的凝聚力与企业文化接轨、群体目标与企业目标保持高度一致。

5.2 组织结构设计

5.2.1 组织结构的界定

合理的组织结构是实现组织功能的关键。所谓组织结构，就是组织内的全体成员为实现组织目标，在管理工作中进行分工合作，通过职务、职责、职权及相互关系构成的结构体系。简单来说，就是人们的职、责、权关系，是组织内正式的工作安排。因此，组织结构又称为权责关系，其本质上是组织成员间的分工协作关系。组织结构设计的直接成果是组织图、职位说明书和组织手册。

5.2.2 组织结构设计的基本原则

为了能设计出适合组织实际的高效的组织结构，组织结构设计应遵循以下基本原则，这些原则也是组织工作必须遵守的原则。

5.2.2.1 目标一致原则

这是所有组织结构设计的出发点。一方面，组织设计是一种手段，其目的是更好地实现企业的经营任务和目标。组织结构及其每一部分的构成，都应当有特定的任务和目标，并且这些目标和任务应当服从实现企业整体经营目标的要求；另一方面，立足经营任务和目标实现的好坏，又是衡量组织设计是否正确有效的最终标准。

5.2.2.2 因事设职与因职用人相结合原则

组织结构设计中，首先要考虑工作的特点和需要，要求因事设职、因职用人。因事设职是指根据业务（事情）的需要设置相应的职位，确保"事有人做"；而因职用人指的是根据职位的需要配备适当的人（保证数量和质量），确保"事得其人"。

5.2.2.3 分工协作原则

权责对等原则是指在一个组织或系统中，权力与责任应当相对应，即行使某项权力的同时也必须承担相应的责任。这一原则强调权力和责任的平衡，避免出现权力过大而责任过小，或者责任过大而权力过小的情况。

5.2.2.4 权责对等原则

组织结构应能充分反映为实现组织目标所必需的各项任务和工作分工，以及相互之间的协调。

5.2.3 组织的横向、纵向与职权结构设计

5.2.3.1 组织的横向结构设计——部门设计

横向结构包括职能结构和部门结构。职能结构指的是组织有多少项业务以及各业务之间的关系；而部门结构指的是组织有多少个部门以及各部门之间的关系。一家企业可能有很多项业务，因此，可能有很多个部门，一个部门有时承担一项业务，有时承担多项业

务。因此，业务的数量和部门的数量不一定是相等的。

组织横向结构设计主要解决管理与业务部门的划分问题，反映组织中的分工协作关系。组织的部门化是根据一定的标准将若干岗位组合在一起的过程。常见的组织部门化类型有职能部门化、产品/服务部门化、顾客部门化和地域部门化。

（1）职能部门化

职能部门化是根据业务活动的相似性来设立管理部门，如财务部门和市场销售部门。它是一种传统的组织工作方式，如图5-2所示。

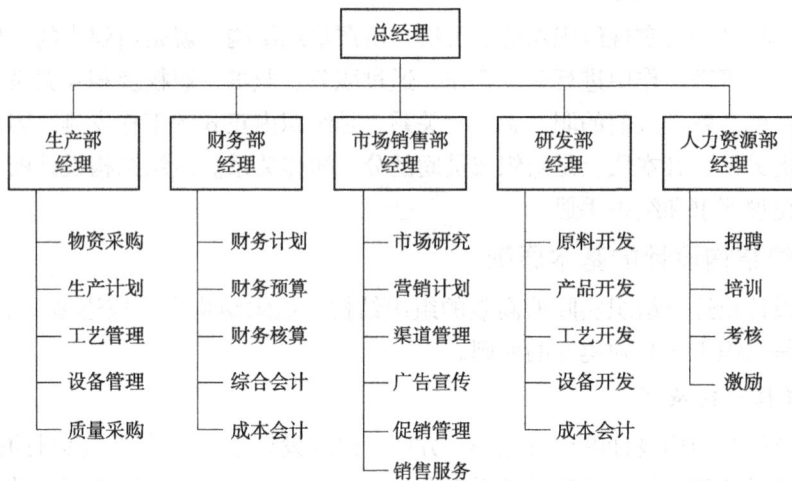

图5-2 职能部门化

（2）产品/服务部门化

产品/服务部门化是依据产品/服务来组合工作和划分部门，如图5-3所示。按职能设立部门往往是企业发展初期、品种单纯、规模较小时的一种组织形式。随着企业的成长和品种多样化，就应该考虑根据产品/服务来设立管理部门、划分管理单位，把同一产品/服务的生产或销售工作集中在相同的部门进行组织。

（3）顾客部门化

顾客部门化是依据共同的顾客来组合工作，是基于顾客需求的一种组织结构。当某一顾客群体的需求和其他顾客群体差异较大时，组织常常会采用顾客部门化，如图5-4所示。

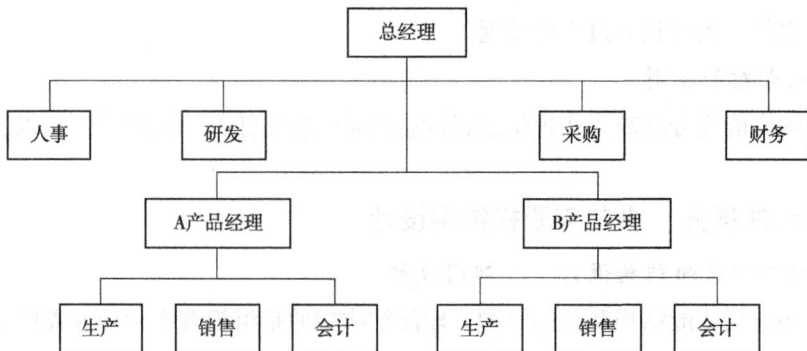

图5-3 产品/服务部门化

图 5-4 顾客部门化

（4）地域部门化

地域部门化是根据地理区域进行工作组合和部门划分。这种组织结构中，在一个给定的地理区域里，所有的公司活动都归一个经理主管，如图 5-5 所示。

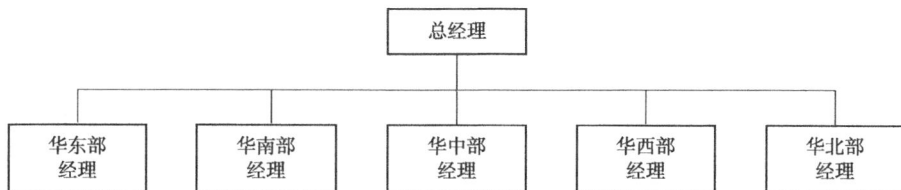
图 5-5 地域部门化

5.2.3.2 组织的纵向结构设计——层次设计

纵向结构包括层次结构和职权结构。层次结构是指管理层次的构成，职权结构是指各层次、各部门在权力和责任方面的分工及相互关系。设计组织的纵向结构，首先，根据企业的具体条件，正确规定管理幅度；其次，在这个数量界限内，考虑影响管理层次的其他因素，科学地确定管理层次；最后，在此基础上，进行职权配置，从而建立基本的纵向结构。

（1）管理幅度

管理幅度也称管理跨度、管理宽度，是指一名主管人员能有效指挥、监督、管理的直接下属的人数，如图 5-6 所示。图中主管人员甲的管理幅度为 3，乙的管理幅度为 5，丙的管理幅度为 6，丁的管理幅度为 4。

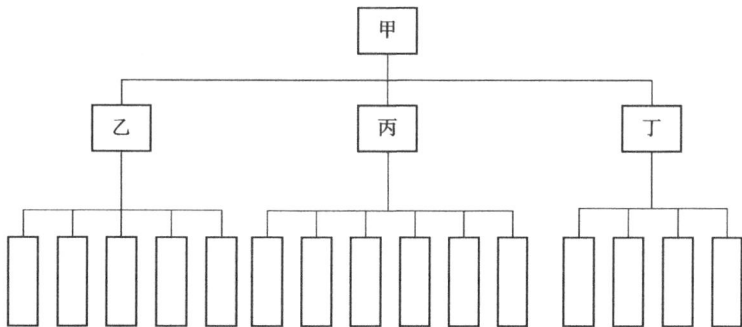
图 5-6 管理幅度示意图

管理幅度是影响组织内部各单位规模大小的决定因素。任何组织在进行结构设计时，都必须考虑管理幅度。一般来说，即使在同样获得成功的组织中，每位主管直接管辖的下属数量也不相同。美国管理协会 1951 年对 100 多家大公司的调查表明，总经理下属人数从 1~24 人不等。有效管理幅度的大小受到管理者本身素质和被管理者的工作内容、能力、工作环境与工作条件等诸多因素的影响，每个组织都必须根据自身的特点，确定适当的管理幅度。

【案例 5-2】

只管九个人

某农场场长，员工私下叫他"管得宽"，全场上至战略规划，下至日杂事物，每一件事都必须要经过场长，为此，场长忙得吃不下饭、睡不好觉，可是农场经营起色不大，职工纷纷要求调离。本以为自己辛辛苦苦一心为工作，总能算得上是一个尽心尽职的领导吧！谁知群众意见纷纷，批评场长不相信群众，主观武断、顾此失彼，影响农场的进一步发展。

正在他百思不得其解时，省里召开了第六期厂长、经理培训班，农场场长参加了学习。老师讲的企业管理原理对他的思想触动很大，使他意识到以前的一些做法从根本上讲，是违背了现代管理原则的，因此，他决定利用所学的知识转变观念，对农场领导体制进行改革。回到农场，场长放下架子走到群众中，请他们为农场改革献计献策。

经过一段时间的调查和研究，在全场会议上，场长郑重宣布："从今以后，我只管九个人，即三个副场长、总会计师、总经济师、总工程师，还有三个我直接管理的科长。这九个人我直接部署工作，他们也直接向我汇报工作，除此之外，其他人找我谈话，一律不接待，请他们各找其主。"话音一落，全场大哗，有支持的，有反对的。

思考与讨论：

你对这位场长宣布"只管九个人"的决定有何看法？是支持，还是反对？

（2）管理层次

管理层次是在职权等级链上所设置的管理职位的级数。由于主管人员能够直接有效地指挥和监督下属的数量是有限的，因此，最高主管的被委托人也需要将受托担任的部分管理工作再委托给其他人来协助办理，以此类推，直至受托人能直接安排和协调组织成员的具体业务活动，由此形成了组织中最高主管到具体工作人员之间的不同管理层次。如图 5-6 中，管理层次为 2。

一个组织中管理层次的多少，应具体根据组织规模的大小、管理幅度等而定。一般来说，大部分组织的管理层次往往分为决策层、领导层、管理层、督导层和执行层。企业规模越大，层次越多，中小企业由于规模有限，管理层次一般分为决策层、管理层和执行层。图 5-7 为某门店组织结构图，管理层次为 2。

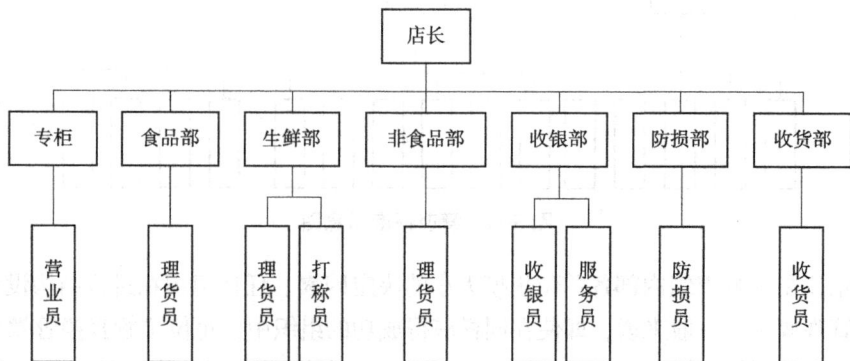

图 5-7 某门店组织结构图

（3）管理幅度与管理层次的关系

①管理层次与管理幅度呈反比例关系　对于一个人员规模既定的组织，管理者有较大的管理幅度，意味着可以有较少的管理层次；而管理者的管理幅度较小时，则意味着该组织有较多的管理层次。

②管理幅度决定管理层次　这是由管理幅度的有限性决定的。正是由于有效管理幅度的限制，才必须通过增加管理层次来实现对组织的把控。

③管理层次对管理幅度有一定的制约作用　与管理幅度相比，管理层次具有较高的稳定性。无论是何种组织，都不应该也不可能频繁地改变管理层次，这就从反方向上要求管理幅度在一定程度上服从于既定的管理层次。

以一家拥有4096名员工的企业为例，假设各层次的管理幅度相同，如果按照管理幅度分别为4、8和16对其进行组织设计，那么其相应的管理层次为6、4和3，所需要的管理人员数为1365、585和273。如表5-1、图5-8所示。

表 5-1　管理幅度与管理层次的对应关系

项目	管理幅度为 4	管理幅度为 8	管理幅度为 16
管理幅度	4	8	16
管理层次	6	4	3
管理人员数	1365	585	273

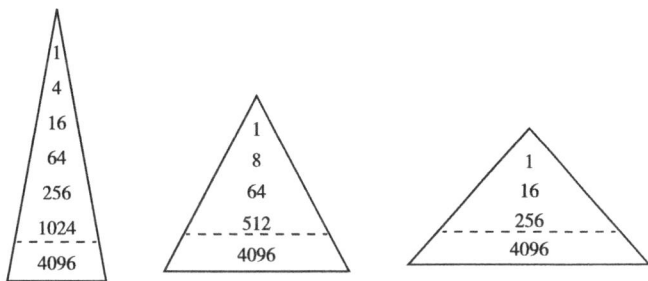

图 5-8　管理幅度与管理层次的关系

（4）组织的高耸结构与扁平结构

管理幅度与管理层次这两个变量的取值不同，会形成高耸结构和扁平结构两种组织结构类型。

①高耸结构　高耸结构是指组织的管理幅度较小，从而形成管理层次较多的组织结构。这种结构有利于掌握，有利于上级对下属进行及时的指导与控制，权责关系明确，有利于增加管理者权威，为下级提供较多的晋升机会。但是高耸结构易增加管理费用，影响信息传输，不利于调动下级积极性。

②扁平结构　扁平结构是指组织的管理幅度较大，从而形成管理层次较少的组织结构。扁平结构的优点是有利于发挥下级的积极性和自主性，有利于培育下级管理能力、信息传输、节约管理费用。但扁平结构不利于掌握不能严密监督下属、对管理者素养要求高，横向沟通与协调难度大。

5.2.3.3 组织的职权结构设计——职权设计

职权是构成组织结构的核心要素，是组织联系的主线，对于组织的合理构建与有效运行具有关键性作用。

（1）职权划分

职权是管理人员在职务范围内所拥有的管理权限，是履行管理职能的前提。一个正式组织的职权有直线职权、参谋职权与职能职权三种形式，见表 5-2 所列。

表 5-2　直线职权、参谋职权与职能职权

形式	内容描述
直线职权	直线职权即决策指挥权，是指直接从事产品和业务的生产指挥、直接领导下属工作的直线管理人员所拥有的职权，包括决策权、发布命令权和执行权三个部分
参谋职权	参谋职权即指导权，是指作为主管人员的参谋或幕僚所拥有的辅助性职权，主要是评价直线系统的活动情况，进而提出建议或提供咨询的权利和专业指导权，如总经理助理、顾问委员会等
职能职权	职能职权是指参谋人员或某职能部门的主管人员所拥有的、由直线主管人员授予的、在一定范围内行使的决策与指挥权。职能职权的设立是为了能充分发挥专家的核心作用，减轻直线主管的负荷，提高工作效率

直线职权意味着作出决策、发布命令并付诸实践，是协调组织资源、保证组织目标实现的基本权力；参谋职权是协助和建议的权力，是保证直线主管人员正确决策的重要条件；职能职权由于是直线职权的一部分，因此也具有直线职权的特点，但其职权范围小于直线职权，职能职权的行使者多为具有业务专长的参谋人员，因此有利于提高业务活动的效率。直线职权、参谋职权和职能职权关系示例如图 5-9 所示。

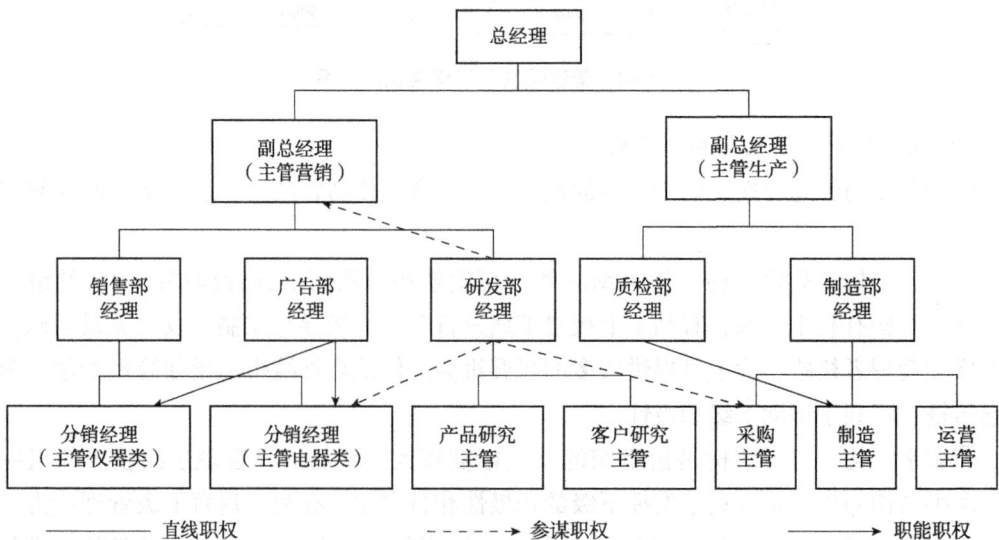

图 5-9　直线职权、参谋职权和职能职权关系示例

【素质课堂】

　　习近平总书记指出，马克思主义权力观概括起来就是两句话：权为民所赋，权为民所用。权力是人民赋予的，要为人民用好权，让权力在阳光下运行。领导干部是权力的具体执行者，做到为民用权，要心有戒尺，干净做事，廉洁律己、廉洁用权。

　　(2)职权分配

　　职权分配是指为有效履行职责，实现工作目标，而将组织的权力在各管理部门、管理层次、管理职位中进行配置。职权分配的类型主要有以下两种。

　　①职权横向分配　依目标需要而将职权在同一管理层次的各管理部门和人员之间进行合理配置。

　　②职权纵向分配　依目标需要而将职权在不同管理层次的部门和人员之间进行配置。职权纵向分配的关键是解决好集权与分权的关系问题。

5.2.4　集权与分权

　　集权与分权是组织层级化设计中的两种相反的权力纵向分配方式。组织中的权力较多地集中在组织的高层，即为集权；权力较多地下放给基层，则为分权。

5.2.4.1　集权与分权的优缺点

　　集权与分权的优缺点见表5-3所列。

表5-3　集权与分权的优缺点

方式	优点	缺点
集权	适度集权有利于实现组织的统一指挥和控制，维护组织制度的统一性，并能促进组织的各个层次行动一致，能迅速地贯彻执行已经作出的决策	会加重上层领导者的负担，从而影响决策质量，并且不利于调动下级的积极性
分权	适度分权可以减轻高层管理者的决策负担，提高决策质量；提高组织对环境的应变能力；调动下级的积极性	一是有可能破坏组织制度的统一性，带来组织活动失控的危险；二是基层管理人员所具备的素质和能力不足以进行有效决策时，可能影响组织目标的实现

5.2.4.2　衡量组织集权与分权的标志

　　衡量组织集权与分权的标志(即衡量组织集权与分权的标准)详见表5-4所列。

表5-4　衡量组织集权与分权的标志

标志	内容描述
决策的频度	决策的频度(即决策的数量)：组织中较低层次作出的决策数目越多，则分权程度越高；上层作出的决策数目越多，则集权程度越高
决策的幅度	决策的幅度(即决策的范围)：组织中较低层次决策的范围越广、涉及的职能越多，则分权程度越高；上层决策的范围越广、涉及的职能越多，则集权程度越高

（续）

标志	内容描述
决策的重要性	组织中较低层次作出的决策越重要，则分权程度越高；下属作出的决策越次要，则集权程度越高
决策的影响面	组织中较低层次作出的决策影响面越大、越长远，涉及的费用越高，则分权程度越高；下属作出的决策影响面越小、越不长远、涉及费用越低，则集权程度越高
决策的审批手续	决策的审批手续（即对决策的控制程度）：组织中较低层次作出的决策，上级要求审核的程度越低，则分权程度越高；下属作出的决策，需要请示的层级越多，则集权程度越高

5.2.4.3 影响集权和分权程度的因素

（1）组织规模的大小

组织规模小，管理者处理的事务相对较少，组织较适合集权；组织规模增大，管理事务增加，就需要管理者适当分权，以利于提高决策的有效性。

（2）组织制度的统一性

如果组织中制度统一，则集权程度高可以提高决策的有效性；如果组织中各部门制度差别较大，则应提高组织的分权程度。

（3）员工的基本素质

如果组织中员工基本素质低，则组织倾向于集权程度高；如果组织中员工基本素质高，则组织的分权程度可以高一些。

（4）组织的可控性

如果组织的可控性程度高，意味着经营环境稳定，业务活动较为程序化，则组织倾向于集权程度高；如果环境变化快、业务活动灵活，则要求分权程度高。

（5）管理者的个性

管理者个性表现为自信、好强、独裁时，更多地表现为集权管理；如果管理者认为分权更有效，则更多地表现出分权管理。

（6）组织的历史

如果组织是由小到大发展而来的，一般倾向于集权；如果组织是由合并或兼并而来的，则一般倾向于分权。

5.2.5 组织设计的基本形式

5.2.5.1 直线型组织结构

直线型组织结构是最早也是最简单的组织形式，如图5-10所示。它的特点是企业各级行政单位从上到下实行垂直领导，下属部门只接受一个上级的指令，各级主要负责人对所属单位的一切问题负责。厂部不另设职能机构（可设职能人员协助主管人工作），一切管理职能基本上都由行政主管自己执行。

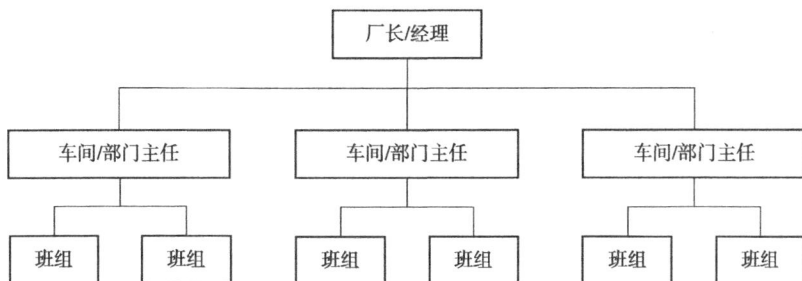

图 5-10 直线型组织结构形式

优点：结构比较简单，责任分明，命令统一。缺点：没有职能机构，管理者负担过重，且难以满足多种能力要求。因此，直线型组织结构只适用于规模较小、生产技术比较简单的企业，对生产技术和经营管理比较复杂的企业并不适宜。

5.2.5.2 职能型组织结构

职能型组织结构是各级行政单位除主要负责人外，还相应地设立一些职能机构，如在厂长下面设立职能机构和人员，协助厂长从事职能管理工作，如图 5-11 所示。这种结构要求行政主管把相应的管理职责和权力交给相关的职能机构，各职能机构有权在自己业务范围内向下级行政单位发号施令。因此，下级行政负责人除了接受上级行政主管指挥外，还必须接受上级各职能机构的领导。

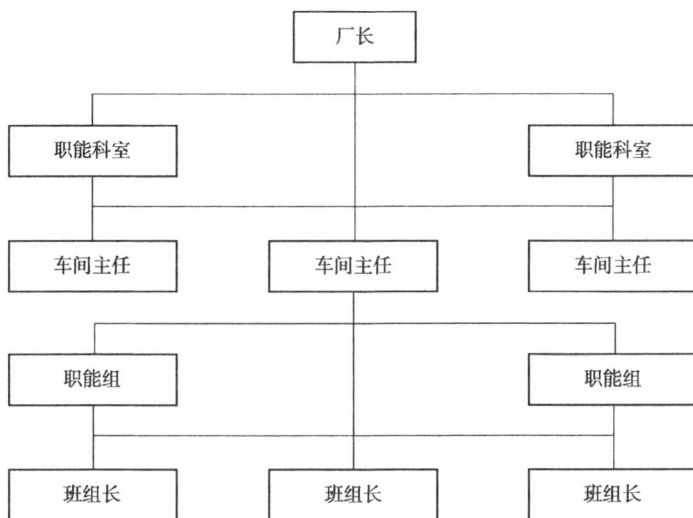

图 5-11 职能型组织结构形式

优点：能适应现代化工业企业生产技术比较复杂、管理工作比较精细的特点；能充分发挥职能机构的专业管理作用，减轻直线领导人员的工作负担。缺点：妨碍了必要的集中领导和统一指挥，形成了多头领导；不利于建立和健全各级行政负责人和职能科室的责任制，在中间管理层往往会出现"有功大家抢，有过大家推"的现象；另外，在上级行政领导和职能机构的指导和命令发生矛盾时，下级无所适从，影响工作的正常进行，容易造成纪律松弛、生产管理秩序混乱。由于这种组织结构形式缺陷明显，现代企业一般都不采用职能制。

5.2.5.3 直线职能型组织结构

直线职能型组织结构，也叫生产区域制或直线参谋制，如图 5-12 所示。它是在直线制和职能制的基础上，取长补短，吸取这两种形式的优点而建立起来的。绝大多数企业都采用这种组织结构形式。这种组织结构形式是把企业管理机构和人员分为两类，一类是直线领导机构和人员，按命令统一原则对各级组织行使指挥权；另一类是职能机构和人员，按专业化原则，从事组织的各项职能管理工作。直线领导机构和人员在自己的职责范围内有一定的决定权和对所属下级的指挥权，并对自己部门的工作负全部责任。而职能机构和人员，则是直线指挥人员的参谋，不能对直接部门发号施令，只能进行业务指导。

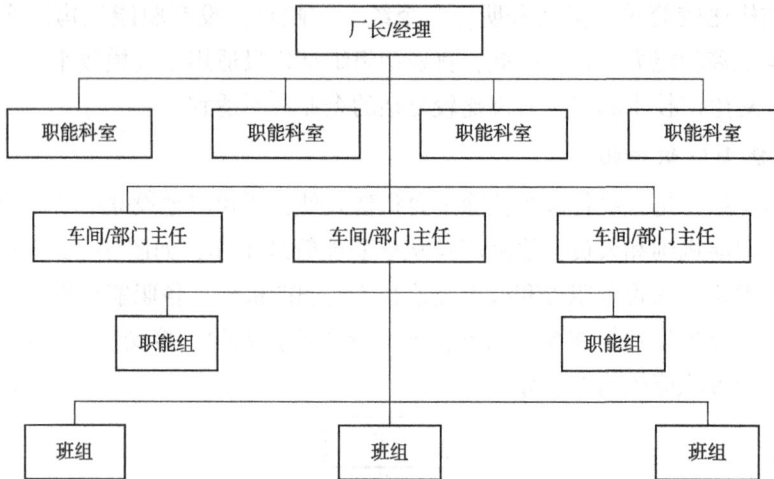

图 5-12 直线职能型组织结构形式

优点：既保证了企业管理体系的集中统一，又可以在各级行政负责人的领导下，充分发挥各专业管理机构的作用。缺点：职能部门之间的协作和配合性较差，职能部门的许多工作要直接向上层领导报告请示才能处理，这一方面加重了上层领导的工作负担，另一方面也造成办事效率低。为了克服这些缺点，可以设立各种综合委员会，或建立各种会议制度，以协调各方面的工作，起到沟通作用，帮助高层领导出谋划策。

5.2.5.4 事业部型组织结构

事业部型组织结构最早是由美国通用汽车公司总裁斯隆于 1924 年提出的，故有"斯隆模型"之称，也叫"联邦分权化"，是一种高度（层）集权下的分权管理体制。它适用于规模庞大、品种繁多、技术复杂的大型企业，是国外较大的联合公司所采用的一种组织形式，近几年中国一些大型集团或公司也引进了这种组织结构形式。事业部型组织结构是分级管理、分级核算、自负盈亏的一种形式，即一个公司按地区或按产品类别分成若干个事业部，从产品的设计、原料采购、成本核算、产品制造一直到产品销售，均由事业部及所属工厂负责，实行单独核算、独立经营，公司总部只保留人事决策、预算控制和监督大权，并通过利润等指标对事业部进行控制，如图 5-13 所示。也有的事业部只负责指挥和组织生产，不负责采购和销售，实行生产和供销分立，但这种事业部正在被产品事业部所取代。还有的事业部则按区域划分。

优点：有利于高层管理者集中精力研究公司战略方针；事业部实行独立核算，更能发挥经营管理的积极性；有利于组织专业化生产和实现企业的内部协作；各事业部之间有比较和竞争，有利于企业的发展；可以培养综合管理人才。缺点：公司与事业部的职能机构重叠，造成资源和管理人员浪费；各事业部只考虑自身利益，影响事业部之间的协作；公司和事业部之间信息不对称的可能性增大，影响公司的控制力。

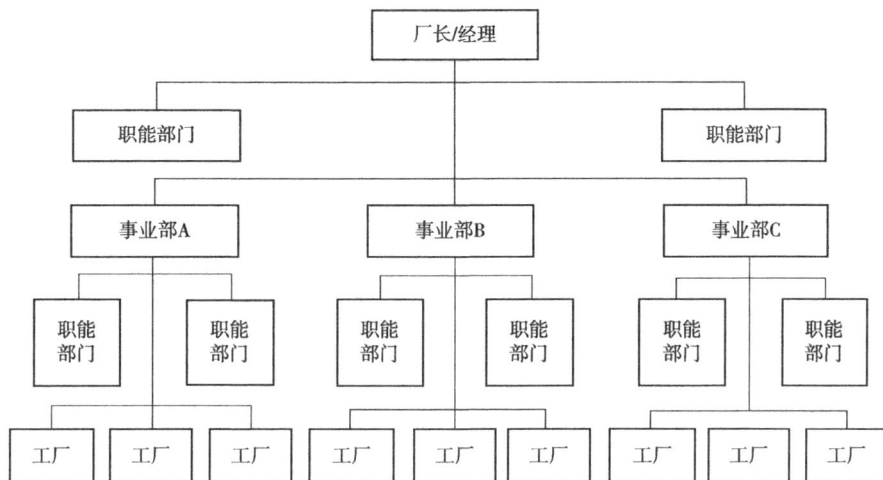

图 5-13　事业部型组织结构形式

5.2.5.5　矩阵型组织结构

在组织结构上，把既有按职能划分的垂直领导系统，又有按产品(项目)划分的横向领导关系的结构，称为矩阵型组织结构，如图 5-14 所示。

矩阵型组织结构是为了改进直线职能型组织结构横向联系差、缺乏弹性的缺点而形成的一种组织形式。它的特点表现在围绕某项专门任务成立跨职能部门的专门机构上，如组成一个专门的产品(项目)小组去从事新产品开发工作，在研究、设计、试验、制造各个不同阶段，由有关部门派人参加，力图做到条块结合，以协调有关部门的活动，保证任务的完成。

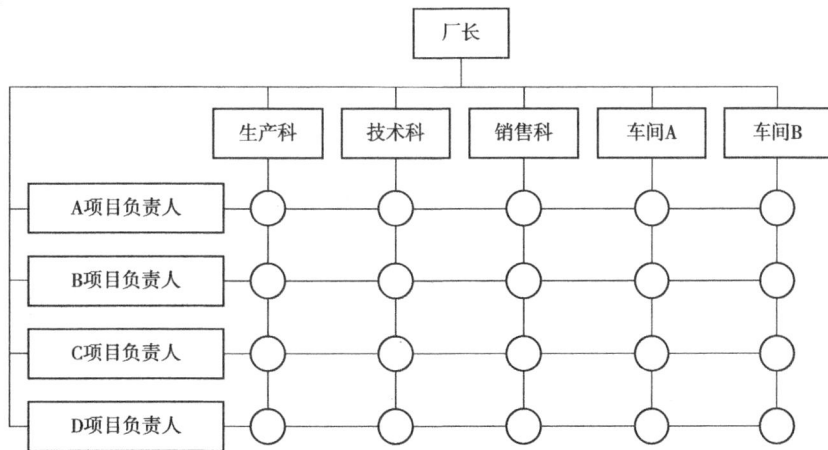

图 5-14　矩阵型组织结构形式

优点：机动、灵活，可随项目的开发与结束进行组织或解散；由于这种结构是根据项目组织的，任务清楚，目的明确，各方面有专长的人都是有备而来，因此在新的工作小组里，能沟通、融合，能把自己的工作同整体工作联系在一起，为攻克难关、解决问题而献计献策；从各方面抽调来的人员有信任感、荣誉感，使他们增加了责任感，激发了工作热情，促进了项目的实现；它还加强了不同部门之间的配合和信息交流，克服了直线职能结构中各部门互相脱节的现象。缺点：项目负责人的责任大于权力，因为参加项目的人员来自不同部门，隶属关系仍在原部门，只是为"会战"而来，所以项目负责人对他们管理困难，没有足够的激励方法与惩治手段，这种人员上的双重管理是矩阵结构的先天缺陷；由于项目组成人员来自各个职能部门，当任务完成以后，仍要回原部门，因而容易产生临时观念，对工作有一定影响。

矩阵型组织结构适用于一些重大攻关项目。企业可用来完成涉及面广、临时性、复杂的重大工程项目或管理改革任务。特别适用于以开发与实验为主的单位，如科学研究，尤其是应用性研究单位等。

组织结构的
发展

5.3 人员配备

组织设计仅为系统的运行提供了可供依托的框架。框架要能发挥作用，还需由人来操作。因此，在设计了合理的组织机构和结构的基础上，还需为这些机构的不同岗位选配合适的人员。人员配备就是根据组织结构中所规定的职务的数量和要求，对所需管理人员进行恰当而有效的选择、考评、培训，其目的是配备合适的人员去充实组织中的各项职务，以保证组织活动的正常进行，进而实现管理目标。

5.3.1 人员配备的原则

为求得人与事的优化组合，人员配备过程中必须遵循一定的原则，人员配备的原则主要有以下三点。

5.3.1.1 因事择人原则

根据岗位要求，选择具备相应知识与能力的人员到合适的岗位，以使工作卓有成效地完成。

5.3.1.2 因材使用原则

要求根据人员的不同特点来安排工作，使人员的潜能得到充分的发挥。

5.3.1.3 人事动态平衡原则

要求以发展的眼光看待人与事的配合关系，不断根据变化的情况进行适时调整，实现人与工作的动态平衡与最佳匹配。

5.3.2 管理人员的选聘

人是组织活动的关键资源。组织中的物力或财力资源需要通过人的积极组合和利用才能发挥效用。人在资源配置中的作用决定了人员配备在管理工作中的重要性。因此，管理人员的选拔、培养和考评应当作为企业人事管理的核心，人事决策应当居企业各种决策之首。

5.3.2.1　选聘方式

选聘管理人员的途径主要有两种：一是从组织内部提拔；二是从组织外部招聘。

内部提拔是指随着组织内部成员能力的增强，在得到充分证实后，对那些能够胜任的人员委以承担更大责任的更高职位；外部招聘是指根据一定的标准和程序，从组织外部众多候选人中选择符合空缺职位工作要求的管理人员。内部提拔与外部招聘的优缺点比较见表 5-5。

表 5-5　内部提拔与外部招聘的优缺点比较

选聘方式	优点	缺点
内部提拔	(1)有利于对选聘对象全面了解，以保证选聘工作的正确性； (2)被提拔的组织内部成员对组织的历史、现状、目标以及现存的问题比较了解，有利于被选聘者迅速开展工作； (3)有利于鼓舞士气，激励组织成员的上进心和工作热情，调动成员的积极性	(1)当组织内部人才储备的质和量不能满足组织发展的需要时，如果仍坚持从内部提拔，将会使组织失去得到一流人才的机会，同时使不称职的人占据职位； (2)不易带来新的观念
外部招聘	(1)有比较广泛的人才来源，满足组织的需求，有可能招聘到一流的管理人才； (2)可给组织带来新的思想、新的方法，阻止组织的僵化和停滞； (3)大多数应聘者都具有一定的理论知识和实践经验，因而可节省在培训方面所耗费的大量时间和费用	(1)组织内部员工的士气或积极性将受到影响； (2)应聘者对组织的历史或现状不了解，不能迅速开展工作

5.3.2.2　选聘的基本程序

选聘的具体程序随组织的规模、性质以及空缺职位的特殊性和要求而有所不同。在设计时，应考虑到时间、费用、实际意义以及难易程度等因素。一般来说，选聘的基本程序如图 5-15 所示。

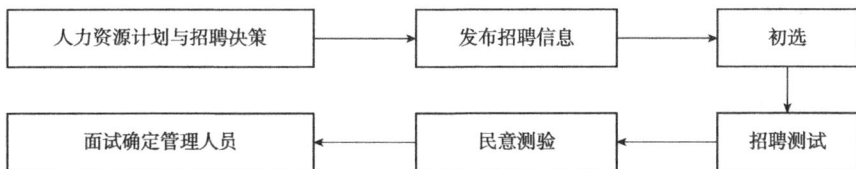

图 5-15　选聘的基本程序

5.3.3　管理人员培训

管理人员的培训是通过培训和开发项目提高管理人员能力水平和组织业绩的一种有计

划的、连续的工作，目的是为管理人员提供其工作所必需的领导技能，适应新的挑战和要求，完善其职业生涯的发展。

5.3.3.1 管理人员培训目标

在现代化的生产经营过程中，进行管理人员的培训不仅是现实的需要，而且具有战略意义。具体而言，管理人员培训的目的表现在以下四个方面。

（1）改变态度

通过培训，管理人员可以初步了解组织文化，接受组织的价值观念，按照组织认同的行动准则从事管理工作。

（2）传递信息

通过培训，管理人员可以了解组织在一定时期内的生产特点、产品性质、工艺流程、营销政策、市场状况等情况，熟悉公司的生产经营业务。

（3）更新知识

利用培训的方法，对管理人员的科学、文化、技术知识进行及时的补充和更新。

（4）发展能力

根据管理工作的要求，努力提高管理人员在决策、用人、激励、沟通、创新等方面的管理能力。

5.3.3.2 管理人员培训程序

管理人员培训大致可分为需求分析阶段、项目实施阶段和效果评价阶段三个阶段，如图 5-16 所示。

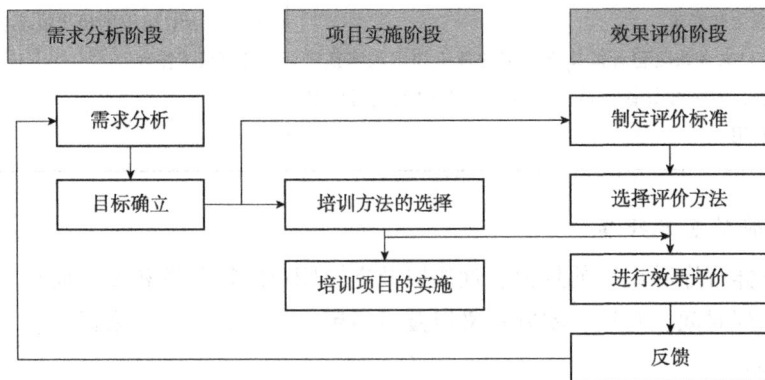

图 5-16　管理人员培训的程序

5.3.3.3 管理人员培训方法

知识的更新和补充可以相对迅速地通过集中脱产或业余学习的方法来完成，态度的改变与技能的培养则需要在参与管理工作的实践中长期不懈地努力。培训管理人员的方法多种多样，主要有入职培训、岗前培训、日常培训、实战培训、参加短训班、脱产进修、在岗培训、定期轮训、出国考察、脱产培训、工作轮换、设立副职和助理职务和临时职务代理等。其中工作轮换和设立副职是常见的为提拔某位管理人员的培训方法。

（1）工作轮换

工作轮换是使受训人在不同部门的不同主管位置或非主管位置上轮流工作，使其全面了解整个组织的不同工作内容，得到各种不同的经验，以了解各管理部门在整个公司中的地位、作用及其相互关系。工作轮换不仅可以使受训人丰富技术知识和管理能力，掌握公司业务与管理的全貌，而且可以培养员工的协作精神和系统观念，使员工明确系统的各部分在整体运行和发展中的作用，从而在解决具体问题时，能自觉地从系统的角度出发，处理好局部与整体的关系。

（2）设立副职

设立副职是要让受训人同有经验的主管人员一起密切工作，后者对于受训人的发展给予特别关注。设立副职不仅可以减轻主要负责人的负担，使之从繁忙的日常管理中脱出身来，专心致力于重要问题的考虑和处理，而且能够培训待提拔管理人员。

5.3.3.4 管理人员考评

考评就是考核、评价，是一种定期对管理人员的工作绩效、能力、素质等进行估计和衡量的过程。

（1）管理人员考评的内容

管理人员的考评是从属于组织存在与发展的现实要求和长远利益这两个方面的，因此，它应该包括对管理人员取得的业绩的考评和对管理人员素质和能力的考评。一般来说，组织主要从德、能、勤、绩、个性五个方面进行考评，见表5-6。

表5-6 管理人员考评内容

考评方面	内容描述
德（个人品德）	考核管理人员的政治立场、理想信念和工作作风，主要包括政治思想、社会道德、职业道德、遵纪守法、奉献精神等
能（工作能力）	考核管理人员所从事业务工作应具备的专业理论水平和实际工作能力，主要包括人员的基本业务能力、技术能力、管理能力与创新能力等
勤（工作态度）	考核管理人员主观上的工作积极性和工作态度，包括在工作中表现出来的热情、责任感、纪律性和协调性等
绩（工作业绩）	考核管理人员的工作业绩，包括可以量化的刚性成果和不易量化的可评估成果
个性	主要了解管理人员的性格、偏好、思维特点等

实行多层次、多渠道、全方位、制度化的考评。为了全面、准确地了解一个人，应该建立完整、规范的考评制度体系，通过多条渠道进行全面考评，并注意不同层次的考评重点。还要注意考评结果的正确运用，包括考评结果同本人见面，同劳动报酬、工作安排与职务晋升挂钩，并根据考评结果，建立组织的个人档案。

（2）管理人员考评的方法

①实测法 通过各种项目实际测量进行考评的方法。例如，对员工进行生产技术技能的考评，通常采用现场作业，通过现场观察、技术测定等考核方式，对其实际表现进行客观评价。

②成绩记录法　将取得的各项成绩记录下来，以最后累积的结果进行评价的方法。这种方法主要适用于能实行日常连续记录的生产经营活动，如科研项目进展。

③书面考试法　通过各种书面考试的形式进行考评的方法。这种方法适用于对员工所掌握的理论知识进行测定。

④直观评估法　依据对被考评者平日的接触与观察，由考评者凭主观判断进行评价的方法。这种方法简便易行，但易受考评者的主观好恶影响。

⑤情景模拟法　设计特定情境，考查被考评者现场随机处置能力的一种方法。

⑥民主测评法　由组织的人员集体打分评估的考评方法，一般采用问卷法进行。

⑦因素评分法　分别评估各项考核因素，为各因素评分，然后汇总，确定考核结果的一种考评方法。

5.4　组织文化与组织变革

组织的机构与结构的设计以及在此基础上的人员配备是在特定情况下根据人对特定情境的认识而完成的。由于企业经营的环境在不断变化，人们对环境特点的认识不断完善，因此，企业的任务、目标以及与此相关的岗位和机构设置、这些机构间的关系也应随之不断调整。

5.4.1　组织文化

组织文化是组织在长期的实践活动中形成的，为组织成员普遍认可和遵守的，具有本组织特色的价值观念、团体意识、工作作风、行为规范和思维方式的总和。组织文化具有超个体的独特性、相对稳定性、融合继承性和发展性的特征。

5.4.1.1　组织文化的结构

一般认为组织文化有三层结构，即潜层次、表层和显现层。

(1)潜层次文化——精神文化

组织文化中最深层的、最稳定的文化，是组织文化发挥作用的源泉，是员工共同遵守的价值观念和伦理道德。主要包括组织目标、组织宗旨、组织价值观、组织精神、组织哲学等。

(2)表层文化——制度文化

通过组织各项成文的规章制度、工作程序以及在长期的管理实践中所形成的不成文，但对员工有约束力的道德规范的统称。主要包括规章制度、组织结构、管理机制、管理水平、娱乐活动、教育培训等。

(3)显现层文化——物质文化

它是实体性的文化设施，带有本组织的特色，人们可以通过这些实体直观感受组织文化，是人们接受和认识组织文化的主要方式。主要包括建筑设计、工作环境、办公设备、生产环境、组织标识、产品设计、员工衣着、厂容厂貌等。

5.4.1.2 组织文化的内容

从最能体现组织文化特征的内容来看，组织文化包括组织价值观、组织精神、伦理规范以及组织素养等，见表 5-7 所列。

表 5-7 组织文化的内容

要素	内容描述
组织价值观	组织的价值观是指组织内部管理层和全体员工对该组织的生产、经营、服务等活动以及指导这些活动的一般看法或基本观点。它包括组织存在的意义和目的、组织中各项规章制度的必要性与作用、组织中各层级和各部门中各种不同岗位的员工行为与组织利益之间的关系等。组织价值观是组织文化的核心和灵魂
组织精神	组织精神是指组织经过共同努力奋斗和长期培养所逐步形成的认识和看待事物的共同心理趋势、价值取向和主导意识。组织精神反映一个组织的基本素养和精神风貌，成为凝聚组织成员共同奋斗的精神源泉
伦理规范	伦理规范是指从道德意义上考虑的、由社会向人们提出并应当遵守的行为准则，它通过社会公众舆论规范人们的行为
组织素养	组织素养是指组织文化的基石，是组织文化运作的平台。它作为组织文化的重要内容，对组织和社会有着重要的作用，如有利于塑造良好的组织形象，有助于形成健康的组织气候，有利于组织的生产活动等

5.4.1.3 组织文化的塑造

(1)选择价值观念

选择正确的价值观是构建优秀组织文化的首要问题。选择价值观要立足于本组织的具体特点，不同的组织具有不同的环境、目标、传统、习惯和行为方式，因此必须准确地把握本组织的特点，选择自身发展的文化模式；同时，还要正确把握组织价值观和组织文化各构成要素之间的关系，只有经过科学的组合和合理的匹配才能实现系统的整体优化。选择价值观需要考虑四个方面：第一，组织价值观和组织文化各要素要体现组织战略、组织目标和组织宗旨、管理战略和发展方向。第二，组织价值观要明确、具体，具有鲜明的特点。第三，组织价值观要从组织自身的特点、发展阶段和现状进行总结，不能照搬照抄。第四，选择价值观要发挥员工的创造精神，认真听取员工的各种意见，并经过自上而下的多次重复，审慎地筛选出既符合本组织特点又反映员工心态的组织价值观和组织文化模式。

(2)灌输价值观念

灌输价值观念的主要做法有以下三种：第一，教育培训，有目的的培训教育能够使员工系统接受和强化认同组织所提出的价值观念，培训有课堂教学、讨论、网络教学等形式。第二，塑造模范人物，组织员工从模范人物和典型榜样的精神风貌、工作态度和言行举止之中深刻理解组织文化的实质和内涵。第三，充分利用各种宣传方式和手段宣传组织文化，使每一位员工都能理解、认可和接受，使之成为组织发展的精神支柱。

(3)定格价值观念

组织价值观的形成不是一蹴而就的，必须经过分析、归纳和提炼方能定格。

（4）落实价值观念

首先要建立必要的制度保障。在组织文化演变为全体员工的习惯行为之前，要使每一位成员在一开始就能自觉主动地按照组织文化和组织精神的标准去行动比较困难，即使在组织文化已成熟的组织中，个别成员背离组织宗旨的行为也是经常发生的。因此，建立某种奖优罚劣的规章制度十分必要。其次，领导者在塑造组织文化的过程中应起到率先垂范的作用。领导者必须更新观念并能带领组织成员为建设优秀的组织文化而共同努力。

（5）完善价值观念

任何一种组织文化都是特定历史的产物，当组织的内外条件发生变化时，组织必须不失时机地丰富、完善和发展组织文化。这既是不断淘汰旧文化和不断生成新文化的过程，也是认识与实践不断深化的过程。组织文化由此经过不断地循环往复可达到更高的层次。

【案例 5-3】

三一集团的企业文化

三一集团有限公司始创于 1989 年，是中国首家"破千亿"的工程机械企业，获得"全球工程机械的三强""新中国成立 70 周年 70 品牌""福布斯全球企业 500 强"等称号。塑造了"创建一流企业，造就一流人才，做出一流贡献"的企业文化。

经营理念：一切为了客户，一切源于创新

核心价值观：先做人，后做事

三一作风：疾慢如仇，追求卓越

企业伦理：公正信实，心存感激

企业精神：自强不息，产业报国

三一使命：品质改变世界

【素质课堂】

党的二十大报告提出："坚守中华文化立场，提炼展示中华文明的精神标识和文化精髓。"不忘本来才能开辟未来，善于继承才能更好创新。对历史文化特别是一路传承至今的优秀文化，我们必须学会熔古铸今、革故鼎新，有鉴别地加以对待，有扬弃地予以继承，以自信自立的姿态从中华民族创造的精神财富中提炼中国道理。

5.4.2 组织变革

5.4.2.1 组织变革的概念

组织变革是指为了提高组织适应内外部环境能力，提高组织的效能，及时对组织内部各要素结构进行的调整和改变，对不适应的部分进行改革和修正的过程。影响组织存在和其目标实现的各种因素如果发生了变化，组织就必须对其自身进行变革，以保证组织存在和其目标的实现。

一般来说，组织变革的原因主要可从两个方面进行分析，见表 5-8 所列。

表 5-8 组织变革的原因

分类	组织变革的原因
组织外部环境	顾客因素、竞争因素、科技因素、经济因素、法律因素、政治因素
组织内部环境	目标因素、规模因素、技术因素、管理因素

5.4.2.2 组织变革的目标及内容

(1)组织变革的目标

组织变革的基本目标是使组织整体、组织中管理者以及组织中的成员对外部环境的特点及其变化更具适应性。组织变革的目标见表 5-9 所列。

表 5-9 组织变革的目标

目标	内容描述
使组织更具环境适应性	环境是不断变化的,且环境的变化具有不可预测性和不可控性,组织要想在变化的环境中生存并得以发展,就必须顺势调整自己的任务目标、组织结构、决策程序、人员配备、管理制度等,只有如此,组织才能有效地把握各种机会,识别并应对各种威胁,使组织更具环境适应性
使管理者更具环境适应性	一个组织中,管理者是决策的制定者和组织资源的分配人。在组织变革中,管理者必须具备足够的决策、组织和领导能力来应对未来的挑战。因此,管理者既要调整过去的领导风格和决策程序,使组织更具灵活性和柔性;又要能根据环境的变化要求重构层级之间、工作团队之间的各种关系,使组织变革的实施更具针对性和可操作性
使员工更具环境适应性	组织变革的最直接感受者就是组织的员工。组织如果不能使员工认识到变革的重要性,顺势改变员工对变革的观念、态度、行为方式等,就可能无法使组织变革措施得到员工的认同、支持和贯彻执行。改变员工的固有观念、态度和行为,需要不断地进行再教育和培训,决策中要更多地重视员工的参与和授权,要能根据环境的变化改造和更新整个组织文化

(2)组织变革的内容

组织变革是指任何有关人员、结构和技术的变革。组织变革具有互动性和系统性,组织中的任何一个因素改变,都会带来其他因素的变化。然而,就某一阶段而言,由于环境情况各不相同,变革的内容和侧重点也有所不同。综合而言,组织变革过程的主要变革因素包括人员、技术与任务以及结构。组织变革的内容主要有以下三个方面。

①人员的变革 人员的变革是指员工在态度、技能、期望、认知和行为上的改变。组织发展虽然包括各种变革,但人是最主要的因素,人既可能是推动变革的力量,也可能是反对变革的力量。变革的主要任务是使组织成员之间在权力和利益等资源方面的重新分配。要想顺利实现这种分配,组织必须注重员工的参与,注重改善人际关系并提高实际沟通的质量。

②技术与任务的变革 技术与任务的变革包括对作业流程与方法的重新设计、修正和组合,更换机器设备,采用新工艺、新技术和新方法等。由于产业竞争的加剧和科技的不断创新,管理者应能与当今的信息革命相联系,注重在流程再造中利用最先进的计算机技

术进行一系列的技术改造，同时，组织还需要对组织中各个部门或各个层级的工作任务进行重新组合。

③结构的变革 结构的变革包括权力关系、协调机制、集权程度、职务与工作再设计等其他结构参数的变化。管理者的任务就是要对如何选择组织设计模式、如何制订工作计划、如何授予权力以及授权程度等一系列动作做出决策。

【案例5-4】

"部落生存"认识管理探索

上海步科电气有限公司是一家从事自动化产品研发与生产的民营高科技企业，属于传统的制造业。按照公司人力资源发展赵先生的说法："我们的员工希望做自己喜欢的事，希望看到自己创造的价值，希望从创造中得到回报。但现实是，很多人的努力淹没在不努力之中，贡献被平均化。"为了摆脱这种现状，步科开始了以"部落生存"为名的游戏化管理探索。他们首先将每个销售区域作为"部落"进行管理，一个销售区域就是一个部落。平均每个部落三人，由一个首领、若干长老和新人组成。两个人以上即可组成部落，但通常每个部落不超过五个人。部落成员必须是一个互补互助的团队，必须在一起办公，有固定的办公地点和办公设施，但部落内部没有严格的职位区分。

在改组销售团队的同时，原先销售总监的权限也大部分予以下放。部落首领直接与公司职能部门沟通产品的价格、样品、费用、资源等，同时决定本部落的费用审批、奖金分配、人员去留等(但奖金分配和人员去留需报经人事部门批准)。

部落首领由部落成员每年选举一次，一人一票，公司销售总监一票，票多者当选。当多位候选人得票数一样时，由部落成员决定最终人选。为了更好地激励部落首领，他们在工资之外，还按照部落成员数量享有不等的津贴。

步科游戏化组织变革告诉大家，不要认为"互联网+"离传统企业很远，其实传统企业只要具备了互联网思维，同样可以开展创新的组织变革实践。

5.4.2.3 组织变革的过程与程序

组织变革的过程与程序如图5-17所示。

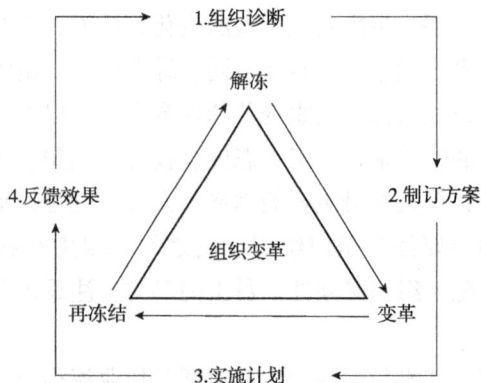

图5-17 组织变革的过程与程序

(1)组织变革的过程

组织变革的过程包括解冻—变革—再冻结三个阶段，见表5-10所列。

表 5-10　组织变革的过程

过程	内容描述
解冻	解冻阶段是组织变革的前奏，是创造变革的动力阶段。解冻是在变革者清醒地认识到现行的组织结构已不能适应组织发展的要求时，对现行模式的打破。组织在解冻阶段的中心任务是改变员工原有的观念和态度，组织必须通过积极的引导，激励员工更新观念、接受改革并参与其中
变革	变革阶段是变革过程中的行为转换阶段，变革措施就此开始。变革阶段的主要任务是指明改变的方向，并加以实施，使成员形成新的态度和行为。组织要把激发起来的改革热情转化为改革的行为，关键是能运用一些策略和技巧减少对变革的抵制，进一步调动员工参与变革的积极性，使变革成为全体员工的共同事业
再冻结	再冻结阶段是改革后的行为强化阶段，即把组织稳定在一个新的均衡状态，其目的是保证新的工作方式不会轻易改变，这是对支撑变革的新行为的强化。本阶段的主要任务是利用必要的强化方法使新的态度和行为方式固定下来，保护变革的成果

(2)组织变革的程序

组织变革一般包括四个步骤，如图5-18所示。

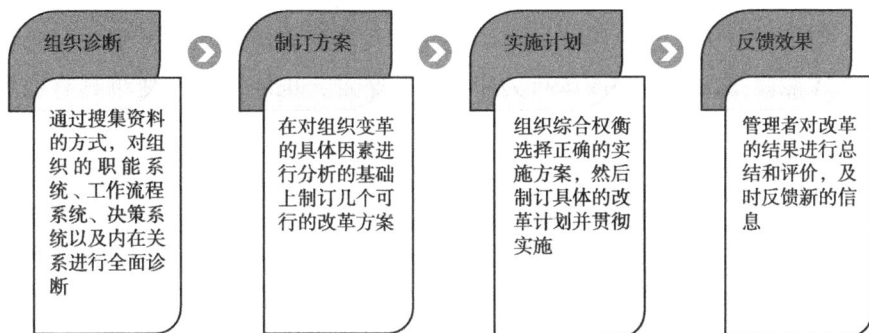

图 5-18　组织变革的程序

5.4.2.4　组织变革中的阻力及其管理对策

(1)组织变革的阻力

组织变革是对现有状况进行改变的努力，任何变革都会遇到来自各种变革对象的阻力和反抗。阻力的主要来源及成因见表5-11所列。

表 5-11 阻力的来源及成因

个体和群体方面的阻力	组织的阻力	外部环境的阻力
固有的工作和行为习惯 就业安全需要 经济收入变化 对未知状态的恐惧心理 对变革的认识存在偏差 群体原有规范的约束 群体原有人际关系受到威胁 群体领导人物与变革发动者之间的矛盾、摩擦和利益冲突 组织利益相关群体对变革的顾虑 保守心理	现行组织机构的束缚 组织运行的惯性 对权力和地位的威胁 保守的组织文化 资本(金)限制	缺乏竞争性的市场环境 传统的社会文化和民族文化特征 社会舆论 伦理价值观

(2)消除组织变革阻力的管理对策

①客观分析变革的推力和阻力的强弱 库尔特·勒温曾提出运用力场分析的方法研究变革的阻力。其要点是：把组织中支持变革和反对变革的所有因素分为推力和阻力因素两种力量，前者发动并维持变革，后者反对和阻碍变革。当两种力量均衡时，组织维持原状；当推力大于阻力时，变革向前发展；当推力小于阻力时，变革受到阻碍。管理层应当分析推力和阻力的强弱，采取有效措施，增强支持因素，削弱反对因素，进而推动变革的深入进行。

②创新组织文化 冰山理论认为，假如把水面之上的冰山比作组织结构、规章制度、任务技术、生产发展等要素，水面之下的冰体便是组织的价值观体系、组织成员的态度体系、组织的行为体系等组成的组织文化。只有创新组织文化并渗透到每位成员的行为之中，才能使露出水面的改革行为变得更为坚定，也才能够使变革具有稳固的发展基础。

③创新策略方法与手段 为了避免组织变革中可能会造成的重大失误，使人们坚定变革成功的信心，组织必须采用比较周密可行的变革方案，并从小范围逐渐延伸扩大。

总之，无论是个人还是组织，都有可能对变革形成阻力，变革成功的关键在于尽可能地消除阻碍变革的各种因素，缩小反对变革的力量，使变革的阻力尽可能降低，必要时，还应运用行政力量保证组织变革的顺利进行。

组织文化的功能

【练习与思考】

1. 班级是一个组织吗？如果是，它的目标是什么？

2. 作为管理者要怎样做好分工协作的平衡呢？

3. 你所在的学校采用哪些方法对学生进行评优评先？你认为这些方法是否科学合理？如果存在问题，你认为应该如何改进？

4. 为什么说价值观是组织文化的核心？

5. 华为是中国知名的科技企业，其愿景与使命是把数字世界带入每个人、每个家庭、每个组织，构建万物互联的智能世界。请分析华为的企业文化以及它是如何塑造的。

6. 你认为组织进行变革的原因有哪些？企业只有面临危机才需要实施组织变革吗？

测试 5

【职业技能强化】

设置模拟公司的组织结构

目的：

1. 提升学生学以致用的能力。

2. 培养学生的组织管理能力。

方法与要求：

1. 根据所设定的模拟公司的目标与业务，研究模拟公司的组织机构。

2. 画出组织结构图。

3. 对公司的组织结构形式、设置的机构或部门、公司的基本业务流程进行说明。

4. 各模拟公司将完成的任务形成文字、影像、图片等资料，在课堂上展示并交流。

5. 期末整理一学期的实训材料并装订成册，为小组学期末作业，视每个模拟公司的完成情况，作为小组平时成绩判定的重要依据。

【综合评价】

小组名称				小组成员		
综合评价	教师评分	评价项目		分值	得分	备注
		任务完成情况		50		
		分析表达能力		30		
		小组协作能力		20		
		总计		100		
	学生互评评语					
	自我修正					

单元6

领 导

【学习目标】

知识目标：

    (1)掌握领导的含义与作用；

    (2)了解领导与管理的关系；

    (3)掌握领导理论；

    (4)了解领导者的风格类型；

    (5)掌握领导艺术的含义与特点；

    (6)理解领导艺术的内容。

技能目标：

    (1)有效运用领导方式和领导理论解决实践中遇到的问题；

    (2)会运用领导艺术进行简单的管理活动。

素质目标：

    (1)增强"四个自信"，提升思想政治素质；

    (2)增强民族自豪感和使命感；

    (3)提高领导力和团队协作能力。

【情景导入】

    张明是一家科技公司研发部门的新任总监。上任之初，他发现部门内部存在效率低下、沟通不畅等问题。经过调研，张明认为问题的根源在于部门缺乏明确的目标和有效的激励机制。为了解决以上问题，张明采取了如下行动：

    首先，明确目标，统一方向。张明与团队成员共同制定了清晰、可衡量的季度目标，并将其分解到每个小组和个人。

    其次，授权赋能，激发潜力。他改变了过去"一言堂"的管理方式，赋予团队成员更多自主权，鼓励他们积极参与决策。

    再次，建立沟通机制，促进协作。张明定期组织团队会议和一对一沟通，及时了解项目进展和员工需求，并积极解决存在的问题。

    最后，认可成就，激励士气。他建立了完善的绩效考核和奖励机制，及时认可员工的贡献，并给予相应的奖励。

在张明的带领下，部门工作效率显著提升，项目按时完成率大幅提高，激发了团队成员的工作积极性和创造力。部门整体业绩蒸蒸日上，成为公司其他部门学习的榜样。

思考：

1. 张明在领导变革过程中运用了哪些领导理论？请结合案例进行分析。
2. 你认为张明的领导方式是否适用于所有类型的团队？为什么？

6.1 领导概述

6.1.1 领导的含义与作用

6.1.1.1 领导的含义

从字面上看，"领导"有两种词性含义。一是名词属性的"领导"，即"领导者"的简称；二是动词属性的"领导"，即"领导"是"领导者"所从事的活动。所以，领导既可以指一种类型的管理人员，也可以是作用于被领导者的一种活动。领导和管理有着密切的联系和区别。关于领导的定义主要有以下几种：

哈罗德·孔茨认为，领导是影响力，是影响人们心甘情愿和满腔热情地为实现群体目标而努力的艺术或过程。

威廉·纽曼和小查尔斯·萨默认为，领导是指管理人员与下属共同进行工作，以指导和激励下属的行为，使其能符合既定计划职务，了解下属的情感以及在按计划行动时所面临的各种问题。

巴纳德认为，领导是上级影响下级的行为，以及劝导下属遵循某个特定行动方针的能力。

综上所述，领导就是领导者依靠影响力，指挥、带领、引导和鼓励被领导者或追随者，实现组织目标的活动过程。

领导包括以下三个要素：第一，领导者必须有部下或追随者；第二，领导者拥有影响追随者的能力或力量，它们既包括由组织赋予领导者的职位和权力，也包括领导者个人所具有的影响力；第三，领导的目的是通过影响力来使人们心甘情愿地努力达到组织的目标。

领导者是指那些能够影响他人并拥有管理权力的人。管理中的领导工作是对组织内每个成员(个体)和全体成员(群体)的行为进行引导和施加影响的活动过程，其目的在于使个体和群体能够自觉自愿而有信心地为实现组织的既定目标而努力。

6.1.1.2 领导的作用

领导是组织的领导者通过各种激励措施指挥或带领组织成员来实现组织目标的过程，而领导需要通过领导者来组织实施。在带领、引导和鼓舞部下为实现组织目标而努力的过程中，领导者发挥着指挥、协调和激励三个方面的作用。

(1)指挥作用

在人们的集体活动中，需要有头脑清晰、胸怀全局，能高瞻远瞩、运筹帷幄的领导者帮助人们认清所处的环境和形势，指明活动的目标和达到目标的途径。领导者只有站在群众的前面，用自己的行动带领群众为实现组织目标而努力，才能真正起到指挥作用。

(2)协调作用

在许多人协同工作的集体活动中，即使有了明确的目标，人们也因个人的才能、理解能力、工作态度、进取精神、性格、作风、地位等不同，加上外部各种因素的干扰，在思想上发生各种分歧，行动上出现偏离目标的情况是不可避免的。因此，需要领导者来协调人们之间的关系和活动，把大家团结起来，朝着共同的目标前进。

(3)激励作用

在复杂的社会生活中，组织的每个员工都有各自不同的经历，怎样才能使每一个员工都保持旺盛的工作热情，最大限度地调动他们的工作积极性，需要有通情达理和关心群众的领导者来为员工排忧解难，激发和鼓舞他们的斗志，发掘和加强他们积极进取的动力。

引导不同的员工努力朝着同一个目标努力，协调这些员工在不同时空的贡献，激发员工的工作热情，促使他们在组织经营活动中保持高昂的积极性，这便是领导者在组织和率领员工为实现组织目标而努力工作的过程中必须发挥的作用。

6.1.2　领导与管理的关系

6.1.2.1　领导与管理的联系

从行为方式看，两者都是一种在组织内部通过影响他人的协调活动，实现组织目标的过程。

从权利的构成看，两者也都是组织层级的岗位设置的结果。

6.1.2.2　领导与管理的区别

领导的客体是人，管理的客体是包括人在内的所有组织资源；领导者通过愿景引领员工，管理者通过计划和预算控制员工；领导者更多地通过鼓舞和激励促使员工完成任务，管理者则更多地通过控制员工行为保证其实现目标。

从本质上看，管理是建立在合法的、有报酬的和强制性权力的基础上对下属下达命令的行为。领导则不同，领导可能是建立在合法的、有报酬的和强制性权力基础上，但更多的是建立在个人影响力、个长专长以及模范作用等基础上，而且二者所担负的工作内容也不同。

职权与权力

6.2　领导理论与风格

6.2.1　领导理论

领导理论是指通过一些实证研究和逻辑推理，得出一些普遍的关于领导的结论。不同的研究者从不同的角度研究领导的本质及领导的有效性问题，从而形成了不同的领导理论。领导理论主要包括领导特质理论、领导方式理论、领导行为理论和领导权变理论等。

6.2.1.1 领导特质理论

作为组织的领导者，究竟应该具备什么样的素质，这些素质是来自先天还是后天，与组织所处的环境有无关系，历来就是学者研究和争论的焦点。关于领导的最古老的理论是领导先天理论，但是，随着时间的推移和研究的深入，人们对领导先天理论提出了质疑：无法解释起初不是领导的人后来也能够走上领导岗位的原因。由此学者开始将目光转向领导者所具备的一些特殊素质，并认为是这些特殊素质造就了他们的成功。以下介绍几种有代表性的观点。

(1) 吉布的领导特质论

早期的研究者吉布提出了天才的领导者应具备七个基本条件，分别是：①善言；②外表英俊潇洒；③智力过人；④具有自信心；⑤心理健康；⑥有支配他人的能力；⑦外向而敏感。

(2) 斯托格迪尔的领导个人因素论

斯托格迪尔在从事关于有效领导应具备的素质的全面研究后，总结出了与领导有关的个人因素，具体如下所述：

①五种身体特征　精力、外貌、身高、年龄、体重。

②两种社会性特征　社会经济地位、学历。

③四种智力特征　果断性、说话流利、知识渊博、判断分析能力强。

④十六种个性特征　适应性、进取心、热心、自信、独立性、外向、机警、支配力、有主见、急性、慢性、见解独到、情绪稳定、作风民主、不随波逐流、智慧。

⑤六种与工作有关的特征　责任感、事业心、毅力、首创性、坚持、对人的关心。

⑥九种社交特征　能力、合作、声誉、人际关系、老练程度、正直、诚实、权力的需要、与人共事的技巧。

(3) 吉沙利的领导品质论

吉沙利在 20 世纪 70 年代提出了影响领导效率的八种品质特征和五种激励特征。

①八种品质特征　才能智力、独创性、果断性和决断能力、自信心、指挥能力、成熟程度、同下级亲近、性别。

②五种激励特征　对职业成就的需要、对自我实现的需要、对权力的需要、对金钱报酬的需要、对安全(工作稳定性)的需要。

吉沙利认为，影响领导效率最重要的因素有指挥能力、对职业成就的需要、对自我实现的需要、才能智力、自信心、果断性和决断能力等，其次是对安全(工作稳定性)的需要、对金钱报酬的需要、同下级亲近、成熟程度等，至于性别则关系不大。

(4) 鲍莫尔的领导特质论

美国普林斯顿大学的鲍莫尔提出了作为一个领导者应具备的十个条件，具体如下所述：

①合作精神　善于与人合作，愿与他人共事，对人不是压服，而是感动和说服。

②决策才能　具有高瞻远瞩的能力，能根据客观事物而非想象进行决策。

③组织能力　能发掘下属的才能，善于组织人力、物力和财力。

④精于授权　能大权独揽，小权分散，抓住大事，把握方向。

⑤善于应变　能随机应变，机动灵活，善于进取，而不抱残守缺、墨守成规。

⑥勇于负责　对上级、下级和消费者及整个社会抱有高度的责任心。

⑦敢于创新　对新事物、新环境、新技术和新观念有敏锐的感受力与适应力。

⑧敢担风险　敢于承担组织发展不景气的风险，有创造新局面的雄心和信心。

⑨尊重他人　重视采纳别人的意见，不狂妄自大，不盛气凌人。

⑩品德超人　品德为社会人士和企业员工所敬仰。

（5）皮奥特维斯基和罗克的领导品质论

在皮奥特维斯基和罗克两位管理学家于 1963 年出版的《经理标尺：一种选择高层管理人员的工具》中，对成功经理的个人特质列举如下：

①能与各种人士就广泛的问题进行交谈。

②在工作中既能"动若脱兔"地行动，又能"静若处子"地思考问题。

③关心世界局势，对周围生活中发生的事件感兴趣。

④在处于孤立环境和局势时充满自信。

⑤待人处事机巧灵敏，而在必要时也能促使人们拼命工作。

⑥在不同的情况下根据需要，有时幽默灵活，有时庄重威严。

⑦既能处理具体问题，也能处理抽象问题。

⑧既有创造力，又愿意遵循管理惯例。

⑨能顺应形势，知道什么时候该冒险，什么时候该谋求安全。

⑩作决策时有信心，征求意见时谦虚。

按照领导特质理论的观点，领导者之所以成为领导者，是由于他们具有与众不同的优秀品质和特殊能力，研究领导问题主要就是研究领导者应该具有哪些优秀品质和能力，并据此来培养、选拔和考核领导者。随着研究的深入，人们发现了领导特质理论无法解释的问题。领导特质理论存在着明显的缺陷，研究的成果很不一致，甚至相互矛盾。往往有的品质在某一项研究中对领导的成就有积极影响，但在另一项研究中则相反。

领导特质理论之所以在解释领导者行为方面不成功，归纳起来其原因有以下四点：①它忽视了下属的需要；②它没有指明各种特质之间的相对重要性；③它没有对因与果进行区分（例如，到底是领导者的自信导致了成功，还是领导者的成功建立了自信）；④它忽视了情境因素。于是学者将研究的重点转向了领导者的行为方式。

6.2.1.2　领导方式理论

20 世纪 40 年代末，研究者开始把目光转向具体的领导者所表现出来的行为方式上，期待了解有效工作群体的领导者和无效工作群体的领导者在行为方式上的差别。领导特质理论与行为方式理论在实践意义方面的差异，源于两者深层的理论假设不同：如果特质理论有效，领导从根本上说是天生造就的；相反，如果领导者具备一些具体的行为特征，则我们可以培养领导，即通过设计一些培训项目，把有效的领导者所具备的行为模式，植入那些愿意成为有效领导者的个体身上。这种思想显然前景更为光明，它意味着领导者的队伍可以不断壮大，通过培训可以培养出更多有效的领导者。

(1)勒温的领导方式理论

心理学家勒温根据领导者如何运用职权，将在领导过程中表现出来的极端的工作作风把领导方式分为如下三种类型：

①专制式的领导　专制式的领导从不考虑别人的意见，所有决策都由自己作出；很少参加群体的社会活动，与下级保持相当的心理距离。其主要依靠行政命令、纪律约束，罚多而奖少；下级没有权力、没有参与决策的机会，只能服从。

②民主式的领导　民主式的领导鼓励下属参与决策，下属有相当大的工作自由和灵活性；在领导工作中主要运用个人权力和威信，而不是靠职位权力和命令使人服从；在分配工作时尽量照顾到个人的能力、兴趣和爱好；积极参加团体活动，与下级没有任何心理上的距离。

③放任式的领导　放任式的领导把权力完全给予组织成员或群体，自己对于工作尽量不参与，也不主动干涉，毫无规章制度。各项工作几乎全赖组织成员自负其责。

勒温认为，放任式的领导方式工作效率最低，只能实现组织成员的社交目标，而完不成工作目标。专制式的领导方式虽然通过严格管理达到了工作目标，但组织成员没有责任感，情绪消极、士气低落。民主式的领导方式工作效率最高，不但可以实现工作目标，而且组织成员关系融洽，工作积极主动、有创造性。

(2)利克特的领导方式理论

以美国管理学家利克特为首的美国密执安大学社会调查研究中心，通过对大量企业的调查访问和长期研究，于1961年在《管理的模式》一书中提出领导系统模式，将领导方式归为如下四种系统：

①专制独裁式　在专制独裁式的领导方式下，领导者非常专制，其主要特征是决策权力集中于最上层，上级对下属没有信心、缺乏信任，下属根本不能参与决策，也没有任何发言权，只有执行权，下属对组织目标没有责任感，组织内部几乎不存在相互协作关系；上级经常以威胁、恐吓、惩罚及偶尔的奖赏来调动下属的工作积极性，下级对上级心存戒备和恐惧；沟通采取自上而下的方式。

②温和独裁式　在温和独裁式的领导方式下，领导者对下属有一定的信任和信心，其主要特点是：领导者仍然是专制的，但采取了家长制的恩赐式领导方式；权力控制在最上层，但也授予中下层部分权力；领导人对下属态度较谦和，有主仆之间的信赖关系，一般员工都不参与决策，但有时也能听取他们的某些意见；下属人员对组织目标几乎没有责任感，组织中极少建立相互协作的关系；运用奖励和有形、无形的惩罚调动下属的工作积极性；有一定程度的自下而上的沟通。

③协商式　在协商式的领导方式下，领导者对下属有一定程度的但并不是完全的信任，其主要特征为：沟通是上下双向的，但重要问题的决定权仍掌握在上层手中，下属只能对某些特定问题参与决策；大部分组织成员，尤其是上层人员对组织目标具有责任感；

主要运用奖励，偶尔也运用惩罚手段激励下属。

④民主参与式　在民主参与式的领导方式下，对于一切问题，领导者对下属都能完全信任，其主要特点是上下级之间对工作问题可以自由地交换意见，上级尽力听取和采纳下属的建议，组织内形成了紧密的协作关系；采用双向沟通和平行沟通的方式，上下级共同制定目标，协商讨论问题，最后决策由最高领导者作出；以参与决策、经济报酬、自主地设定目标、自我评价等手段调动下属的工作积极性，因而组织的各类成员对组织目标都具有真正的责任感。

民主参与式的领导行为方式是利克特的理想体系，他认为，领导者的职责就是使每个成员都能在组织中真实地感觉到尊重和支持，在上下级之间形成相互信任、相互支持的关系，建立有效的协作，真心实意地让员工参与管理以充分发挥他们的智慧和潜力，并保证决策得到迅速贯彻实施，共同实现组织的目标。这时，群体的所有成员，包括主管人员之间就会建立起一种相互支持的关系，在这种关系中，所有成员认为在需求、愿望、目标与期望上达成了共同利益。

6.2.1.3　领导行为理论

领导行为理论认为，所谓领导就是领导者推动和影响集体成员或下属，引导他们的行为按领导预期的方向发展，为共同的目标而努力。因此，它必然涉及领导者与其下属成员之间的相互关系，这就要求人们不仅要考察领导者的个人特性，还要着重考察领导者的行为对其下属成员的影响，因而应把研究的重点转到领导行为上来。

（1）领导行为四分图理论

1945 年美国州立大学在商企·斯托和卡罗·沙特尔的领导下，开始了领导行为的研究。他们首先提出了 1 000 多项标志领导行为特征的因素，然后经过反复筛选，最后归纳出两大类。这两大类可以代表员工所描述的领导行为的绝大部分内容，研究者称为定规维度（关心任务）和关怀维度（关心人）。

①定规维度　为了实现组织目标，领导者构建任务、明确群体之间的关系和明晰沟通渠道的倾向。领导者更愿意界定和建构自己与下属的角色，以达成组织目标，包括设立工作、工作关系和目标的行为。

②关怀维度　领导者希望与下属建立一种相互依赖及关心下属感受和尊重下属想法的工作关系。倾向关怀的领导者愿意帮助下属解决个人问题，友善且平易近人，公平对待每一位下属并对下属的生活、健康、地位和满意度等问题十分关心，体现了"以人为本"的领导理念。

根据上述两个维度提出了四种领导者类型，如图 6-1 所示。一般而言，定规维度和关怀维度都高的领导者往往比低关怀或低定规的领导者更容易使下属达到高绩效和高满意度。

在 20 世纪 40 年代中后期，美国密歇根大学研究了领导行为的两个概念化维度：以生产为中心的行为和以员工为中心的行为。以生产为中心的领导者更为关注任务，而非人员，更强调工作的技术或任务事项，并把群体成员视为实现目标的工具。以员工为中心的领导者比较重视人际关系，他们总会考虑下属的需要，并承认人与人之间的不同，以员工为中心的领导把对工作单位中的社会方面的强烈关注和高绩效期望结合了起来。密歇根大学研究者的结论对以员工为中心的领导者十分有利。将以员工为中心的领导者与高群体生产率和高工作满意度联系在一起，而将以生产为中心的领导者则与低群体生产率和低工作满意度联系在一起。

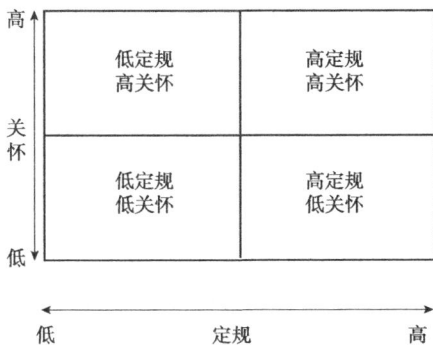

图 6-1 四种领导者类型

(2)管理方格图理论

管理方格图理论是研究企业的领导方式及其有效性的理论，是由美国德克萨斯大学的行为科学家罗伯特·布莱克和简·穆顿在 1964 年出版的《管理方格》一书中提出的。他们将管理人员按其绩效导向行为(称为对生产的关心)和维护导向行为(称为对人员的关心)进行评估，给出等级分值，以此为基础，把分值标注在两个维度坐标界面上，并在这两个维度坐标轴上分别划出九个等级，从而生成 81 种管理方格。他们由此提出了五种典型的领导风格类型，如图 6-2 所示。

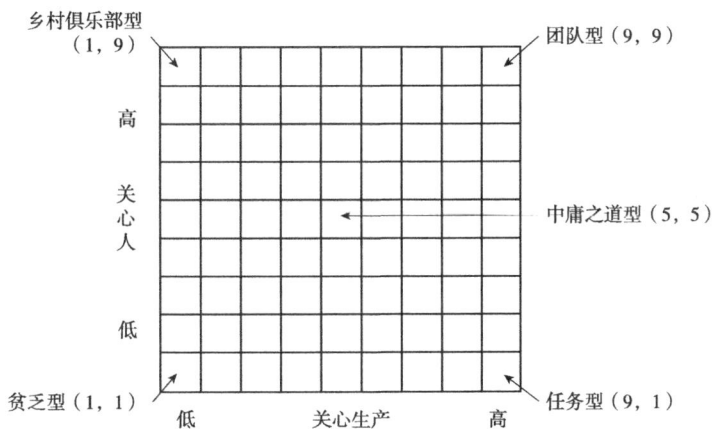

图 6-2 管理方格理论图

①贫乏型(1，1) 贫乏型的领导者既不关心生产又不关心人的情感与福利等，缺乏主见、逃避责任、与世无争，最低限度地完成任务。

②乡村俱乐部型(1，9) 乡村俱乐部型的领导者只关心人，而不大关心生产。他们高度关心人，与下属建立良好的人际关系，以期通过多方面满足人们的需要来换取人们的支持和拥戴。但这种领导行为在竞争激烈的现代社会中很难立足，因为它不利于提高生产效率。

③中庸之道型(5，5)　中庸之道型的领导者推崇"折中"，他们既关心人也关心生产，在二者之间寻找平衡。这种领导行为既要求完成必要的任务，又要求保持必要的士气，但工作效率与人们的积极性都有较大的局限性。

④任务型(9，1)　任务型的领导者非常关心生产，但不大关心人。他们主要借助权力等组织人们完成任务，独断专行，压制不同意见。这种领导者在短期内可以提高生产效率，但是由于不关心人，不注意提高职工的士气，因而生产效率不能持久。

⑤团队型(9，9)　团队型的领导者既关心生产，又十分关心人的需要。他们总是努力寻找解决问题的优化方法，使关心生产与关心人协调一致，统筹解决。他们的目标是使组织不断得到改善，组织中的人不断发展。这种领导类型是理想中的领导类型，能够极大地提高组织的工作效率。

管理方格图理论认为，团队型(9，9)的管理是最理想、最有效的领导方式。应该是组织所有管理者努力的方向。

6.2.1.4　领导权变理论

领导权变理论认为，并不存在具有普遍适用的领导特性和领导行为，有效的领导者能因自己当时所处情境的不同而调整自己的领导行为和领导方式。这里主要介绍情景领导理论和路径——目标理论。

(1)情景领导理论

情景领导理论(situational leadership theory)是由管理学家保罗·管赫西和肯尼斯·布兰查德提出的。这一理论把下属的成熟程度作为情境因素，认为依据下属的成熟程度选择正确的领导方式，决定着领导者的成功与否。成熟程度指个体对自己的直接行为负责任的能力和意愿，如图6-3所示。

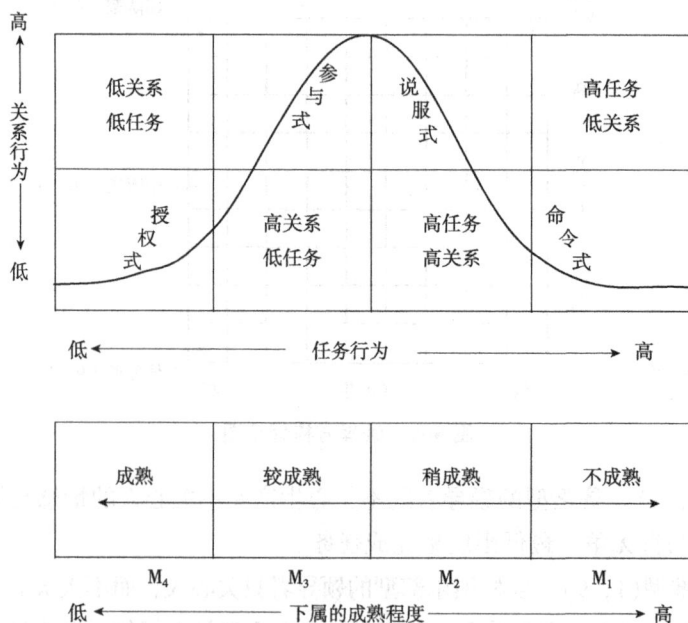

图6-3　情景领导理论

情景领导理论提出任务行为和关系行为两种领导维度，并且将每种维度进行了细化，从而组合成以下四种具体的领导方式：

①说服式领导——高任务、低关系　当员工成熟程度很低时，领导者为他们安排工作，加强指导，指明干什么、怎么干，采取高任务、低关系的领导方式，即指导型为最有效。

②命令式领导——高任务、高关系　当员工成熟程度有了初步提升，领导者应逐步放手并适当授权，通过说服教育来激发下级的积极性，采取高任务、高关系的领导方式，即推销型最有效。

③参与式领导——低任务、高关系　当员工比较成熟时，在工作上让其参与管理，负更多责任，独立安排组织，采取低任务、高关系的领导方式，即参与型最有效。

④授权式领导——低任务、低关系　当员工成熟程度很高时，领导者就可以授权让其独立地工作，应当采取低任务、低关系的领导方式，即授权型最有效。让下属拥有一定自主权，"八仙过海，各显神通"，而领导者只起到检查监督作用。

同时，赫西和布兰查德把成熟程度分成四个等级，即不成熟、稍成熟、较成熟、成熟，分别用 M_1、M_2、M_3、M_4 来表示。

M_1：下属缺乏接受和承担任务的能力和愿望，既不能胜任工作又缺乏自觉性。

M_2：下属愿意承担任务但缺乏足够能力，有积极性但没有完成任务所需的能力。

M_3：下属具有完成领导者所交给任务的能力，但没有足够的积极性。

M_4：下属能够而且愿意去完成领导者安排给他们的任务。

根据下属的成熟程度和组织所处的环境，赫西和布兰查德提出了情景领导模式，认为随着下属从不成熟走向成熟，领导者不仅要减少对活动的控制，而且也要减少对下属的帮助。当下属成熟程度为 M_1 时，领导者要给予明确而细致的指导和严格的控制，采用指导型领导方式；当下属成熟程度为 M_2 时，领导者既要保护下属的积极性，交给其一定的任务，又要及时加以具体的指导以帮助其较好地完成任务；当下属成熟程度处于 M_3 时，领导者主要是解决其动机问题，可通过及时的肯定和表扬以及一定的帮助和鼓励树立下属的信心，因此采用低工作、高关系的参与型为好；当下属成熟程度为 M_4 时，由于下属既有能力又有积极性，因此领导者可采用授权型，只给下属明确目标和工作要求，由下属自我控制和完成任务。

（2）路径-目标理论

路径-目标理论（path-goal theory）是加拿大多伦多大学豪斯于 1971 年提出的一种领导行为模式，如图 6-4 所示，近年来在企业界颇受重视。路径-目标理论把美国心理学家弗鲁姆的激发动机的期望理论和俄亥俄州立大学的领导行为四分图结合起来，基本精神是提出领导工作的程序化问题。路径-目标理论有助于理解领导的内涵。以激发动机的期望理论为渊源，路径-目标理论认为领导的作用在于促进努力与绩效、绩效与报酬之间的联系，进而达到满足员工需求、激发员工动机、增加员工满意度、提高工作绩效的目的。该理论指出领导者的具体任务包括识别每位下属的个人目标；建立报酬体系，使个人目标与有效绩效挂钩；通过帮助、支持、辅导、指导等方式扫除员工在通向高绩效道路上遇到的各种障碍与困难，促使员工达到满意的绩效水平。

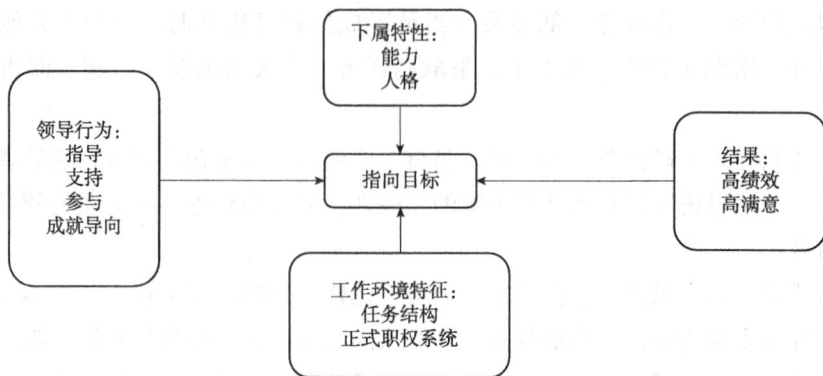

图 6-4 路径-目标理论模型

路径-目标理论认为，领导者既要帮助下属充分理解工作目标，又要指明实现目标所应遵循的路径。豪斯还提出了可供选择的四种领导行为。

①指令型领导 领导者发布指令、作出决策时没有下级参与。相对于具有高度结构化和安排完好的任务来说，如果下属是乐于服从的，任务不明或压力比较大时，指令型领导可以产生更高的满意度。但是，指令型领导不太适合领导知觉能力强或经验丰富的下属。

②支持型领导 领导者对下属友善关心，从各方面予以支持。对于结构层次清晰，或者令人不满意、感到灰心的工作，领导者应该使用支持型方式。当下属执行结构化任务时，支持型领导可实现员工高绩效和高满意度。组织中的正式权力关系越明确、越层级化，领导者越应表现出支持性行为，降低指令性行为。

③参与型领导 领导决策时，征求并采纳下级的建议。当任务不明确时，参与型领导效果最佳。因为参与活动可以明确实现目标的路径，帮助下属懂得通过什么方式去实现什么目标。另外，如果下属具有独立性，具有强烈的主观能动性，参与型领导方式也具有积极影响。

④成就导向型领导 领导给下属提出挑战性的目标，并相信他们能实现目标。如果组织要求下属完成模棱两可的任务，成就导向型领导方式效果最好。在这种情境中，激发挑战性和设置高标准的领导者，能够提高下属对自己有能力实现目标的自信心。当任务结构不清时，成就导向型领导将会提高下属的努力水平，从而达到高绩效的预期。

【案例 6-1】

张茵的领导方式

张茵，玖龙纸业(控股)有限公司董事长。2016 年胡润百富榜中，张茵家族以 310 亿财富排名第 49 位。她的成功，为中国妇女和自主创业者树立了典范。

在管理过程中，张茵不仅善于对员工进行鼓励性激励，逐步培养每位员工的主人翁意识，而且善于智慧型激励，使员工变得有创造力。在这一过程中，合理授权起着较大作用。合理授权是指上级领导将本来属于自己的一部分权力委授给下级，指明工作目的和要求，并为其提供必要的条件，放手让下级努力完成工作任务的一种领导方法。领导者通过合理授权，可以解放自己，增进下级的责任心，使下级在工作中得到锻炼和发展，发挥下级的专长，改善上下级之间的关系。

作为一个大企业的领导，张茵通过合理授权，使自己能够很好地驾驭工作，而不是事无巨细，永远陷于工作中。张茵的合理授权正是体现了她善于把握经营与执行之间的平衡。此外，张茵视人才为企业成功之本，从不吝于加强员工福利的投资。在培养人才方面，提供各类内部和海外培训计划，对员工进行个性化关怀，让各阶层员工均能获得进修的机会，持续提升自身的能力。

根据豪斯的路径-目标理论，领导者应根据下属的情况和环境的特点，采用不同的领导方式，帮助下属明确目标路径并提升效能，以实现有效的领导。领导者应做到：①让下属明确实现目标所能获得的利益；②提高下属对实现目标的期望值，明确要求下属做什么，帮助下属掌握实现目标的方法，使其明确通向目标的途径；③使下属的需要在实现过程中得到满足，并对其进行激励。

6.2.2 领导者的风格类型

领导者在面对工作任务时以不同的方式表现他们的领导才能，领导者在开展领导工作的过程中会形成自己独特的领导风格，这些不同的领导风格对团体成员的工作绩效和工作满意度有着不同的影响。领导者风格类型概括起来有六种，即集权式领导者、民主式领导者、魅力型领导者、变革型领导者、事务型领导者和战略型领导者。

6.2.2.1 集权式领导者

所谓集权式领导者，就是把管理的制度权力相对牢固地进行集中控制的领导者。它的优势在于通过完全的行政命令，使管理的组织成本在其他条件不变的前提下，低于在组织边界以外的交易成本，可能获得较高的管理效率和良好的绩效。其缺点是长期将下属视为某种可控制的工具，不利于他们职业生涯的良性发展。

6.2.2.2 民主式领导者

民主式领导者的特征是向被领导者授权，鼓励下属的参与，并且主要依赖于其个人专长权和模范权影响下属。通过激励下属的需要，发展所需的知识，尤其是意会性或隐性知识，员工的能力结构也会得到长足提高。权力的分散性可使组织内部资源的流动速度减缓，进而增大组织内部的资源配置成本。

6.2.2.3 魅力型领导者

魅力型领导者以身作则，鼓励下属并影响下属产生忠诚、热情和高水平绩效，鼓励下属超越他们预期绩效水平的能力。他们的影响力来自以下几个方面：有能力制定一种下属可以识别的、富有想象力的未来愿景；有能力提炼出一种每个人都坚定不移赞同的组织价值观系统；善于调动下属工作的积极性，激励他们为了部门或组织利益而超越自身的利益。

6.2.2.4 变革型领导者

变革型领导者鼓励下属为了组织的利益而超越自身利益，致力于不断学习，对现状进行改变、调整和创新，并能对下属产生深远而不同寻常的影响。关心每个下属的日常生活和发展需要，帮助下属用新观念分析老问题，进而改变他们对问题的看法。能够激励、唤醒和鼓舞下属为实现组织或群体目标而付出加倍的努力。

6.2.2.5 事务型领导者

事务型领导者也可称为维持型领导者。事务型领导者一般通过明确角色和任务要求，激励下属向着既定的目标努力，尽量考虑和满足下属的社会需要，通过协作活动提高下属的生产率水平，对组织的管理职能和程序推崇备至，勤奋、谦和而且公正，以将事情理顺、工作有条不紊地进行为重点，重视非人格的绩效内容，如计划、日程和预算，对组织有使命感并且严格遵守组织的规范和价值观。

6.2.2.6 战略型领导者

战略型领导者的特征是用战略思维进行决策，将领导的权力与全面调动组织的内外资源相结合，实现组织长远目标。战略型领导行为系指拥有预见、洞察、保持灵活性并向他人授权，以创造所必需的战略变革能力。战略型领导者是多功能的，管理人力资本的能力是战略领导者最重要的技能。

【案例 6-2】

谢欣通过学校推荐来到某公司，做张总经理的秘书。张总可谓日理万机，因为公司的大小事情都必须向他汇报，得到他的指示才能行事。尽管如此，谢欣感到工作还是比较轻松的，因为任何事情她只是需要交给总经理，再把总经理的答复转给相关负责人，就算完成任务了。可是好景不长，因为张总每天太过奔波劳累，终于病倒了。

新上任的王总对谢欣每天无论大小事宜都要请示提出了批评，让她慢慢学会分清轻重缓急，有些事情可以直接转交其他副总处理，这样，王总每日有更多的时间去考虑公司的长远目标，确立组织发展方向，然后在高层领导者之间召开会议，进行研讨。自王总上任以来，公司出台了新的发展战略、市场定位及公司内部的规章制度，公司的业绩也在短期内有了很大的提高。同时，谢欣也很忙碌，有时需要跑很多部门去协调一项工作，让她觉得学到了很多东西，也充实了不少。因为业绩突出，王总任职一年就被调到总公司去了。

之后又来了李总，相对于张总的事必躬亲以及王总的有张有弛，李总就要随意多了。他到任之后，先是了解了公司的总体情况，感到非常满意，就对下面的部门经理说："公司目前的运营一切顺利。我看大家都做得比较到位，总经理嘛，关键时刻把把关就可以了，不是很重要的事情你们就看着办吧。"这样一来，谢欣享受到了自工作以来从未有过的轻松，因为一周也没有几件事情要找李总。

谢欣对比这三位领导，真是各有各的风格和特点。

6.3 领导艺术

领导艺术是指在领导的方式方法上表现出的创造性和有效性。广义上讲，是指领导者的人格魅力、智慧、学识、胆略、经验、作风、品格、方法和能力在领导实践中的具体体现。它是在一定的科学文化知识、理论修养、领导经验、思维能力基础上，创造性地运用领导科学、原则和方法所表现出来的高超技巧。狭义上讲，领导者运用领导科学的一般原理、原则或领导方法的高超技巧，即为领导艺术。

6.3.1　用人和用权艺术

6.3.1.1　用人艺术

用人艺术是领导者在掌握和运用科学领导用人方法的基础上，根据特定情况灵活运用领导用人方法和用人技巧。用人的方法和艺术在领导工作中占有特别重要的位置。1938 年毛泽东把领导者的职责归为"出主意，用干部"，将领导的决策与用人放在同等重要的位置。

(1) 知人选才，任人唯贤

领导者领导活动的一个重要方面就是选拔人才并对其合理使用，而人才选拔最重要的原则就是知人选才、任人唯贤。首先，领导者要知人。领导者只有充分了解一个人的才能、品行，才能知道其是否具有承担某一工作的能力，才能决定是否将其安排到某一岗位。知人必须坚持实事求是的原则。一是用全面、发展、辩证的观点看待人，在人的全部历史和全部工作中去发现、挖掘人的特殊性；二是排除个人好恶去看待具体的人，避免受个人主观因素的影响。其次，领导者要任人唯贤。这旨在强调人才的能力是决定其是否应该被安排到相应岗位的关键因素。人才必须具有一定的技能和才华才能胜任相应的工作，解决可能出现的问题，提高组织的绩效水平。在这个过程中，领导者要避免出现任人唯亲、唯学历是举、唯资历是举等不正确的做法，保证用人上的公平合理性，真正地做到选贤任能。

(2) 胸襟开阔，大度用人

领导者要从全局出发，需要有宽广的胸襟、包容的态度来对待人才。首先，领导者要能够启用有缺点的人。由于每个人都不可能是完美无缺的，所以对待人才不能够吹毛求疵、求全责备。只要他的缺点不影响正常工作，不对他人造成损害就应该加以包容。对于犯过错误的人，在其纠正错误后，领导者不能对其全面否定，而是要给予其重新发挥作用的机会。其次，领导者要能够启用能力超过自己的人。如果领导者因担心自己的地位受到威胁而不敢启用水平高的人，那么优秀的人才将得不到重用，平庸的人占据着关键的岗位，工作和事业会出现一片死气沉沉的景象。最后，领导者要能够启用与自己意见相左的人。具有真知灼见的人才往往有自己的独立观点和对问题的独到见解，这是难能可贵的。一个领导者要容许组织内有与自己意见相左的人员存在，充分发挥这些人不随声附和、敢于直谏的优势，起到"兼听则明"的作用。

(3) 量才使用，用当其任

尺有所短，寸有所长。清代顾嗣协曾写道："骏马能历险，犁田不如牛，坚车能载重，渡河不如舟，舍长以就短，智者难为谋，生才贵适用，慎勿多苛求。"天资、学识、阅历的不同导致每个人有不同的技能、知识结构，既有其擅长的方面也有其不擅长的方面。领导者应该仔细分析和观察每个下属的性格特点和能力，分析其强项和弱点并扬其长、避其短，对人才合理利用。如若不然，就可能出现用非所长、勉为其难的情况。再者就是要用当其任。社会分工的不同，形成了许许多多的工作层次和岗位，而每个层次和岗位又有不同的才能水平要求。用当其任就是要达到人事相宜、对号入座，使"供"与"需"平衡，防止人才使用出现错位现象，要使其知识、能力、专长等方面的条件与其所从事的工作相称。在这个过程中要注意因事设人，防止因人设岗等不良现象的出现。

(4) 坦诚相待，合理授权

领导者对下属要做到坦诚相待，就是要做到用人不疑、疑人不用。在人才选拔的时候，要严把人员的入口关，对候选人员严格筛选以确定其德行和能力符合要求。一旦将其安排到相应岗位，领导者就不能轻易对下属进行猜疑，否则会降低下属自身的安全感和对组织的归属感，破坏组织的凝聚力，影响组织的绩效。同时，用人不疑并不意味着完全排除对下属的质疑。在选才用人上的失察和职位安排上的失当，再加上现代社会面临的复杂多变的内外部环境，使领导者应注意对自己下属的考察，处理好"不疑"与"疑"的对立统一关系。再者，领导者要学会合理授权。领导者要对下属充分信任，并对所有干部进行综合分析和考察，尽量掌握其能力程度，以便把适宜的权力与责任授予最合适的人选。同时要选择正确的授权方式，做好监督和协调工作，及时解决授权过程中存在的问题。只有这样才能避免出现因领导者独揽大权、事必躬亲而导致的人才浪费、工作效率低下的现象。

(5) 奖惩结合，宽严相济

进行合理的奖惩，领导者要做到以下几点：

①奖惩要公正　奖惩要严格按照规章制度办事，公平公正。这是人事行政科学与否的重要保证，也是抵制用人问题上各种不正之风的有效方式。

②奖惩要及时　对下属的奖与惩都要及时。及时奖励有功的下属能激发其积极性，及时惩罚犯错误的下属才对其有震慑性。

③奖惩要适度　如果奖励过多而惩罚的力度不够，下属就会采取冷漠视之的态度，从而失去奖惩的意义。

所谓的宽严相济，就是领导者要处理好对待下属宽容与严格的关系。首先，领导者要宽以待人。所谓宽就是要宽容下属所犯的非原则性错误，给予其积极改正的机会，为人才的成长和作用发挥创造宽松的环境。毛泽东曾经讲过："如果不是与政治的和组织的错误有联系，则不必多加指责，使同志们无所措手足。"这就表明了毛泽东在用人上"宽"的一面。其次，领导者要严惩犯原则性错误的下属，给予相应的惩戒来强化组织纪律的权威。只有这样才能做到防微杜渐，树立组织运行的良好风气。

6.3.1.2　用权艺术

用权艺术是领导者在用权的方式、方法上所表现出来的创造性和有效性。运用权力是管理者实施管理的基本条件。管理功能发挥得怎样，从一定意义上讲，主要取决于权力运用艺术水平的高低。

(1) 运用权力的基本原则

①合法性原则　行使权力必须依据法律，确保权力的来源、行使方式和程序都符合法

律的规定。

②权责一致原则 权力与责任应当相统一，拥有多大的权力就应当承担多大的责任。这意味着在行使权力的同时，必须明确并承担起相应的责任，以防止权力的滥用。

③适当性原则 权力的行使应当适当、合理，符合实际情况和需要。这要求权力行使者在行使权力时，要考虑到相关因素，确保权力的行使能够达到预期的目的，并且不会对他人造成不必要的损害。

④有限性原则 权力的行使应当受到一定的限制和约束，不能无限扩大。这体现了对权力进行制约和监督的思想，以防止权力被滥用或过度使用。

⑤监督原则 权力的行使应当接受监督，确保权力在阳光下运行。这包括内部监督和外部监督两种方式，通过监督可以及时发现并纠正权力行使中的不当行为，保障权力合法、公正、有效行使。

（2）运用权力的基本要领

管理者如何用好权，如何使权力的使用效率最高、效果最好，这是用权艺术探求的中心问题，也是管理活动追求的目标之一。作为一个优秀的管理者，应致力于做好以下几个方面的工作：

①强化用权意识，管理者要干管理的事 一是要真正了解自己的职责；二是要把握全局，抓主要矛盾；三是不直接干预下级的工作；四是要尽量排除不必要的工作。

②处事果敢，树立权威 领导权力使用效果的好坏，与管理者的果敢性紧密相关。办事果敢的管理者，能够抓住解决问题的最佳时机，迅速做出决断，使问题顺利及时地得到解决，办事效率高，而且权力的使用也很充分。不敢作为、畏首畏尾的管理者是难以得到群众信任的。

③科学授权，调动多方积极性 所谓授权，就是管理者授予直接被领导的下级以一定的权力，使其在管理者的指导和监督下，自主地对本职范围内的工作进行决断和处理。只有学会授权，才能调动各方面积极性，应付自如。实践证明，授权有利于管理者议大事、抓协调、管全局，而不是忙于具体事务；授权有利于发挥下级的积极性、主动性和创造性。当然，授权也应注意几个问题：一是要选好受权者；二是要以确保整体目标为目的；三是授权而不弃权；四是要掌握有效的控制方法，防止授权失控、失衡；五是授权而不放弃责任。

④明确职责，防止下级"越权" 管理工作的成败，往往不在一己之贤能，而在于领导是否善于分配权力和集中权力。善于发现贤能而授之以权柄，往往是成败的关键。权力分配是事业成败的关键，那么是不是权力越分散越好，权力下放越多越好呢？并非如此。下级权力过大，权力过于分散在下级手里，往往会造成下级骄横跋扈，欺下瞒上，上级的政策、法令往往不能顺利地贯彻执行。要做到既分权，又防止下级越权，就必须要明确职责范围，分层领导，主动为下级排忧解难。

⑤正确把握下级心理承受能力，切忌滥用权力 被管理者是管理权力作用的对象或客体，能否接受和积极配合，是直接体现管理效果的关键。管理权力的运用，就是要保证被管理者的积极性得到最大限度的调动。

⑥严于律己，下无声命令　在管理活动中，管理者要重视运用自己的影响权。影响权表现为两个方面，即权力性影响力和非权力性影响力。权力性影响力是由社会或组织赋予个人的职务、地位和权力等因素构成的。非权力性影响力是由管理者本身的素质，如品格、知识、才能和气质决定的。这种影响力是无声的命令，对人们的作用是通过潜移默化而变成被管理者的内在驱动力来实现的。这种影响力远比有声命令对人们的影响和激励作用大。管理者运用影响权就必须做到：在工作中，兢兢业业，勇于改革，带头实践；在作风上，要深入实际，深入基层，与群众打成一片，反对高高在上及摆官架子；在生活中，不搞特殊化，不以权谋私；在学习上，要善于学习，勤于学习，不断更新观念；更新知识。

6.3.1.3　授权艺术

授权艺术是指行政上级依法授予下级一定的权力和责任，使其在有限范围内有处理问题的自主权，从而提高行政绩效的一种艺术。

(1)科学运用领导者授权艺术的必要性

①扩大管理幅度，减少组织层级，实现组织的扁平化变革发展　社会组织中大多采用的是科层制组织形态，而这种严格遵循等级控制原则的管理组织实际运行中却由于其管理幅度有限，组织层级增多，机构臃肿，从而导致组织的控制、沟通以及协调性极差，大大降低了组织在当代复杂多变环境下的适应性。因而扩大管理幅度，减少组织层级，实现组织的扁平化发展是现代组织变革理论的核心思想，也是现实环境的实践需要。管理幅度的扩大在某种程度上取决于领导的授权程度。如果管理者善于把自己的管理权限充分地授予下属，让下级充分享有一定程度的自主权，则管理者本人需要处理的事情就相对减少，管理幅度自然就可扩大，组织层级亦可减少，从而有利于现代组织扁平化发展目标的实现。

②确保领导行为的科学性和有效性　传统社会管理中事必躬亲的领导方式已经远远不能适应这个时代的要求了。现实中不少管理者不能分清工作的重点和关键，往往采取大小事务一起抓的策略，事事关心，整天忙于处理工作中的琐碎小事，并在观念上有着"劳累光荣"的错误思想，这样做的直接后果就是在管理者应该关注的重大问题的决策事项上不能发挥应有的作用，严重影响了领导行为的科学性和有效性。科学有效的授权对于减轻上级领导的工作负担，确保管理者在重点关键事项上的工作效率有着至关重要的作用。

③为培养青年干部奠定坚实的基础　进行合理科学的领导授权，可以让下属在一定的约束机制下充分发挥自身的潜力和主观能动性，积极主动地完成某项工作，从而满足自我实现的需要，在充分调动下属工作热情的同时，也使得管理者赢得了下属的尊敬，改善了整个组织的工作环境。另外，在现实工作中，上下级所处的具体工作环境之间的差异，导致上下级对于某项具体工作的信息掌握处于不对称状态，通常情况是下级对于某项具体工作的信息掌握比较全面，而上级领导则可能缺乏必要的了解，这样科学有效的授权就能够避免因上级领导缺乏信息而导致的工作失误，同时也充分发挥了下属信息掌握比较全面的优势，有利于某项具体工作的顺利完成，也在一定程度上锻炼了下属的工作能力，为后备青年干部的培养奠定了一定的基础。

（2）授权的艺术技巧

①视能授权，授权有度　这意味着管理者将自身一部分权力委授给下级去开展某一项具体方面的工作，从而在一定程度上，接受权力的下级就代表了管理者甚至是整个组织的意志和行为。下属能力的强弱将直接决定授权目标的实现与否。故而在科学授权的前期应对即将接受权力的下属的实际能力进行系统科学的考察，按照下级的能力进行适度合理的授权，防止出现超出下属能力范围的过度授权，避免委授权力的不科学，给组织带来负面损失。视能授权还要防止管理者的授权不足或空白授权，应当坚持"疑人不用，用人不疑"的原则，对具备实际能力的下属充分予以信任，"权力一旦授出，就要充分信任下属，放手让他们大胆独立地完成任务，并为其提供方便，创造良好的条件"。

②权责明确，责权同授　授权的事项必须明确，要让下属清楚地知道他的工作是什么，他有哪些职权，对工作的完成负有哪些责任，他必须做到什么程度，等等。权责统一是管理学中的一个重要原则，同样在领导的授权艺术中，权责明确、权责同授也是一个重要原则。现实工作中，常常出现授责不授权的情况，这将导致下级的工作因缺乏必要的权力而难以开展，更多的情况是授予下级的权力过大而缺乏相应的责任约束，这样作为权力委授对象的下级往往因为缺乏必要的约束机制，可能脱离领导的控制，表现为对权力的过度滥用，从而偏离授权目标。因此，科学授权必须坚持权责统一的原则，以必要的责任约束下属的权力行使，使得整个授权行为都围绕着授权目标而展开，确保授权的有效性。

③适度监控，可控授权　领导者适当地向下级授权以后，更应时时刻刻纵观全局计划进程，对可能出现的偏离目标的局部现象进行协调，对被授权者实行必要的监督和控制。管理者对于授权对象的下属建立有效的授权控制，应当确保上下级之间沟通渠道的畅通，管理者应当经常向下属提供相关情报，陈述决策内容，明确授权含义，而下属则应当经常向上级报告具体工作进程和工作计划，明确工作目标。对下属进行有效授权控制还应做到当下属工作中发生偏差时，管理者予以及时纠正并予以指导，当下属工作出色时，也要及时予以表扬，以增强下属的自信心。当然对下属的有效授权控制还应包括权力的回收问题，即当下属工作严重失误时，管理者应立即收回权力或完全接手过来。另外，有效的授权控制离不开正常的绩效考核制度、预算审计制度等规制的建立和运行。

④以级授权，逐级授权　严格按照等级制建立起来的科层组织十分强调领导和管理过程中的上级领导下级，下级服从上级的层级原理。同样，科学的授权也不能违背这一原则，即上级领导者授权对象只应该且只能是自己的直接下属，不能越级授权，且授予下级的权力应当在自己的职权范围内，不能将自己所不具有的权力授予下级。然而在现实工作中，经常出现上级领导者超越职权范围授予下级不属于自己的权力或越级向非直接下属授权，从而导致"政出多门"，严重扰乱了正常的上下级秩序，引起组织沟通渠道不畅和组织管理混乱，因此进行组织授权时应坚持以级授权，逐级授权的原则，防止越级授权的出现。

6.3.2 领导决策艺术

6.3.2.1 领导决策艺术的含义

领导决策艺术是领导者在一定知识、经验基础上形成的、非规范化的、具有创造性的、给人以美好感觉或体验的各种决策的技巧和手段。领导决策艺术是领导者智慧、学识、才能、经验和胆略的综合体现。

6.3.2.2 领导决策艺术的特点

(1)经验性

决策需要领导者凭借丰富的经验，对客观外界和组织系统内部的发展变化迅速地作出判断。因此，领导决策艺术总是不可避免地带有经验的痕迹。但是领导者不能囿于经验，把经验教条化、机械地照搬照抄。

(2)随机性

领导决策艺术在运用过程中，既无一定规范，也无固定程序，它随着时间、地点、条件的变化，表现出不同的形式。领导者要对具体事物进行具体分析，从实际出发，因时、因地、因人、因事制宜地作出决策，随机应变，不能用固定的模式处理问题。

(3)多样性

这是由社会生活的复杂多样性和领导者的不同特点所决定的。社会生活丰富多彩、瞬息万变，系统内外的人形形色色，工作又有不同层次和侧面。因此，领导者必须针对不同的情况、不同的对象、不同层次或侧面工作的要求，采用不同的决策艺术，才能获得好的效果。即使是处理相同的问题，不同的领导者也会因为个人的学识、才能、经验和胆略的不同，采取截然不同的方式、方法、手段和策略。

(4)创造性

这是领导决策艺术的主要特点。在事物的发展过程中，会不断出现新情况、新问题，领导者应勇于突破自己原有的思维方式和习惯，努力探索新路子，用新的技巧和手段，创造性地适应新情况，解决新问题。

6.3.2.3 领导决策艺术的价值

(1)领导决策艺术性是紧贴领导决策果核的外围软组织

如果把领导决策的科学性比作领导决策果实中的硬内核，那么，领导决策的艺术性即紧贴果核的外围软组织。领导决策科学性和领导决策艺术性是领导决策的两个本质属性。唯物辩证法认为，一个事物的本质属性和该事物有着共存亡的关系，本质属性丧失了，该事物就不复存在。这就是说，领导决策的科学性和艺术性是不可缺少的基本属性，丧失了它们，领导决策就难以成为领导决策。领导决策是科学性和艺术性的统一，这是就领导决策的整体而言，并非每一个具体的领导决策都是如此。例如，领导决策有常规性决策和非常规性决策之分。常规性决策可以按照一定的科学程序和方法进行，而领导决策者的非常规性决策却要伴随和处理诸多随机的突发事件，完全按既定的程序和方法去做这种领导决策就难以奏效，必须依靠领导决策者的丰富知识、经验、阅历和准确的直觉作出随机决断，因此，领导决策艺术就表现得尤为突出和明显。

（2）领导决策艺术性促进领导决策科学性的提高

领导决策科学性和艺术性的辨证关系在于：一方面，它们相互依赖，互为前提。离开了领导决策科学性，也就无所谓领导决策艺术性；离开了领导决策艺术性，也就没有领导决策科学性。另一方面，它们相互促进，相互转化。领导决策科学性促进领导决策艺术性的发展，领导决策艺术性促进决策科学性的提高。纵观优秀领导决策的特性，一个具有高超、娴熟的领导决策艺术的领导决策者，常常可以作出高明、绝妙的领导决策来，为人们赞誉和称颂。领导决策艺术性对于提高领导决策科学性的促进作用主要表现在两个方面：第一，领导决策艺术性是领导决策科学性的基础。领导决策者如果拥有高超的领导决策艺术性，就容易理解和把握领导决策的科学性。第二，领导决策艺术性可升华为领导决策科学性。将领导决策艺术性上升到系统化、理论化的高度，并经过精心的加工提炼，就可以成为领导决策科学性的内容和因素。

6.3.3　领导协调艺术

协调艺术是领导者适应社会与外部环境需要，在总体上促使领导活动系统要素之间以优化的方式相互联系与配合，以实现领导工作目标的行为。善于协调各方面的关系，是领导艺术的一个重要方面。领导活动由领导者、被领导者和作用对象三方面构成。这三个方面又可细分为人、财、物、信息、时间、空间、机构、政策、法规等。领导协调就是使这些要素彼此联系、相互协调。这里主要应注意以下关系的协调。

6.3.3.1　领导者之间关系的协调

领导者之间通过交流思想、互通信息而实现统一认识，其中沟通是协调的前提，以求得思想上的一致。协调是沟通的结果，是谋得行动上的一致。领导成员之间在沟通的基础上相互支持。不仅领导个人的思想行动受领导集体的影响，而且领导者工作成败也受领导集体其他成员支持与否的制约和影响。领导功能的有效发挥，目标的真正实现，有赖于在总目标指导下的互相配合。随着现代化技术的发展和社会的进步，领导者之间的依赖性大大加强，使协调工作有更为重要的意义，树立全局观念，就可以为有效的合作而努力。

6.3.3.2　领导者与被领导者之间关系的协调

上级与下级、领导者与被领导者，只有分工的不同，在政治上和人格上是平等的，没有高低贵贱之分。领导者一定要注意自身的修养，尊重下级、放下架子。凡属下级职权范围内的事情，要充分信任他们，放手让他们大胆去做。对下级最忌半信半疑，让下级做了，还不放心，必然会影响下级积极性的有效发挥。遇到下级工作失误时，要给予充分的体谅，主动为下级承担责任，推功揽过。对下级提出的意见和设想要重视。只要对事业和工作有利，即使与自己的想法相反，也要给予积极支持，尽量促其早日实现，如不能采纳，也要做好说服解释工作，以免挫伤下级的积极性。对下级应多给予表扬，即便很小的成绩，也要及时肯定，使下级感到上级对他的注意和赞赏，从而提高工作的积极性。对下级布置工作，一般要采取商量的口气，不要因为自己是领导者，就采取命令的方式。商量可以调动下级的积极性，引导他们提出自己的想法和意见；命令，意味着只能服从和执行，不利于集思广益。对下级的工作要给予诚恳热情的帮助。下级出现了失误，要帮助分析具体原因，总结经验教训，并找出解决问题的办法。领导者若与下级发生争执，头脑一定要冷静，要用理智控制情感，先让下级把话说完，然后再根据具体情况，心平气和地妥善处理。领导者对下级的工作、学习和生活要关心和体贴。领导者要严于律己，处处起表率作用。要求下级做到的事情，首先自己必须做到；必须自己做到的事情，不一定要求下级都做到。不能完全用衡量自己工作好坏的标准去衡量下级，也不能用领导者应该达到的标准去衡量群众的行为。

【案例 6-3】 <center>**乔布斯的领导职能**</center>

在苹果公司的发展过程中，乔布斯起着举足轻重的作用。乔布斯作为领导者，成功地发挥了自己的气质个性和能力偏好。他思维敏捷，富于想象，善于推理概括，有进取心和抑制力，擅长人际交往，能主动探索，沉着自信等。他的领导职能不仅包括引导、指挥、组织、协调、监督、教育他的员工，更重要的是，他善于做决策、用人、做人的思想工作。在他的领导下，苹果公司的价值提升到一个前所未有的高度。

iPad 在发布之前是完全不被外界看好的，甚至有经济学家大胆预测了这一产品未来惨淡的市场前景。然而，乔布斯力排众议，本着自己的信念，在几个可供选择的行动方案中选择了他认为最合理的方案，设计并研发了 iPad。当时，他承担着巨大的压力，面对外界的质疑，他坚定自己的想法，做出了将 iPad 投入生产并且投入市场的决策，从而取得了前所未有的成功。

乔布斯作为这个团队的领导者，首先，他制订了组织明确的奋斗目标，即设计研发 iPad 并且将其投入市场。其次，他通过苹果公司，招聘了一批热衷于创新的人才，不顾外界质疑，为远大目标的实现准备了必要的条件。最后，他通过自己以身作则的影响力，废寝忘食地工作，面对研发中的阻碍坚决不让步，甚至是交给了员工一些当时看来不可能完成的任务，有效地实现了组织的沟通、协调和鼓励，最终成功把 iPad 推向了市场。所以，没有乔布斯，就没有 iPad 的成功。

思考：

1. 乔布斯在苹果公司是如何发挥其领导职能的？

2. 从本案例中我们能得到哪些启示？

【练习与思考】

1. 有人说领导者就是指挥别人完成工作，你认可这种说法吗？为什么？

2. 对照领导与管理的联系与区别，谈谈自己对领导与管理关系的看法。

3. 有人说领导者的风格决定领导成效，你是怎样认为的？

4. 请举例说明你是如何理解领导艺术的模糊性特点的。

5. 某日凌晨，宿舍三层卫生间的水管突然爆裂，此时楼门和校门已经关闭，人们都在熟睡中，只有邻近的几个宿舍的学生被惊醒。水不断地从卫生间顺着东西走廊涌出，情况非常紧急。假如你身处其中，如何运用你的领导

阿吉里斯的
不成熟——成
熟理论

能力化险为夷？

【职业技能强化】

企业领导者的领导方式分析

目的：

通过调查三家大型国内外知名企业的最高领导者的相关资料，了解该领导者的领导方式。

方法与要求：

1. 了解三家企业的经营状况。

2. 总结三家企业领导者的特征及其领导方式、领导风格，并根据领导理论模型进行归类。

3. 对三家企业领导者的领导方式进行比较分析。

4. 写出调查报告，以模拟公司为单位提交和陈述调查报告，交流体会。

5. 讨论模拟公司将采取什么样的领导风格与方式，请总经理做陈述。

6. 由师生根据调查报告、陈述表现进行综合评分。

测试 6

【综合评价】

小组名称				小组成员		
综合评价	教师评分		评价项目	分值	得分	备注
			任务完成情况	50		
			分析表达能力	30		
			小组协作能力	20		
			总计	100		
	学生互评评语					
	自我修正					

单元7

激　励

【学习目标】

知识目标：

　　(1)掌握激励的含义、原理；

　　(2)掌握内容型和过程型激励理论、行为修正激励理论、综合型激励理论的内容和原理；

　　(3)了解常用的激励方法；

　　(4)掌握目标激励的内容和原则；

　　(5)掌握报酬激励的内容；

　　(6)掌握强化激励的内容和原则；

　　(7)掌握组织文化激励的内容。

技能目标：

　　(1)能够对激励原理进行解释，并能运用相关激励理论对日常的激励现象进行分析；

　　(2)培养学生对激励方法的运用能力。

素质目标：

　　(1)具备积极向上的心态和乐观的精神；

　　(2)具有团队合作意识。

【情景导入】

　　"十四五"时期要求经济高质量发展，发挥创新对发展的驱动作用。企业作为市场经济的重要主体，如何通过吸纳人才、提升技术创新能力推动企业发展成为了企业需要解决的难题。在此背景下，股权激励作为一项有助于企业发展的长期激励机制，成为国家和企业共同关注的对象。

　　美的集团作为一家出色的民营企业，从初期的家电传统制造企业，壮大为如今营收规模接近3000亿的全球化科技集团，一定程度上受益于股权激励这一工具的成功运用，其早在2011年就踏上了对股权激励的探索之路，成为实施股权激励的先锋企业。

　　值得关注的是，美的集团股权激励方案特点十分鲜明。目前实施股权激励方案的大部分企业中，往往选择采用单一工具对企业管理层、核心员工等人员进行股权激励，一定程度上会忽略不同级别员工的不同需求。美的集团运用的股权激励为复合型激励模式，激励范围覆盖全体核心员工。截至 2020 年，美的集团已形成了多层次、多重点、契合战略的股权激励体系。美的集团历经十余年对股权激励机制的探索经验，已经过市场多次检验，获得了较为理想的激励效果。

　　问题：

　　1. 为什么说企业吸纳人才、留住人才要靠激励？

　　2. 激励的原理是什么？

　　3. 股权激励作为企业的一项长期激励机制，它有什么特点？

7.1　激励概述

　　激励是人力资源管理的核心，是领导工作内容的一个重要组成部分。领导的对象是人，是被领导者，领导的最高境界就在于激发员工的工作热情，促使员工发自内心、无怨无悔、精神饱满、全力以赴地为实现企业目标和个人目标做出最大努力。领导工作中的激励就是研究如何把员工工作的积极性调动起来。

7.1.1　激励的含义

　　激励，顾名思义就是激发、鼓励的意思。"激励"一词来源于心理学，指的是持续激发人的动机的心理过程。在某种内部或外部刺激的影响下，激励可以使人始终维持在一个兴奋状态中，从而引起积极的行为反应。在西方的"组织行为学"与"管理心理学"中，激励被称为工作动机，英文是"motivation"。激励在此有三个方面的含义：一是一个人做某件事背后的动机是什么，即驱使某人做某件事的原因；二是一个人做这件事的动机有多强，即做某件事的渴望程度；三是一个人做事的样子、行为表现，即个人的努力程度。也就是说，激励即寻找驱动人们努力工作的力量来源、心理状态与行为结果。

　　随着人类社会的发展，不同阶段的不同学者，从不同的角度出发，又有着不同的理解，其中比较有代表性的有以下几种：

　　组织行为学权威代表人物斯蒂芬·P. 罗宾斯认为，激励是通过高水平的努力实现组织目标的意愿，而这种努力以能够满足个体的某些需要为条件。

　　管理过程学派的主要代表人物之一哈罗德·孔茨认为，激励包括激发和约束两个方面的含义，奖励和惩罚是两种最基本的激励措施。激励两个方面的含义是对立统一的，激发导致一种行为的发生，约束则是对所激发的行为加以规范，使其符合一定的方向，并限制在一定的时空范围内。

　　加雷斯·琼斯指出，激励是一个基本的心理过程，它决定组织中个人行为方向、个人努力程度和个人在困难面前的毅力。

　　美国管理学家贝雷尔森和斯坦尼尔认为，一切内心要争取的条件、希望、愿望和动力等都构成了对人的激励，这是人类活动的一种内心状态。

　　可见，激励是指在外在诱因的作用下，使个体完成有效的自我调节，从而达到激发、引导、维持和调节个体朝向某一既定目标而努力奋斗的心理过程。激励既包括诱导、驱动之意，也包括约束、惩戒之意。

7.1.2 激励的特征

7.1.2.1 激励具有目的性特征

任何激励行为都有很强的目的性，即都有一个现实的、明确的目的。因此，任何希望达到某个目的的人（尤其是对管理者而言）都可以将激励作为一种手段。激励的目的性具体表现在两个维度：一是施加激励的人试图通过有效的手段激发人的潜能，从而更有效地实现其设定的目标。因此，激励理论隐含的一个基本假设是：每个人都有很大的潜能，但只有在特定的条件下才能释放出平常难以想象的能力。管理者的任务之一就是调动人的潜在积极性。二是施加激励的人试图通过激发有组织的活动来有效实现组织的目标。因此，激励理论隐含的另一个基本假设是：组织中个体的利益和目标经常是相互冲突的，而组织目标的实现需要个体之间的相互协调。因此，管理者的任务之一是激发组织成员之间的相互协调，而不是放任其自然抵消（在同样的努力程度下，创造出一种整合效应）。

7.1.2.2 激励通过对人们的需要或动机施加影响来强化、改变人们的行为

这涉及激励理论的第三个假设：人的行为是由动机来驱使的，而动机则受到人的需要的支配。人有了需要才有可能产生动机，而且只有主导性的动机或强烈的动机才可能引发现实的、具体的行为。因此，管理者的任务就是分析和洞察员工的需要和动机，在管理中寻求适当的机会，采取适当的激励措施，对员工的某种需要及其满足该种需要的动机产生积极的影响，从而强化、引导或改变员工的某种行为，并使其个体行为与组织目标相一致。从本质上讲，激励产生的行为是主动的、自觉的行为，而非被动的、强迫的行为。

7.1.2.3 激励是持续的、反复的过程

激励不是即时性行为。由于组织和个体的内部、外部因素是变化的，因此一项具体任务的完成往往需要连续的、反复的激励过程。

7.1.2.4 激励的效能依赖精神力量

无论采取哪种激励形式，成功的激励必须能够激发人们达到一种高昂的、饱满的、积极的精神状态，在这种精神状态下能够产生一种精神力量，从而加强、激发和推动人们的积极性。如果激励不能改变人们的内心状态，得到的只是人们机械、单调且被动的行为，激励就是失败的。

7.1.3 激励的原理

将激励这一概念运用于管理中，就是通常所说的调动人的积极性的问题。有效的激励手段必然是符合人的心理和行为活动的客观规律的，否则就不会达到调动人的积极性的目的。

激励过程模式可以表示为：需要引发动机，动机引发行为，行为又指向目标。当人们有了某种需要，就会产生满足需要的内在驱动力，即行为动机，进而就会进行满足需要的活动，即行为。当这种需要被满足后，人们又会产生新的需要和动机，展开新的活动。可见，激励实质上是以未满足的需要为基础，持续激发人的行为动机的心理过程，如图7-1所示。

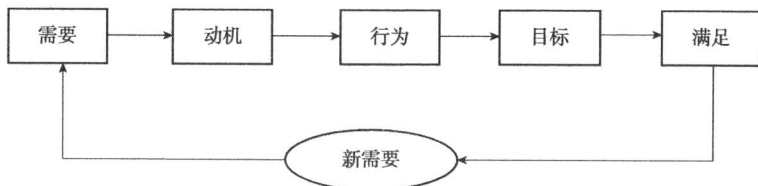

图 7-1 激励过程模式图

其中，需要是指人们对某种事物的渴求和欲望；动机是在需要的基础上产生的引起和维持人的行为，并将其导向一定目标的心理机制。凡是人类有意识的活动，均称为行为。动机到行为的形成有两个条件：一个是人的内在需要和愿望；另一个是外部诱导和刺激。行为是由动机决定的，动机来自需要。

卢因的力场理论

7.2 激励理论

按照研究激励侧面的不同与行为的关系不同，可以把管理激励理论归纳和划分为内容型激励理论、过程型激励理论、强化理论和综合型激励理论四种。

7.2.1 内容型激励理论

内容型激励理论又称需要理论，是指针对激励的原因与起激励作用因素的具体内容进行研究的理论。它着重研究人的需要与行为动机的对应关系，目的是通过满足个体的需要来激发相应的行为动机，使其为组织目标服务。这种理论着眼于满足人们需要的内容，即人们需要什么就满足什么，从而激起人们的动机。其代表理论主要有马斯洛的需要层次理论、奥尔德弗的 ERG 理论、赫茨伯格的双因素理论、麦克利兰的成就需要理论。

7.2.1.1 马斯洛的需要层次理论

需要层次理论是由美国著名心理学家和行为学家亚伯拉罕·马斯洛于 1943 年在《人的动机理论》一书中提出来的。马斯洛把人类纷繁复杂的需要分为生理需要、安全需要、社会需要、尊重需要和自我实现需要五个层次，每个需要层次的含义如图 7-2 所示。

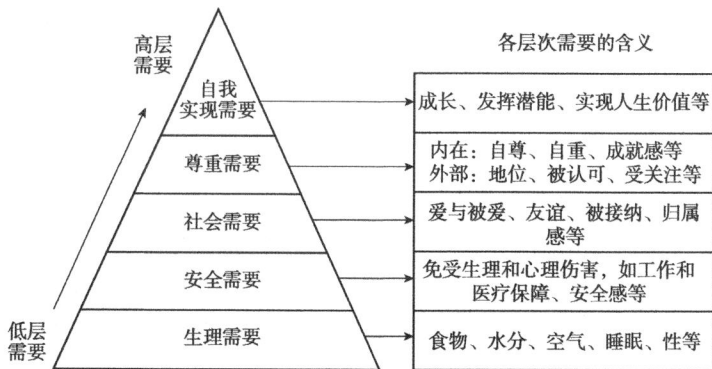

图 7-2 需求层次理论结构图

马斯洛认为，个体的需要是由低到高逐层上升的，只有低层次的需要得到部分满足以后，高层次的需要才有可能成为行为的重要决定因素。因此，如果要激励某个人，就要了解他目前处于哪个需要层次，然后重点满足这个层次或该层次之上的需要。

但这种需要层次逐渐上升并不是遵照"全"或"无"的规律，不是一种需要得到100%的满足后另一种需要才会出现，事实上，社会中的大多数人在正常的情况下，每种基本需要都是部分得到满足。

马斯洛又把以上五种基本需要分为高、低两级，见表7-1所列。

表7-1　高、低两级各包含的需要层次和特点

分级	包含的需要层次	特点
高级	尊重需要、自我实现需要	它们是从内部使人得到满足的，而且一个人对尊重和自我实现的需要，是永远不会感到完全满足的
低级	生理需要、安全需要、社会需要	这些需要通过外部条件使人得到满足，如借助工资收入满足生理需要，借助法律制度满足安全需要等

高级的需要比低级的需要更有价值，人的需要结构是动态的、变化发展的。因此，通过满足职工的高级需要来调动其生产积极性，具有更稳定，更持久的力量。这一理论表明，针对人的需要实施相应激励是可能的，但人的需要具有多样性，在不同环境和时期会发生变化，激励的方式应当多元化。

【案例7-1】

影视作品《西游记》里的唐僧师徒取经团队就是一个小微企业的缩影。在这个五人团队中，每个角色个性鲜明，各有不同。

唐僧品行端正、德高望重，一心只想到西天取经。虽然在取经过程中有时候会显得有些软弱，但他的使命感却非常强烈。取经，是他无论如何也要实现的目标。

孙悟空攻坚克难，能力超群，在帮助唐僧取经的过程中立下汗马功劳，但他常常离经叛道，不循常规。他自封为齐天大圣，惹怒了天庭，天庭制服不了他，便封他为弼马温。开始他以为弼马温官职很大，后来在他知道弼马温真实含义后大闹天宫，被如来制服。在影视作品中，孙悟空的标志性台词是他介绍自己的那句"俺是齐天大圣孙悟空！"

猪八戒诙谐幽默，很有心计，但他贪吃，牢骚满腹。猪八戒先是在天庭调戏嫦娥被贬，后来又在高老庄抢亲。对猪八戒来说，似乎最重要的就是吃、喝、睡这类事情。在影视作品中，猪八戒常说的台词基本也都是围绕这些。

沙和尚默默无闻、忠心耿耿、任劳任怨、有执行力，但业绩平平，成就并不突出。他在加入取经团队之后，仿佛找到了组织，有了安全感，他不再只是游荡在流沙河里的一只妖怪。但是他对于安全的追求有些过分，如在影视剧中，他常说的台词是"大师兄，师父被妖怪抓走啦！""大师兄，二师兄被妖怪抓走啦！""大师兄，师父和二师兄都被妖怪抓走啦！"

白龙马在影视作品中除了出场的时候是条龙，几个关键时刻变成人，几乎大部分时间都是以一匹马的形态存在，但是他同样忠诚和任劳任怨。影视剧中，白马被罚与唐僧团队一起取经，而在取经过程中与唐僧团队结下了深厚的友谊。

问题：

如果说影视作品《西游记》中取经团队中的这五个角色的行为表现分别代表着需求层次理论的五个层级，请思考他们的需求分别落在哪个层级上呢？

7.2.1.2 奥尔德弗的 ERG 理论

奥尔德弗根据对工人进行的大量调查研究的结果，认为一个人的需要不是分为五种，而是三种：生存(existence)、相互关系(relatedness)和成长(growth)。他的三种需要理论简称为 ERG 理论。

(1)生存需要

生存需要指的是全部的生理需要和物质需要，如吃、住、睡等。组织中的报酬，对工作环境和条件的基本要求等，也可以包括在生存需要中。这种需要大体上与马斯洛需要层次中生理需要和部分安全需要相对应。

(2)相互关系需要

相互关系需要指人与人之间的相互关系、联系(或称为社会关系)的需要。这种需要类似马斯洛需要层次中部分安全需要、全部社会需要以及部分尊重需要。

(3)成长需要

成长需要指一种要求得到提高和发展的内在欲望，它指人不仅要求充分发挥个人潜能有所作为和成就，而且有开发新能力的需要。这种需要可与马斯洛需要层次中部分尊重需要及整个自我实现需要相对应。

该理论认为，各个层次的需要得到的满足越少，越为人们所渴望；较低层次的需要者越是能够得到较多的满足，较高层次的需要就越渴望得到满足；如果较高层次的需要得不到满足，人们会重新追求较低层次需要的满足。这种"受挫–回归"现象表明，人们的需求可能会因为高层次需求的受挫而倒退到较低层次。这在管理工作中很有启发意义。

7.2.1.3 赫茨伯格的双因素理论

赫茨伯格的双因素理论，又称为激励–保健理论，是由美国心理学家弗雷德里克·赫茨伯格于 1959 年提出的。赫茨伯格认为使职工不满的因素与使职工感到满意的因素是不一样的，双因素理论体系包括保健因素和激励因素。

(1)保健因素

能够使职工非常不满意的因素，大多是工作环境或工作关系方面的，如公司的政策、行政管理、职工与上级之间的关系、工资、工作安全、工作环境等。

上述条件如果达不到职工可接受的最低水平，就会引发职工的不满情绪。但是，具备了这些条件并不能使职工感到激励。所以赫茨伯格把这些没有激励作用的外界因素称为保健因素。

（2）激励因素

能够使职工感到非常满意的因素，大多属于工作内容和工作本身，如工作的成就感、工作成绩得到上司的认可、工作本身具有挑战性等。

这些因素的改善，能够激发职工的热情和积极性。所以赫茨伯格把这一因素称为激励因素。

双因素理论强调，不是所有的需要得到满足都能激发人的积极性。只有那些被称为激励因素的需要得到满足时，人的积极性才能最大限度地发挥出来。缺乏激励因素并不会引起很大的不满，缺乏保健因素将引起很大的不满，而具备保健因素时并不一定会激发强烈的动机。赫茨伯格还明确指出，在缺乏保健因素的情况下，激励因素的作用也不大。

这一理论告诉人们，管理者首先应该注意满足职工的保健因素，防止职工消极怠工，使职工不致产生不满情绪，同时还要注意利用激励因素，尽量使职工得到满足的机会。

赫茨伯格的双因素理论自20世纪60年代以来，一直有着广泛的影响，越来越受到人们的关注，对该理论的批评主要是针对操作程序和方法论方面。虽然一些批评家指出他的理论过于简单化，但它对当前的工作设计依然有着重大影响，尤其是在丰富工作方面。

【案例 7-2】

尼桑汽车公司面临了一个问题：它在日本的工厂招不到足够的工人。日本的年轻人抵制装配线工作。他们认为这种工作单调乏味、节奏太快、令人厌倦。他们宁愿从事工作环境清洁和安全的服务工作。甚至在那些想尝试以装配汽车为工作的年轻人中，也有30%在第一年辞职。劳工短缺意味着工作大量超时，许多员工每天工作12个小时，周六也要工作。不仅员工不喜欢太长的工作时间，管理层也因为工作时间太长和雇用临时工带来的高成本而困扰。

尼桑公司的管理层能做些什么呢？不论提出什么解决方法，他们都认识到这不是一个短期问题。日本人口日趋老龄化，人口出生率低意味着18岁的年轻人会从现在的200万人急速下降到10年后的150万人。而且汽车制造商被日本政府强迫缩短平均工作时间，以便和其他工业化国家一致。

美国卡车公司面临着与尼桑公司相似的问题，阿肯色州的长途货运公司为固特异、通用汽车等公司运输轮胎纤维和汽车部件。高流动率使他们面临卡车司机短缺的问题。当新的管理层接管公司时，他们决定勇敢地面对这个问题。他们直接去找公司的600名司机，征求他们对降低流动率的建议。

美国卡车公司的新管理层从司机那里得到大量信息。当工资高时（通常是每年50 000美元或更多），司机抱怨工作时长每周70个小时是很经常的，每次都要在路上花费2~4周；司机要求反锁刹车和气动装置时，公司安装了；当公司在阿肯色州的西孟非斯市终点站建造司机住宅区时，员工建议每家配置私人浴室而不使用公共浴池，公司也满足了；司机要求在漫长和横跨全国的长途运输中能有更多的时间回家，于是公司减少了司机在路上的时间，把出差时间从每星期六次减为两次。

美国卡车公司的这些变革极大地提高了员工的士气，也降低了司机的流动率。但工作依然是艰苦的。管理层要求按时送货，因为不像大多数运输公司，美国卡车公司对送货时间的承诺是准确到小时而不是到天，所以在管理层表现出对员工的尊重日益增加的同时，并没有减少对司机的期望，例如，一年内迟到两次的司机会失去工作。

思考：

1. 用双因素理论分析尼桑汽车公司的问题。

2. 对比美国卡车公司和尼桑汽车公司解决员工短缺问题的方法，运用有关激励理论深化你的分析结果。

7.2.1.4 麦克利兰的成就需要理论

成就需要理论也称激励需要理论。20世纪50年代初期，美国哈佛大学的心理学家戴维·麦克利兰在马斯洛需要层次理论的基础上，集中研究了人在生理需要和安全需要得到满足后的需要状况，特别对人的成就需要进行了大量的研究，从而提出了一种新的内容型激励理论——成就需要激励理论。该理论强调了三种需要：成就需要、权力需要和归属需要。其理论要点见表7-2所列。

表7-2 成就需要理论要点

需要类型	特点	对需要人的激励表现	与企业业绩的关系
成就需要	是一种想做得比以前更好或更有效，并为之付出行动的需要	权力需要会有很强的激励作用，这类人很乐意在工作中有权力去控制预算、控制他人以及做出决策	在中等和高成就需要等级内，成就需要与企业业绩之间有显著的正相关
权力需要	主要涉及的是影响他人，对他人有强有力影响的需要	成就需要有很强烈的激励作用，这类人非常乐意在能不断创造新生事物的环境中工作，喜欢有挑战性的工作，追求卓越	权力需要与企业的业绩完全没有关系
归属需要	是一种被人喜欢，建立或维持与他人友谊关系的需要	归属需要对其有很强的激励作用，这类人通常喜欢与他人一起工作，得到别人喜爱的期望激励着这类人	归属需要与企业的绩效甚至会出现负相关关系

由此可见，成就需要在三种需要中处于核心地位。成就需要是一种更为内化了的需要，这种需要是让国家、企业取得高绩效的主要动力。对一个组织来说，具有这种需要的人越多，其成长和发展就越有保障。因此，领导者应努力培养员工的成就需要，善于把高层次员工对成就的追求引向组织工作目标上。

值得注意的是，成就需要激励理论更侧重于对高层次管理中被管理者的研究，如它所研究的对象主要是生存、物质需要都得到相对满足的各级经理、政府职能部门的官员以及科学家、工程师等高级人才。由于成就需要激励理论的这一显著特点，它对于企业管理以外的科研管理、干部管理等具有较大的实际意义。

7.2.2 过程型激励理论

过程型激励理论重点研究从动机的产生到采取行动的心理过程。其目的是通过对员工的目标行为选择过程施加纠偏影响，使员工在能够满足自身需要的行为中选择组织预期的行为。其主要包括弗鲁姆的期望理论、亚当斯的公平理论、洛克的目标设置理论。

7.2.2.1 期望理论

维克多·弗鲁姆的期望理论认为：只有当人们预期到某一行为能给个人带来有吸引力的结果时，个人才会采取这一特定行为。根据这一理论，人们对待工作的态度取决于对下述三种联系的判断，见表7-3所列。

表7-3 期望理论三种联系的判断

联系类型	判断内容
努力——绩效的联系	需要付出多大努力才能达到某一绩效水平，是否真能达到这一绩效水平，概率有多大
绩效——奖赏的联系	当达到这一绩效水平后，会得到什么奖赏
奖赏——个人目标的联系	这一奖赏能否满足个人的目标，吸引力有多大

期望理论的基础是自我利益，它认为每一位员工都在寻求获得最大的自我满足。期望理论的核心是双向期望，管理者期望员工的行为，员工期望管理者的奖赏。期望理论的假设是管理者知道什么对员工最有吸引力。期望理论的员工判断依据是员工个人的感觉，而与实际情况不相关的不管实际情况如何，只要员工以自己的感觉确认自己经过努力工作就能达到所要求的绩效，达到绩效后能得到具有吸引力的奖赏，就会努力工作。目前，国内外企业对高层管理人员实行的期权激励就建立在这种理论基础之上。

【案例7-3】

星巴克公司1971年诞生于美国西雅图，这个咖啡界的传奇公司崛起所依靠的并不主要是营销技巧，而是一种对于"关系理论"的重视，特别是同公司员工的关系。在星巴克，员工的绩效考核体现在各方面，会有来自同事、上司或者顾客的考核，并且清晰明确、可衡量。星巴克公司坚信，想要顾客满意，首先要让员工满意，为此星巴克为员工提供了全面但又不尽相同的激励计划。一方面，星巴克围裙的不同颜色代表了不同的技能等级，从绿围裙到黑围裙到咖啡色围裙再到紫围裙(限定款)，每一次的升级都需要经过考试并且需要定期考核，同时表现良好的员工还可以跨部门发展。另一方面，公司为不同类型和等级的员工制定了一系列的激励措施。除了不断增长的薪资、一定比例的医疗费用报销，还有额外的保险，即除了国家规定的保险，还为包括门店兼职员工在内的所有员工购买了补充医疗保险和意外险。根据职位高低或工作期限实行股票期权制度：一是咖啡豆股票，针对员工发放限制性股票，使员工都持股，成为公司的股东之一；二是股票投资计划，每个季度以抵扣部分薪水的方式或以一定的折扣价格购买公司的股票；三是股票期权奖励，每年会在综合考虑公司年度业绩的基础上，考虑给予符合条件的员工一定的股票期权作为奖励。除此之外，公司还会为全职星级咖啡师和值班主管提供每月住房津贴。自 2017 年 6 月 1 日起，所有在星巴克中国自营市场工作满两年且父母年龄低于 75 周岁的全职员工都将享受由星巴克公司全资提供的父母重疾保险；最后，员工还可以申请到不同地区甚至海外门店工作，或者申请回到家乡的门店工作。

思考：

星巴克公司的全面激励计划使得其员工的忠诚度和敬业度大大提升，员工流动率常年保持在行业的较低水平。全面激励计划是怎样发挥作用使得星巴克员工的忠诚度如此之高，即怎样用期望理论来解释这个计划及其产生的影响？

7.2.2.2　公平理论

公平理论是美国心理学家亚当斯于 20 世纪 60 年代首先提出的，也被称为社会比较理论。公平理论的基本观点是：员工对报酬的满足感是一个社会比较的过程；一个人对自己的工作报酬是否满足，不仅受到报酬的绝对值的影响，而且受到报酬的相对值的影响（个人与别人的横向比较，以及与个人历史收入的纵向比较）；需要保持分配上的公平感，只有产生公平感才会心情舒畅、努力工作；而在产生不公平感时会满腔怨气、大发牢骚，甚至放弃工作、破坏生产。

（1）横向比较

所谓横向比较，即一个人要将自己获得的"报偿"（包括金钱、工作安排以及获得的赏识等）与自己的"投入"（包括教育程度，所做努力，用于工作的时间、精力和其他无形损耗等）的比值与组织内其他人做社会比较，只有相等时他才认为公平。如下式所示：

$$\frac{O_P}{I_P} = \frac{O_O}{I_O}$$

式中，O_P 为自己对所获报酬的感觉；O_O 为自己对他人所获报酬的感觉；I_P 为自己对个人所做投入的感觉；I_O 为自己对他人所做投入的感觉。当上式为不等式时，人也会有不公平的感觉，可能导致工作积极性下降。

（2）纵向比较

所谓纵向比较，即把自己目前投入的努力与目前所获得报偿的比值，同自己过去投入的努力与过去所获报偿的比值进行比较，只有相等时他才认为公平。如下式所示：

$$\frac{O_P}{I_P} = \frac{O_H}{I_H}$$

式中，O_H 为自己对过去所获报酬的感觉；I_H 为自己对个人过去投入的感觉。当上式为不等式时，人也会有不公平的感觉，这可能导致工作积极性下降。

而不公平感会引起个体及个体之间的紧张焦虑。由于紧张焦虑是不愉快的情绪体验，因而人们会力图将其减弱至可容忍的水平。当一个人感觉自己受到了不公平待遇时，个体一般会采取以下方式来消除不公平感：①要求增加自己的报酬；②要求降低他人的报酬；③设法降低自己的贡献；④设法增加他人的贡献；⑤另换一个报酬与贡献比值低者做比较对象；⑥离开原来的组织。前四种方式实际上是在向有关方面施加压力，第五种方式是属于心理上的自我安慰性质，而最后一种方式是员工公平感无法得以实现的最后选择。

【案例7-4】

　　小刘去年进入一家小有名气的外资企业。这家公司实行工资保密制度，一般情况下，员工之间相互都不知道彼此的收入。小刘对这份工作还是很满意的，一方面公司人际关系和谐，气氛轻松，工作虽累却舒心；另一方面就是薪水也不错，底薪每月3000元，还有不固定的奖金。

　　小刘一门心思扑到了工作上，经常加班加点，有时还把工作带回家做，而且也确实取得了显著的成效。例如，上次湖北的一个设备安装项目，在小刘的努力下只用了原定时间的1/3就完成了，为公司节约了大量成本。项目负责人为此还专门写了一份报告表扬小刘。同事都很佩服他，主管也很赏识他。

　　年终考核，人力资源主管对小刘的工作予以高度评价，并告诉小刘公司将给他加薪15%。听到这个消息，小刘高兴极了。这不仅是薪酬提高，也是公司对他业绩的肯定。

　　同年进入公司的小李却开心不起来，因为他今年的业绩并不好。午饭时两人聊了起来，小李唉声叹气地说："你今年可真不错，不像我这么倒霉，薪水都加不了，干来干去还是3900元，什么时候才有希望啊！"

　　猛然间小刘意识到，原来小李的底薪比他高900元。他对小李并没有意见，可是他想不通，即使不考虑业绩，他们俩同样的职务，小李的学历、能力都不比他强，为什么工资却比他高这么多呢？他不仅感到不公平，而且有一种上当的感觉：原来我一直以为自己的工资不低了，应该好好干，可是别人的工资都比我高。他马上就往人力资源部跑去……

　　思考：

　　你能预测小刘到人力资源部会说些什么吗？这个问题不解决，小刘以后的工作表现将会怎样？

7.2.2.3　目标设置理论

　　美国马里兰大学管理学兼心理学教授洛克和休斯在一系列科学研究的基础上，于1967年最先提出目标设置理论，认为目标本身就具有激励作用，目标能把人的需要转变为动机，使人们的行为朝着一定的方向努力，并将自己的行为结果与既定的目标相对照，及时进行调整和修正，从而能实现目标。这种使需要转化为动机，再由动机支配行动以达成目标的过程就是目标激励。

　　洛克认为目标是激励因素影响个体工作动机的主要手段，具体的工作目标会提高工作绩效，困难的目标一旦被员工接受，将会比容易的目标产生更高的工作绩效。大量的研究已经给该理论提供了实质性的支持。目标设置理论奠定了目标管理的理论基础。

　　企业目标是企业凝聚力的核心，它体现了职工工作的意义，能够在理想和信念的层次上激励全体职工。目标设置是目标激励的重要组成部分，在工作中设置怎样的目标才能达到目标与绩效的优化组合，设置的目标与个体的切身利益密切相关。因此，管理者和员工在目标设置过程中应注意以下几方面的问题：第一，目标设置必须符合激励对象的需要；第二，注意目标设置的具体性；第三，注意目标的阶段性；第四，目标的难度拟定要适当；第五，合理运用反馈机制；第六，鼓励员工参与个人目标和企业目标的设置；第七，目标设置应注重对员工努力程度的反映，进行个性化的工作衡量。

7.2.3　强化理论

强化理论是美国的心理学家和行为科学家斯金纳、赫西、布兰查德等人提出的一种理论，也称为行为修正激励理论或行为矫正激励理论。

该理论认为，人的行为是其所获刺激的函数。如果这种刺激对他有利，这种行为会重复出现；若对他不利，这种行为会减弱直至消失。因此，管理者要采取各种强化方式，以使人们的行为符合组织的目标。根据强化的性质和目的。可以分为正强化和负强化两大类型。

7.2.3.1　正强化

正强化，就是奖励那些符合组织目标的行为，以便使这些行为得到进一步加强，从而有利于组织目标的实现。正强化的刺激物不仅包含奖金等物质奖励，还包含表扬、提升、改善工作关系等精神奖励。为了使强化能达到预期的效果，还必须注意实施不同的强化方式。

(1)连续的、固定的强化方式

连续的、固定的强化方式是对每一次符合组织目标的行为都给予强化，或每隔一个固定的时间都给予一定的强化。尽管这种强化有及时刺激、立竿见影的效果，但随着时间的推移，人们会对这种正强化的期望越来越高，或者认为这种正强化是理所应当的。在这种情况下，管理者只有不断加强这种正强化，才不会减弱甚至不再起到刺激行为的作用。

(2)间断的、时间和数量都不固定的强化方式

管理者根据组织的需要和个人行为在工作中的反映，不定期、不定量地实施强化，使每一次强化都能起到较大的效果。

7.2.3.2　负强化

负强化，就是惩罚那些不符合组织目标的行为，以使这些行为被削弱直至消失，从而保证组织目标的实现不受干扰。实际上，不进行正强化也是一种负强化。例如，过去对某种行为进行正强化，现在组织不再需要这种行为，但基于这种行为并不妨碍组织目标的实现，就可以取消正强化，使行为减少或不再重复出现。负强化还包含减少奖酬或罚款、批评、降级等。实施负强化的方式与正强化有所差异，应以连续负强化为主，即对每一次不符合组织目标的行为都应及时予以负强化，直至完全避免这种行为重复出现的可能性。

【案例 7-5】

A 企业在员工工作取得一定成效的时候，会给员工发放一笔上千元的奖金(大部分企业通用的激励方式)。老板本来以为这样就可以充分调动员工的积极性了，但是近年来发现这样的激励方式已经逐渐失去了作用，员工在领取奖金的时候反应非常平淡，就像领自己的薪水一样自然，并且在随后的工作中也没人会为这上千元的奖金表现得特别努力。同时，老板还发现员工的抱怨也比以前有所增加，员工认为老板不重视他们的需

求，给不了他们想要的东西。于是员工离职尤其是优秀人才的跳槽现象开始增多，这给企业造成了巨大的损失。

思考：用行为修正理论解释以上千元奖金未能充分调动员工积极性的原因。

7.2.4 综合型激励理论

激励是一个非常复杂的问题，涉及人类行为的诸多方面。内容型激励理论、过程型激励理论和行为修正激励理论从不同的角度、不同的侧面研究了激励问题。事实上，不存在任何一种理论能够解释各种各样复杂的实际激励问题。对这些理论进行综合应用可能是研究和解决纷繁复杂的激励问题的有效途径，激励大整合模式由此成为管理激励理论继续发展的方向。综合型激励理论就是将以上三类激励理论相结合，把内、外激励因素都考虑进去，系统地描述激励全过程，以期对人的行为有更为全面的解释，克服各种激励理论的片面性。下面主要介绍比较具有代表性的波特和劳勒的综合激励模型。

波特和劳勒的激励模型比较全面地说明了各种激励理论的内容，该模型中包含员工的努力程度、工作绩效、奖酬、满足这四个主要变量，如图 7-3 所示。

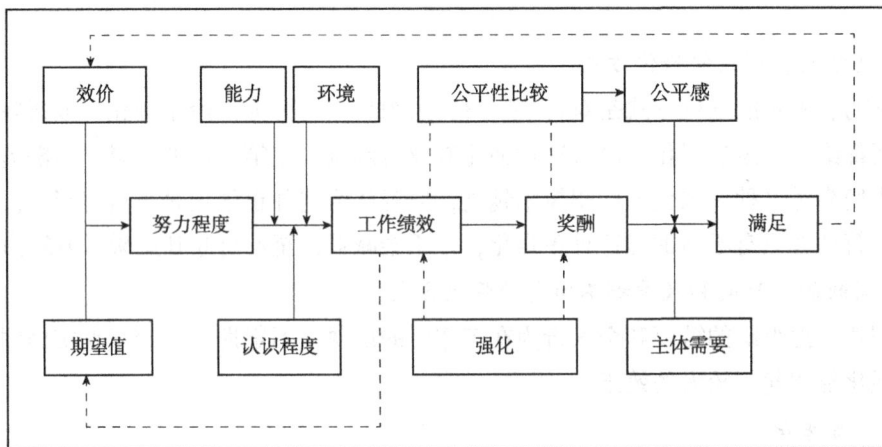

图 7-3　波特和劳勒的综合激励模型

它所体现的关系主线是：员工的努力程度影响其工作绩效，而工作绩效将使员工获得组织给予的内在和外在奖酬，各种奖酬将影响员工的满足感。

7.2.4.1　个人努力程度

个人努力程度是指个人所受到的激励强度和所发挥出来的能力，它的大小取决于个人对某项奖酬(如工资、奖金、提升、认可、友谊、某种荣誉等)价值的主观看法(效价)以及个人对通过努力将获得这一奖酬可能性(期望值)的主观估计。其中，奖酬对个人的价值因人而异，取决于它对个人的吸引力。而个人每次行为最终得到的满足，又会以反馈的形式影响个人对这种奖酬价值的估计。同时，个人对努力可能导致奖酬概率的主观估计又受上一次工作绩效的影响。

7.2.4.2　工作绩效

工作绩效是员工的工作表现和实际成果，不仅取决于个人的努力程度和个人的能力与素质，而且也有赖于工作环境，以及对自己所承担角色的理解程度(包括对组织目标、所要求的活动、与任务有关的各种因素的认识程度等)。

7.2.4.3 奖酬

奖酬是绩效所导致的各种奖励和报酬，包括内在性奖酬和外在性奖酬两种。内在性奖酬、外在性奖酬以及主观上所感受到的奖酬的公平感，共同影响着个人最后的满足感，内在性奖酬更能给员工带来真正的满足。另外，个人对工作绩效和所得奖酬的评价会形成员工的公平感。

7.2.4.4 满足

满足是个人实现某种预期目标时所体验到的满意感觉。它是一种态度、一种内在的认知状态，是各种内在因素(如潜在的责任感、胜任感、成就感等)的总和。

在波特和劳勒综合激励模型中都可以找到期望理论、公平理论、强化理论、双因素理论等理论的踪迹。它表明了激励工作是一件相当复杂的事，充满了科学性和艺术性。管理者根据激励理论对员工进行激励时，应当针对员工的需要和特点，以及所处的环境，采取不同的方法。

【案例 7-6】

海底捞从路边麻辣烫摊子发展到现在的四川海底捞餐饮股份有限公司，它的服务很多时候让第一次来消费的顾客瞠目结舌。海底捞对员工创造性的激发和激励做得很好，同时在员工物质福利方面投入较大，正向激励更多。海底捞内部有一本定期出版的"红宝书"，员工主动为顾客服务的事迹都会展现在上面，在每一间海底捞的办公室墙上都会贴着一张"金点子排行榜"，这就是海底捞思想火花的来源，员工的创意一旦被采纳，就会以发明者的名义来命名。海底捞有一个传统，就是将员工的部分奖金直接寄给他们的父母亲人。海底捞还非常注重员工的公平感。海底捞证明了中国企业一样可以创造出令人羡慕的高昂士气、充满激情的员工团队和出色的业绩。

思考：

以上提到的海底捞对员工激励的措施，都分别对应哪些激励理论，是怎么体现的？

7.3 激励方法

在企业管理的激励实践中，管理者为了解决实际问题，运用激励理论创造出一系列激励技术和有效实施方案，这既丰富了激励理论，又给研究管理学中的激励问题带来了新的发展动力。

7.3.1 目标激励

目标是行动所要得到的预期结果，是满足人的需要的对象。目标与需要一起调节着人的行为，把行为引向一定的方向，目标本身是行为的一种诱因，具有诱发、导向和激励行为的功能。目标的形式多种多样，既可以是外在的实体对象(如工作量)，也可以是内在的精神对象(如学术水平)。因此,适当地设置目标,能够激发人的动机,调动人的积极性。采用目标激励时,领导者应设置能将个人目标和整体目标联结在一起的目标锁链,激励并创造条件帮助员工完成自己的个人目标,进而实现组织目标。

发挥目标激励的作用,应注意以下五个原则:一是个人目标尽可能与集体目标一致;二是设置的目标方向应具有明显的社会性;三是目标的难度要适当;四是目标内容要具体明确,有定量要求;五是应既有近期的阶段性目标,又有远期的总体目标。

> **【案例 7-7】**
>
> 奥布里·丹尼尔斯曾经服务于位于美国亚利桑那州的一家软件公司。该公司的计划已经拖延近两年。为了尽快兑现公司对消费者的承诺,领导者要求全体员工工作七天。结果,员工疲惫不堪、满腹怨气、异常沮丧。于是,该公司换了一个角度解决这个困境——他们开始统计现在制订和实现的目标并兑现承诺。按照要求,每位工程师都要计划自己下一周的工作量。即使工程师的承诺低于自己的期望值,经理也要接受。完成一周的计划之后,对完成计划的部门、班组给予鼓励,员工就不必在周六和周日加班,并在公司内部通报各部门、班组成绩。公司的副总裁对这个项目持保留看法。他认为,如果员工无法在七天内完成一周的计划,那么他们也无法在五天内完成。然而,结果却异常惊人。一年半之后,员工不仅按时完成了拖延已久的计划,而且该公司的工作效率比东海岸的公司高出了三倍。
>
> 目标渺小并不意味着员工就无须努力,也不意味着员工的成绩微不足道。当员工认定目标可以实现而且非常合人心意时,他们会努力实现该目标。只要人们努力朝着目标迈进,那么他们的行为就应当受到认可和鼓励。领导者必须确保工作场所充满正面积极的激励,激发并维持员工在工作中的激情和热情。当员工能受到正面的引导和激励时,即便是日常琐碎的工作,也会变得有趣、有意义。

7.3.2 报酬激励

报酬是组织对员工的贡献,包括对员工的态度、行为和业绩等所做出的各种回报,是指雇员作为雇佣关系的一方所得的各种货币收入以及各种具体的服务和福利之和。因此,从这个角度上说,设计合适的薪酬奖励制度、施予有效的奖励和惩罚、参与管理、情感激励、危机激励等激励方法都是报酬激励,有的激励方法是通过给予员工各种回报以实行正激励,而当组织成员的行为不符合组织目标和组织需要时,组织将给予威胁或惩罚等负激励。

7.3.2.1 合适的薪酬奖励制度

(1)绩效工资方案

绩效工资方案指的是根据对绩效的测量来支付员工工资的浮动薪酬方案。计件工资方案、奖励工资制度、利润分享和包干奖金都是这种方案的具体例子。这种工资方案与传统薪酬计划的差异在于,它并不是根据员工工作时间的长短来支付薪酬,而是在薪酬中反映绩效的考核结果。这种绩效考核可能包括个体生产率、工作团队或群体的生产率、部门生产率、组织总体的利润水平等。

越来越多的企业都采用绩效工资方案，实践证明，绩效工资方案也确实有效。研究表明，使用绩效工资方案的公司比不使用的拥有更好的财务业绩，对销售额、顾客满意度以及利润都有积极影响。如果组织提倡和使用工作团队的形式，那么管理者应当考虑绩效工资方案，也要考虑设计团队绩效工资，这样的方案可以强化团队努力。但是，无论这些计划是基于个人还是团队的，管理者都需要确保它们明确、具体地指出个体的报酬与绩效水平之间的关系。员工应当清楚地知道绩效(自己的绩效和团队的绩效)如何转化为自己的收入。

(2)员工持股计划

所谓"有恒产者有恒心"，对企业的发展来说，员工的短期激励固然重要，但长期激励制度的设计，无论从理论还是实践的角度来看，都是十分重要的研究课题。在长期激励制度的设计中，员工持股计划是一项重要的内容。

员工持股计划是企业所有者与员工分享企业所有权和未来收益权的一种制度安排，是通过让员工持有本公司股票和期权的方式来最大化员工的主人翁感及组织承诺，从而达到激励效果的一种长期奖励计划。这种持股激励是以股份为激励因素来调动员工积极性，鼓励员工在企业持股、风险共担、利润共享，增强持股员工的工作热情和工作责任感，从而达到企业员工参与企业管理、分享红利的目的。

【案例7-8】

华为市场部一位中层管理者表示，工作5年以上、20万元年薪在华为研发和市场部门算是中等水平，而华为员工的工资水平也比其他竞争对手差不多高20%。更为重要的是，华为有六成员工持有公司股票，可以享受公司业绩增长所带来的盈利。财报显示，华为现有11万员工，其中6.5万人持股。

相对于没有员工持股计划的公司而言，公司业绩的增长与员工薪水增长其实并不直接挂钩，只是代表了员工薪水会增长的趋势，而华为员工持股的方式，也将公司利益与员工利益直接挂钩，大大提高华为薪水竞争力。

7.3.2.2　工作激励

组织是由成千上万个不同的任务组成，这些任务又可以合并为各种工作岗位。对职工委以恰当的工作，以求激发职工的工作热情，主要包括两方面的内容：一是工作的分配要尽量考虑到职工的特长和爱好，使人尽其才，才尽其用；二是使工作的要求既富有挑战性，又能为职工所接受。

(1)工作的分配要能考虑到员工的特长和爱好

合理地分配工作，就是根据工作的要求和个人的特点，把工作与人有机地结合起来。也就是说，要根据人的特长来安排工作。

根据员工的特长安排工作，就是要从"这个员工能做什么"的角度来考虑问题。领导者应该知道，每个人都有自己的优势和劣势。一方面，技术再高的人，也总有自己的不足之处。人的精力是有限的，在通常情况下，人们只能把自己有限的精力集中于一个或少数几个领域钻研，所以，总有一些领域是涉足不到的。另一方面，水平再低的人，也总有某个或某些独到之处。这就是"尺有所短，寸有所长"。善于用人，就是要认真研究每个人"长"在何处，"短"在何方，用其长而避其短，使每个人都能满负荷。

给每个人分配适当的工作，还要在条件允许的情况下，把每个人的工作与其兴趣尽量结合起来。当一个人对某项工作真正感兴趣并爱上这项工作时，他便会去钻研、去克服困难，努力把这项工作做好。

(2)工作的分配要能激发职工内在的工作热情

分配适当的工作，不仅要使工作的性质和内容符合职工的特点，照顾到职工的爱好，还要使工作的要求和目标富有一定的挑战性，能真正激起职工奋发向上的精神。怎样才能使工作的分配达到激励的效果呢？应使工作的能力要求略高于执行者的实际能力。

假定某一工作 X 需要的能力水平为 N。以下推理可以图 7-4 来概括。

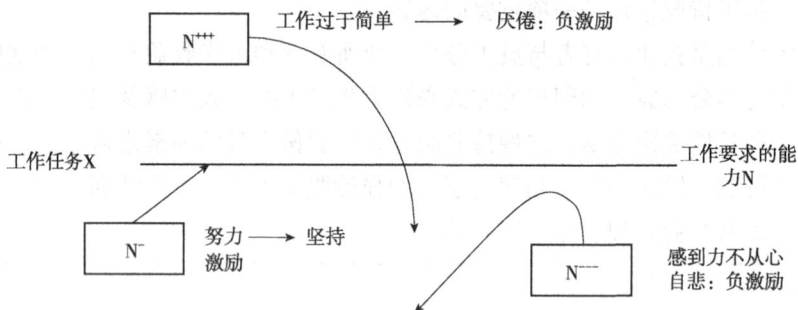

图7-4 工作分配激发工作热情的推理过程

领导者为保险起见，或许会把这项任务交给一位能力远远高于任务要求的人去做。假定他的能力为 N^{+++}，这个人完全了解为完成这项任务应做哪些工作，而且知道如何去做这些工作。但当他了解了任务的实质后就会感觉到自己的潜力没有得到发挥。随着时间的推移，他可能对任务越来越不感兴趣，越来越不满意，直至感到厌倦。

与此相反，从迅速提高员工技术水平和工作能力这个角度出发，领导者或许会把这项任务交给一个工作能力远远低于要求的人去完成。假定这个人的能力水平为 N^{---}。刚接到任务时，他也许会努力去做，以期成功。但经过几次努力未获成果以后，就会感到完成这项任务是自己力所不能及的，从而会灰心丧气，不愿再进行新的尝试。

正确的方法应该是把这项任务交给一个能力略低于要求的人(N^-)，如果这个人愿意思考和努力，则工作可以完成，目标可以达到，还可提高工作能力。

7.3.2.3 参与管理

参与管理就是指在不同程度上让员工和下级参加组织的决策过程及各级管理工作，让下级和员工与企业的高层管理者处于平等的地位研究和讨论组织中的重大问题，他们可以感到上级主管的信任，感觉到自己的利益与组织发展密切相关而产生强烈的责任感；同时，参与管理还为员工提供了一个得到别人重视的机会，从而给人一种成就感。员工因为能够参与商讨与自己有关的问题而受到激励。参与管理既对个人产生激励，又为组织目标的实现提供了保证。

【案例 7-9】

依靠民主管理"排忧解难"

曹操诗云："何以解忧,唯有杜康。"河南某酒厂厂长肩负重任,却并不以酒解忧而是依法办厂,向民主管理求教,让员工唱主角。这个厂每年年终都请职工代表对厂级和中层干部实行民主评议打分。凡 70 分以下者,经党委考核,确实能力不足的就免职。如 20 世纪 90 年代就曾一次免去八名低分中层干部的职务。企业建了三栋宿舍楼,行政科请示厂长如何分配,厂长说这事属于职代会的职权,应向工会主席汇报,由职代会审议决定。职代会经过民主程序制订了分房方案,公开并公平合理完成了分房任务,涉及70 多户的住房大调整仅用 20 天就顺利地完成了。

职工群众在企业中的主人翁地位,经过民主管理的实践活动得到了真正的确认,大家的心被烘热了,生产积极性像被掘开的涌泉,源源而来。厂里的 30 吨锅炉出故障,如果停炉修理需要三天整,估计损失 9 万元。锅炉间的工人心疼这些损失,冒着刚熄火的炉膛高温,裹着湿毯子,轮番进入炉底抢修,不到一天就排除了故障,重新点火。

7.3.2.4 感情激励

感情激励是指既不是以物质激励为刺激,也不是以精神理想为刺激,而是以个人与个人之间的感情联系为手段的激励方法。感情激励提倡的是一种以人为本的管理思想,其实质就是推行人性化的管理。以重视人的情绪、情感等因素为前提,以尊重员工、信任员工为基准,注重与员工的感情沟通交流,使其保持良好的工作情绪,积极主动、轻松愉快地投入工作。

感情激励的最大作用就在于使员工感受到被关心、被支持、被尊重,而这种被关心、被支持、被尊重的感受在协调组织的人际关系、调动工作积极性方面具有较大作用。

【案例 7-10】

"关心人"的公司

成立于 1939 年的惠普公司创始人帕卡德和休利特在开始创业时,就希望公司能够长远发展,想使公司建立在一群稳定的有奉献精神的员工的基础上,因此他们很重视与员工保持亲密的关系。例如,在惠普公司的早期,有一个雇员得了肺病,要求请假两年。这将给他造成严重的家庭经济困难。公司对此提供了一些经济援助。这件事使得惠普公司领导人意识到必须为员工提供保险。于是,惠普公司建立了灾难性医疗保险计划来保护员工及其家庭,极大地帮助了因意外或疾病而发生困难的家庭。这在当时的企业还是罕见的。

在 20 世纪 50 年代,惠普公司发展到 200 人左右,帕卡德的妻子露西尔开始了一种惯例:给每个结婚的员工买一件结婚礼物,给每个生孩子的家庭送一条婴儿毛毯。这种做法持续了 10 年,后来由于公司的扩大和分散经营而取消了。帕卡德认为,露西尔的行为促成惠普公司许多关心员工的传统的形成,加强了惠普公司的家庭氛围,培养了员工对公司的认同感。

在惠普公司的早期,领导人亲自参加野餐成为领导人亲密接触员工的一种重要方式。

在公司早期，帕卡德和休利特每年在帕洛奥多地区为公司所有人及家属举行一次全员参加的野餐。野餐由员工自己计划并举办、公司购买食品和啤酒，员工负责食品加工，而帕卡德和休利特及其他高级管理人员亲自负责上菜。

7.3.2.5 危机激励

危机激励是指树立起全员强烈的危机感和忧患意识。企业领导要不断地向员工灌输危机观念，让他们明白企业生存环境的艰难，以及由此可能对他们的工作、生活带来的不利影响，这样就能激励他们自发地努力工作。危机激励是一种特殊的报酬激励，它强调的不是员工获得的回报，而是有可能失去的回报。

【案例 7-11】

字节跳动的"危机意识"

字节跳动作为全球知名的科技公司，在快速发展的过程中，面临着来自国内外市场的激烈竞争，以及行业环境的不确定性。尽管公司取得了显著的成就，但管理层始终保持着强烈的危机意识，并将这种危机意识传递给员工，以激励他们持续努力。

字节跳动所采用的危机激励措施如下：

1. 创始人张一鸣的危机言论

张一鸣曾多次在内部讲话中提到"字节跳动离倒闭只有一天"，这种言论虽然看似悲观，但实际上是为了让员工始终保持警惕，意识到企业生存的脆弱性。

2. 内部危机意识培训

字节跳动定期组织内部培训和分享会，向员工灌输危机意识。公司强调，尽管目前取得了一定的成绩，但竞争对手的威胁、技术的快速迭代以及政策环境的变化，都可能随时让公司陷入困境。

3. 目标设定与绩效考核

公司在设定年度和季度目标时，会故意将目标设定得更具挑战性，让员工感受到实现目标的压力。通过绩效考核机制，将员工的个人利益与公司的目标紧密绑定，激励员工全力以赴。

4. 内部竞争与淘汰机制

字节跳动在内部实行"末位淘汰"制度，定期对员工进行绩效评估，排名靠后的员工可能会面临岗位调整或淘汰。这种机制让员工时刻保持危机感，不敢懈怠。

5. 管理层的"危机示范"

在面对外部挑战时，公司管理层会主动带头加班，甚至在必要时削减自己的薪酬或福利，以实际行动向员工传递"同甘共苦"的信号。

以上的这些危机激励措施取得了显著的效果，具体如下：员工的工作积极性得到了显著提升，员工意识到公司的发展与个人利益息息相关，工作积极性和创造力显著提高；团队凝聚力明显增强，危机意识让员工更加团结，形成了"同舟共济"的企业文化；企业竞争力得到了显著提升，通过持续的危机激励，字节跳动在面对市场竞争和技术变革时，能够快速调整策略，保持领先地位。

7.3.3 强化激励

当行为的结果有利于个人时，行为就会反复出现，这就起到了强化、激励的作用。如果行为的后果对个人不利，这一行为就会削弱或消失。对人的某种行为给予肯定和奖赏，使这个行为巩固、保持、加强，称作正强化。对于某种行为给予否定和惩罚，使之减弱、消退，称作负强化。正、负强化都是强化的方式和手段，应用得当，就可以使人的行为受到定向控制和改造，最后引导至预期的最佳状态。有效的奖励和惩罚是组织中强化激励的重要体现。

有效奖励有助于满足需要，调动人的积极性；可以调动人的积极情感，树立和增强信心；有助于增强人们克服困难的意志行为；有助于强化人的角色意识；有助于培养良好的道德品质；有助于培养和开发创造力。常见的奖励类别有实物奖赏、附加福利、地位象征、社会和人际奖赏、来自任务的奖赏、自我实施的奖赏等。

惩罚相对奖励而言，方式、方法更难掌握，如果惩罚措施不当，会引起人们心理上的不满和情绪上的消极反应，以及行为上的对抗。惩罚的正面效应表现为可以让不希望发生的行为复发，但是潜在的负面效应也很严重，如图 7-5 所示。

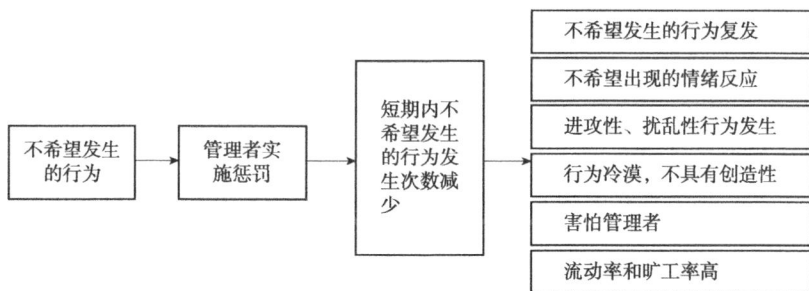

图 7-5 惩罚潜在的负面效应

因此，在管理实践中，既要重视有效奖励这种强大的牵引力，也要重视惩罚等负强化产生的强大驱动力，正、负强化都具有激励作用，不仅对当事人，还对周围员工产生广泛影响。在管理实践中，应将奖励与惩罚相结合，以奖为主、以罚为辅，采取形式多样、及时而正确的强化激励措施，奖人所需。

7.3.4 组织文化激励

组织文化激励是利用组织文化的特有力量，激励组织成员向组织期望的目标行动。组织文化是一个组织在长期的运行过程中提炼和培养出来的一种适合组织特点的管理方式，是组织群体共同认可的特有的价值观念、行为规范及奖惩规则等的总和。一个具有激励特性的、优良的组织文化能调动组织成员的积极性、主动性和创造性。当前组织文化激励的重要性已越来越受到人们的关注，榜样激励和组织活动激励都是常见的组织文化激励方法。

7.3.4.1 榜样激励

在管理企业的过程中不能忽视榜样的力量，要想在管理的过程中顺利将员工的潜力激励出来，就必须树立一个榜样。一个榜样可以起到的作用是很明显的，他们的存在可以产生感染、激励、号召、启迪、警醒等作用，榜样将成为管理者手中极具说服力的激励"利器"。与管理政策和空洞的说教不同，榜样的力量在于行动。

榜样激励能起到一种潜移默化的影响，这是因为行动比说教更能影响人。榜样就是一面引导员工更好工作的旗帜。管理者要学会利用榜样的力量，在企业里形成向心力、凝聚力，从而促进企业的发展。如果这种凝聚力形成了，将是不可摧毁的。

7.3.4.2 组织活动激励

专家指出，企业通过举行活动可以极大地激发员工的工作热情。善于激励员工的企业领导都会在适当的时候组织员工开展各种文体活动并亲自参与其中，因为他们知道这不仅是带着员工向快乐出发的有效途径，更是带着员工向高绩效出发的重要途径。企业领导可以根据自己企业的现状，举办各种有意义的活动。例如，企业组织一些有益的体育活动，可以满足员工的多种内在需要，如竞争意识、发展良好的人际关系、人与人的交流、荣誉感等，从而激发起他们的工作热情和干劲；企业也可以组织各种各样的歌舞联谊会、文化艺术领域的交流会等；企业还可以开展主题竞赛，不仅可以促进员工绩效的提升，更重要的是有助于保持一种积极向上的环境，对减少员工的人事变动效果非常明显，一般可将假期、周年纪念日、运动会及文化作为一些竞赛的主题。

【练习与思考】

1. 对照激励的多种定义，谈谈对激励定义的看法。

2. ERG 理论与马斯洛需求层次理论的不同之处在于哪些方面？其中区别最明显的是什么？

3. 某民营企业为了激发员工的工作热情和积极性，投资改善员工的办公场所和休息区，使得办公场所和休息区冬暖夏凉；同时为了增进同事间的关系，定期组织团建活动，企业同事之间的关系融洽；企业还实行了弹性工作制，员工不需要每天准时打卡；最重要的是该企业大部分岗位的薪酬处在该地区同行业的中上水平。结合双因素理论要点，请问该企业的以上做法，是否一定能最大化地调动员工的工作热情和积极性？为什么？

测试7

4. 小张辛苦工作一年，终于在年底的时候拿到了 3 万元的年终奖励。知道这件事后，小张好像并不怎么高兴。结合过程型激励理论中的公平理论的内容，试分析小张不高兴的可能原因是什么？

5. 为什么说员工持股的方式更能增强员工的主人翁意识？

【职业技能强化】

激励方案的制订

目的：

1. 提高学生对激励定义与原理的理解。

2. 培养学生熟悉相关激励理论。

3. 培养学生发现问题、分析问题、解决问题的能力。

4. 培养学生对激励原理的应用能力。

方法与要求：

1. 全班按 6~8 人分组，自由组合，并选定一名组长。

2. 每组分别对本校毕业班的学生进行调查(调研对象不少于 30 人)，通过调查了解毕业生对未来工作的具体期望是怎样的(尽可能详细或数据化)，或者了解他们的职业规划是怎样的。

3. 根据调查的结果，每组运用激励相关理论或方法，帮助企业制订未来的招聘激励方案，以便对毕业生更有吸引力。

4. 每组制订好详细的激励方案后，在课堂上展示并交流。

【综合评价】

小组名称				小组成员		
综合评价	教师评分		评价项目	分值	得分	备注
			任务完成情况	50		
			分析表达能力	30		
			小组协作能力	20		
			总计	100		
	学生互评评语					
	自我修正					

单元8

沟通与协调

【学习目标】

知识目标：

    (1)理解沟通的含义；

    (2)掌握沟通的分类和作用；

    (3)掌握沟通过程的要素；

    (4)理解有效沟通的障碍类型；

    (5)掌握有效沟通的实现；

    (6)理解正式沟通和非正式沟通；

    (7)掌握冲突与协调认知的含义。

技能目标：

    (1)能够消除有效沟通中的障碍并实现有效沟通；

    (2)能够熟练运用沟通技巧进行有效沟通；

    (3)能够解决沟通中的冲突并做好协调。

素质目标：

    (1)具有较好的个人品德和沟通心态；

    (2)具有和善亲切、谦虚随和、理解宽容、热情诚恳地与人沟通的意愿和能力；

    (3)具备爱岗敬业、诚实守信、办事公道的职业品格。

【情景导入】

    吴伟向一位客户推销家具，商谈过程十分顺利。当客户正要付款时，另一位销售人员跟吴伟谈起昨天的足球赛，吴伟一边跟同事津津有味地说笑，一边伸手去接货款，不料客户却突然掉头而走。吴伟冥思苦想了一天，不明白客户为什么突然放弃了已经挑选好的家具。第二天上午9点，他终于忍不住给客户打了一个电话，询问客户突然改变主意的理由。客户不高兴地在电话中告诉他："昨天付款时，我同你谈到了我的小女儿，她刚考上北京大学，是我们家的骄傲，可是你一点也不在意，只顾跟你的同事谈足球赛。"此时，吴伟才恍然大悟。

    思考：

    1. 吴伟这次失败的生意给了你怎样的启发？

    2. 什么是有效沟通？我们在与人沟通中需要注意什么？

8.1 沟通概述

8.1.1 沟通的含义与作用

8.1.1.1 沟通的含义

沟通，指的是人际沟通，是人们分享信息、传递思想和表达情感的过程。这种过程不仅包含口头语言和书面语言，也包含形体语言、个人的习气和方式、物质环境等赋予信息含义的任何事物。

沟通是人与人之间转移信息的过程。沟通不仅是一个人获得他人思想、感情、见解、价值观的一种途径，也是一种重要的、有效影响他人的工具和改变他人的手段。完美的沟通，是指经过传递之后被接受者感知的信息与发送者发出的信息完全一致，并达成共识。管理沟通是指特定组织中的人们，为了达成组织目标而进行的管理信息交流的行为过程。它是组织内部联系的最主要手段，通过信息沟通，可以让领导者更好地了解和掌握内部情况，建立并改善组织内部的人际关系，影响并改变组织成员的行为。

8.1.1.2 沟通的作用

现代组织处于一个复杂的网络关系之中，员工之间、各部门之间、组织上下级之间、工作团队之间以及组织之间、组织与客户之间无不存在着广泛的沟通，他们特别需要彼此进行沟通，互相理解、互通信息。在组织管理中，沟通的作用有收集信息、改善人际关系、激励下属和控制组织成员行为四个方面。

(1)收集信息

沟通使决策能更加合理和有效。沟通的过程实际上就是信息双向交流的过程，任何组织的决策过程，都是把信息转变为行动的过程。准确可靠而迅速地收集、处理、传递和使用信息是决策的基础。

(2)改善人际关系

沟通可以稳定员工的思想情绪，统一组织行动。沟通是人际交往的重要组成部分，它可以解除人们内心的紧张等不良情绪，使人感到愉悦。在相互沟通中，人们可以增进了解，改善关系，减少不必要的冲突。

(3)激励下属

沟通是领导者激励下属，实现管理职能和组织目标的基本途径。沟通使组织成员明确形势，告诉他们做什么，如何做以及没有达到目标该如何改进。目标设置和实现过程中信息的持续反馈和沟通对员工都有激励作用。

(4)控制组织成员行为

沟通对组织成员的行为具有控制作用。组织的规则、章程、政策等是组织中每一个成员都必须遵守的，对成员的行为具有控制作用。而成员是通过不同形式的沟通来了解、领会这些规则、章程、政策。也可以说，沟通对组织成员的行为具有控制作用。

8.1.2 沟通的要素

从沟通的界定来看，沟通应包括五个要素，即沟通主体、沟通客体、沟通介体、沟通环境、沟通渠道。见表 8-1 所列。

表 8-1 沟通的五个要素

要素	内容描述
沟通主体	是指有目的地对沟通客体施加影响的个人和团体，诸如党、团、行政组织、家庭、社会文化团体及社会成员等。沟通主体可以选择和决定沟通客体、沟通介体、沟通环境和沟通渠道，在沟通过程中处于主导地位
沟通客体	即沟通对象，包括个体沟通对象和团体沟通对象；团体的沟通对象还有正式群体和非正式群体的区分。沟通对象是沟通过程的出发点和落脚点，因而在沟通过程中具有积极的能动作用
沟通介体	即沟通主体用以影响、作用于沟通客体的中介，包括沟通内容和沟通方法。沟通主体与客体间的联系，保证沟通过程的正常开展
沟通环境	沟通环境包括物理环境和社会环境。物理环境如光线、噪声等会影响沟通的效果；社会环境如文化背景、社会地位等也会影响双方的理解和互动。因此，在沟通时需要考虑并适应不同的环境因素
沟通渠道	即沟通介体从沟通主体传达给沟通客体的途径。沟通渠道不仅能使正确的思想观念尽可能全、准、快地传达给沟通客体，而且还能广泛、及时、准确地收集客体的思想动态和反馈的信息，因而沟通渠道是实施沟通过程，提高沟通功效的重要一环。沟通渠道很多，诸如谈心、座谈等

8.1.3 沟通过程

完整的沟通过程包括以下七个环节。

准备信息：沟通的第一步是信息发送者明确沟通的目的，构思并准备要传递的信息；编码：信息发送者将构思好的信息以语言、文字、图像、动作等形式进行编码，以便信息能够被接收者理解；传递信息：信息通过选定的渠道从发送者传递到接收者；译码：接收者接收到信息后，根据自己的理解、经验和背景知识对信息进行解码，即理解信息的含义；反应：即体现出沟通效果；反馈：接收者根据解码后的信息做出反应，这种反应可以是言语上的回应，也可以是行动上的表现，反馈给发送者；评估沟通效果：发送者根据接收者的反馈评估沟通的效果，了解信息是否被正确理解，以及沟通是否达到了预期的目的。如果沟通效果不佳，发送者可能需要调整信息内容、编码方式或沟通渠道等，以提高沟通效率和质量，如图 8-1 所示。

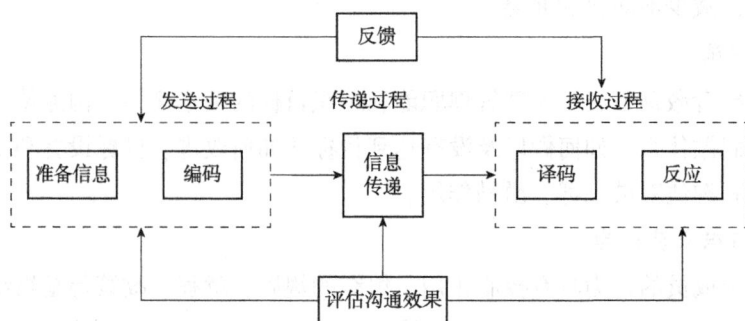

图 8-1 沟通过程

8.1.4　沟通形式

8.1.4.1　语言沟通

语言是人类最核心的沟通和认知工具之一，是一种人类区别于其他生物所特有的沟通形式，包括口头语言、书面语言和图形图片。

口头语言包括面对面的谈话、会议等。书面语言包括信件、广告、传真、电子邮件等。图形图片包括幻灯片和电影等，这些都统称为语言沟通。

在沟通过程中，语言沟通对于信息的传递、思想的传递和情感的传递而言更擅长传递的是信息。例如，开会、聊天等侧重于口头沟通；书面报告、电子邮件等则侧重于书面语言沟通；老师使用演示文稿讲课，集合了口头、书面和图形与图片三种模式的沟通。语言沟通形式见表 8-2 所列。

表 8-2　语言沟通形式

口头	书面	图形与图片
• 面对面谈话 • 会议 • 讲话 • 电影 • 电视、录像 • 电话	• 信件 • 电报 • 出版物 • 传真 • 广告 • 电子邮件	• 幻灯片 • 图片 • 图表 • 曲线图 • 画片

8.1.4.2　非语言沟通

通常指的是肢体语言的沟通形式，包括肢体动作、面部表情、眼神等。例如，举手投足、眉目传神等皆是沟通。许多时候，非语言沟通会比语言沟通取得更好的效果。肢体语言沟通形式见表 8-3 所列。

表 8-3　肢体语言沟通形式

肢体语言形式	行为含义
手势	柔和的手势暗示友好、商量，强硬的手势则意味着"我是对的，你必须听我的"
面部表情	微笑表示友善礼貌，皱眉表示怀疑和不满意
眼神	盯着看意味着不礼貌，但也可能表示兴趣、寻求支持
姿态	双臂环抱表示防御，开会时独坐一隅意味着傲慢或不感兴趣
声调	演说时抑扬顿挫说明热情，突然停顿是为了造成悬念、吸引注意力

8.1.5　正式沟通与非正式沟通

8.1.5.1　正式沟通

正式沟通指由组织内部明确的规章制度所规定的沟通方式，它和组织的结构息息相关，主要包括按正式组织系统发布的命令、指示、文件，组织召开的正式会议，组织内部上下级之间和同事之间因工作需要而进行的正式接触。另外，团体所组织的参观访问、技术交流、市场调查等也在此列。

（1）正式沟通的类型

正式沟通按信息的流向有下向沟通、上向沟通、横向沟通、外向沟通等几种。

①下向沟通　下向沟通是在传统组织内最主要的沟通流向。一般以命令方式传达上级组织或其上级所决定的政策、计划、规定之类的信息，有时颁发某些资料供下属使用等。如果组织的结构包括多个层次，则通过层层转达，其结果往往使下向信息发生歪曲，甚至遗失，而且过程迟缓，这些都是在下向沟通中发现的问题。

②上向沟通　上向沟通主要是下属依照规定向上级所提出的正式书面或口头报告。除此以外，许多机构还采取某些措施以鼓励向上沟通，例如，意见箱、建议制度，以及由组织举办的征求意见座谈会或态度调查等。有时某些上层主管采取所谓"门户开放"政策，使下属人员可以不经组织层次向上报告。但是据研究，这种沟通也不是很有效的，而且当事人的利害关系往往使沟通信息发生与事实不符的情形。

③横向沟通　横向沟通主要是同层次、不同业务部门之间的沟通。在正式沟通系统内，通常机会并不多，若采用委员会和举行会议方式，往往所耗费的时间人力甚多，而达到沟通的效果并不很大。因此，组织为顺利进行其工作，必须依赖非正式沟通以辅助正式沟通的不足。正式沟通的优点是沟通效果好、比较严肃、约束力强、易于保密，使信息沟通过程具有权威性。重要的消息和文件的传达、组织的决策等，一般都采取这种方式。其缺点是因为需要依靠组织系统层层传递，所以很刻板，沟通速度很慢，此外也存在着信息失真或扭曲的可能。

④外向沟通　外向沟通是一个人与其他人进行信息交流的过程。在交流中，信息发送者与信息接收者之间的位置不断交换，信息交流的双方通过口头语言、书面语言、图片、音像资料等方式表达自己的态度和意愿，并理解对方的思想和情感。外向沟通可以采取多种形式，包括但不限于：口头沟通，包括面对面的交谈、电话、视频会议等；书面沟通，包括信件、电子邮件、传真、报告等；非语言沟通，包括面部表情、肢体语言、语气等。

（2）正式沟通的方法

正式沟通是事先计划和安排好的，如定期的书面报告、面谈、有经理参加的定期的小组或团队会议等。正式沟通的方法有定期的书面报告、一对一正式面谈、定期的会议，正式沟通的方法表8-4所列。

表8-4　正式沟通的方法

方法	内容描述
定期的书面报告	员工可以通过文字的形式向上级报告工作进展、反映发现的问题，主要有：周报、月报、季报、年报。当员工与上级不在同一地点办公或经常在外地工作，可通过电子邮件进行传送。书面报告可培养员工理性、系统地考虑问题，提高逻辑思维和书面表达能力。但应注意采用简化书面报告，只保留必要的报告内容，避免繁琐

（续）

方法	内容描述
一对一正式面谈	正式面谈对于及早发现问题、找到和推行解决问题的方法是非常有效的；可以使管理者和员工进行比较深入的探讨，也可以讨论不易公开的观点，使员工有一种被尊重的感觉。有利于建立管理者和员工之间的融洽关系。但面谈的重点应放在具体的工作任务和标准上，鼓励员工多谈自己的想法，以一种开放、坦诚的方式进行谈话和交流
定期的会议	会议沟通可以满足团队交流的需要；定期参加会议的人员相互之间能掌握工作进展情况；通过会议沟通，员工往往能从上司口中获取公司战略或价值导向的信息。但应注意会议的重点、频率，避免召开不必要的会议

8.1.5.2 非正式沟通

（1）非正式沟通的含义

非正式沟通指在一个组织中的成员不依循组织层级方式，进行彼此之间信息的传递，以促进成员之间意见交换与情感联系。非正式沟通是非正式组织的副产品，它一方面满足了员工的需求，另一方面也补充了正式沟通系统的不足，是正式沟通的有机补充。在许多组织中，决策时利用的情报大部分是由非正式信息系统传递的。

非正式沟通和正式沟通不同，因为它的沟通对象、时间及内容等各方面，都是未经计划和难以辨别的。

美国通用公司执行总裁杰克·韦尔奇被誉为"20世纪最伟大的经理人"之一，在他上任之初，通用公司内部等级制度森严、结构臃肿，韦尔奇通过大刀阔斧的改革，在公司内部引入"非正式沟通"的管理理念。韦尔奇经常给员工留便条和亲自打电话通知员工有关事宜。在他看来，沟通是随心所欲的，他努力使公司的所有员工都保持着一种近乎家庭式的亲友关系，使每位员工都有参与和发展的机会，从而增强管理者和员工之间的理解、相互尊重和感情交流。

一些企业和组织在公司的网站上设立了相关论坛、公告等多种非正式的沟通渠道。在这些渠道中，组织成员的沟通一般是在身份隐蔽的前提下进行的。所以，这些沟通信息能够较为真实地反映组织成员的一些思想情感和想法。对于组织领导者来说，掌握了解这些信息资料有利于他们日后的管理沟通工作。

（2）非正式沟通的优缺点

①非正式沟通的优点 同正式沟通相比，非正式沟通的优点是：沟通形式灵活，直接明了，速度快，省略许多烦琐的程序，容易及时了解到正式沟通难以提供的信息，真实地反映员工的思想、态度和动机。非正式沟通能够发挥作用的基础是建立团体中良好的人际关系。

②非正式沟通的缺点 非正式沟通的缺点主要表现在：非正式沟通难以控制，传递的信息不确切，容易失真、被曲解，并且它可能促进小集团、小圈子的建立，影响员工关系

的稳定和团体的凝聚力。

(3)非正式沟通的类型

非正式沟通的类型依照最常见至较少见的顺序排列，分别为集群连锁、密语连锁、随机连锁、单线连锁，见表8-5所列。

8-5　非正式沟通的类型

类型	内容描述	图示
集群连锁	即在沟通过程中，可能有几个中心人物，由他转告若干人，而且有某种程度的弹性。如右图中的 A 和 F 两人就是中心人物，代表两个集群的"转播站"	
密语连锁	由一人告知其他所有人，犹如其独家新闻	
随机连锁	即碰到什么人就转告什么人，并无一定中心人物或选择性	
单线连锁	就是由一人转告另一人，另也只再转告一个人，这种情况最为少见	

8.2　有效沟通的障碍及实现

有效沟通是现代企业管理得以实施的主要手段、方法和工具，是做好思想政治工作、实现企业和谐发展的重要基础。管理学学者认为，沟通实际就是社会中人与人之间的联系过程，是人与人之间传递信息、沟通思想和交流情感的过程。

工作中与上级
沟通的艺术

8.2.1　有效沟通的障碍

【案例 8-1】

陈毅市长说服化学专家齐仰之先生出山

1949 年 5 月 25 日，陈毅率领部队正式进入上海。国民政府统治上海时期，对上海实行经济封锁，道路不通致使药品短缺，其中进口的青霉素更是缺货严重。青霉素这种有效抑制病菌的抗生素短缺，意味着上海人民的生命可能受到威胁。可是恢复运输不是一朝一夕之事，青霉素应该去哪里获得呢？

陈毅辗转反侧好多天，他的脑子里冒出了一个大胆的想法：我们国家难道不能自己生产青霉素吗？于是陈毅想到了我国著名化学家齐仰之先生。

但齐仰之先生是出了名的怪脾气，国民政府统治上海时期令他对政治非常失望，所以他曾说："就算孙中山送来拜帖，我也绝不出山。"可陈毅还是亲自来到齐仰之的家中拜访，不过齐仰之并不领情，他说："闲谈不得超过三分钟。"他本以为陈毅会转身离开，可是陈毅满面笑容地答应了。

陈毅说："齐先生一生致力于化学研究，可是有一门化学您好像一窍不通。"齐仰之听后怒发冲冠："你说什么？我研究化学几十年，在化学领域是颇有建树的，你说说，到底是什么我一窍不通？"

陈毅见齐仰之生气，就知道激将法奏效了，于是他故意说道："三分钟已到，改日再来拜访。"这回齐仰之急了，"一窍不通"四个字对他来说可真是奇耻大辱，他赶紧拦住陈毅，一定要问个明白。

陈毅笑了笑说道："您别激动，我说的化学是社会变化之学，就是能使新中国富强起来的化学。"

看到齐仰之的神色有了变化，陈毅又将希望齐仰之出山建设中国第一家青霉素工厂的想法和盘托出，这回齐仰之的一身本领终于有了用武之地，他拉着陈毅在家里聊了三天。

8.2.1.1　有效沟通障碍的类型

所谓沟通障碍，是指信息在传递和交换过程中，由于信息意图受到干扰或误解而导致沟通失真的现象。在人们沟通信息的过程中，常常会受到各种因素的影响和干扰，使沟通受到阻碍。沟通障碍有以下几种类型，见表 8-6 所列。

表 8-6　有效沟通障碍的类型

类型	内容描述
语言障碍	语言是交流思想的工具，但不是思想本身，加之人们用语言表达思想的能力千差万别，故用语言表达思想、交流信息时，难免出现误差
观念障碍	人们的社会经历不同，信念不同，对事物的态度和观点也必然不同，因而不能避免沟通中意见的冲突

（续）

类型	内容描述
气质障碍	人的个性不同、气质不同，交流信息时难免存在困难。造成沟通障碍的因素很多，除了人的因素之外，还有物的因素。领导者的责任就在于采取办法消除这些障碍，疏通渠道，使组织、个人之间的沟通畅通无阻

8.2.1.2　有效沟通障碍的来源

沟通的障碍主要来自三个方面：发送者的障碍、接受者的障碍和信息传播通道的障碍，见表 8-7 所列。

表 8-7　有效沟通障碍的来源

来源	内容描述
发送者的障碍	在沟通过程中，信息发送者的情绪、倾向、个人感受、表达能力、判断力等都会影响信息的完整传递。障碍主要表现：表达能力不佳；信息传送不全；信息传递不及时或不适时；知识经验的局限；对信息的过滤
接受者的障碍	从信息接受者的角度看，影响信息沟通的因素主要有五个方面：信息译码不准确；对信息的筛选；对信息的承受力；心理上的障碍；过早地评价情绪
信息传播通道的障碍	沟通通道的问题会影响沟通的效果

8.2.1.3　沟通障碍的表现

在企业日常的管理中，经常发生一些信息沟通上的障碍，这些障碍的产生都源于以下因素的影响，具体见表 8-8 所列。

表 8-8　沟通障碍的表现

表现	内容描述
距离	上级与下级之间的物理距离减少了他们面对面的沟通。较少的面对面沟通可能会导致误解或不能理解所传递的信息。物理距离还使得上级与下级之间的误解不易澄清
曲解	指在信息传递过程中，接收者对原始信息的含义、意图或内容产生偏离性理解的现象。很多时候，我们不仅在工作层面上进行交流，也在情感层面上进行沟通，但有时上级和下级都倾向于根据自己的观点、价值观、意见和背景来解释信息，而不是对它做客观的解释
语义	这涉及沟通语言、文字、图像、身体语言等。因为几乎所有的信息沟通都利用符号来表达一定的含义。而符号通常有多种含义，人们必须从中选择一种。有时选错了，就会出现语义障碍。如词语这一符号，会从词的多重含义、专业术语、词语的下意识联想等方面引起沟通障碍
缺乏信任	这种障碍与上下级相处的经历有关。一方面，在以往经历的基础上，如果下级认为把坏消息报告给上级于己无益，他就会隐瞒这些消息；另一方面，如果他觉得上级能体谅并且提供帮助，他就不会把坏消息或不利信息过滤掉

除此之外，沟通的障碍还包括：不可接近性、职责不明确、个性不相容、拒绝倾听、没有利用恰当的媒介、沟通缺口（沟通信息传递过程中所存在的缺陷与漏洞）、方向迷失（信息内容缺乏可能会导致沟通障碍）、信息过载（信息过多，超出处理能力）等。

【案例 8-2】

请看下面不同的对话：

一家果品公司的采购员来到果园，问："多少钱一斤？"

"8 角。"

"6 角行吗？"

"少一分也不卖。"

当时正是苹果上市的时候，这么多的买主，卖主显然不肯让步。

"商量商量怎么样？"

"没什么好商量的。"

"不卖拉倒！又不是只有你这家有卖！"

买卖双方不欢而散。

不久，又有一家公司的采购员走上前来，先递过一支香烟，问："多少钱一斤？"

"8 角。"

"整筐卖多少钱？"

"零买不卖，整筐 8 角一斤。"

卖主仍然坚持不让。买主却不急于还价，而是不慌不忙地打开筐盖，拿起一个苹果在手里掂着、端详着，不紧不慢地说："个头还可以，但颜色不够红，这样上市卖不上价呀。"

接着伸手往筐里掏，摸了一会儿，摸出一个个头小的苹果："老板，您这一筐，表面是大的，筐底可藏着不少小的，这怎么算呢？"边说边继续在筐里摸着，一会儿，又摸出一个带伤的苹果："看！这里还有虫咬，也许是雹伤。您这苹果既不够红，又不够大，有的还有伤，无论如何算不上一级，勉强算二级就不错了。"

这时，卖主沉不住气了，说话也和气了："您真的想要，那么，您给个价吧。"

"农民一年到头也不容易，给您 6 角钱吧。"

"那可太低了……"卖主有点着急，"您再添点吧，我就指望这些苹果过日子哩。"

"好吧，看您也是个老实人，交个朋友吧，6 角 5 分钱一斤，我全包了。"

双方终于成交了。

点评：第二个买主之所以能以较低的价格成交，在于先"递上一支烟"，从建立感情开始，即先交流而不是先谈价格。然后，细看货品，指出货品中的不足。紧接着，以"农民一年到头也不容易"的心理战术为铺垫，进行还价。这似乎是站在货主的角度来思考，所还的价是对货主的关心，并以交朋友的心态谈生意。

8.2.2 有效沟通的实现

8.2.2.1 有效沟通的重要性

工作中的任何一个决策都需要有效的沟通过程才能实施，沟通的过程就是对决策进行理解传达的过程。决策表达得准确、清晰、简洁是进行有效沟通的前提，而对决策的正确理解是实施有效沟通的前提。每当决策下达时，决策者都要和执行者进行需要的沟通，以对决策达成共识，使执行者准确无误地依照决策执行，防止因为对决策的曲解而造成执行失误。信息的沟通是联系群体共同目的和群体中有协作的个人之间的桥梁，良好的沟通能化解不必要的矛盾，取得事半功倍的效果。

8.2.2.2 有效沟通的要素

有效沟通主要包括尊重、理解、有效倾听、有效提问和拒绝四个要素，见表 8-9 所列。

表 8-9　有效沟通的要素

要素	内容描述
尊重	尊重是实现有效沟通的基本要素，平等的态度会鼓励对方进入轻松自由的无障碍交流，使沟通容易取得成功
理解	在沟通中要换位思考，积极地了解、引导与说服
有效倾听	接待中要正确地倾听客户要求，及时做出回应并引导客户完成预期目标，倾听者要排除个人感情，认真理解对方的语义，表示出适当的肢体语言，鼓励对方叙述，调整好情绪，对信息进行思考、回馈并做好记录
有效提问和拒绝	(1)提问要简洁、中心要突出，使对方在最短的时间内了解你的意图； (2)需要时应使用果断和坚决的手势，协助表达要求的坚定性，语言要清晰、明确、有力； (3)礼貌拒绝包括：防止使用借口，留出时间延期答复，给人以深思熟虑的感觉，拒绝后提出替代方案，说明原因争取对方的理解

8.2.2.3 解决有效沟通障碍的方法

可以通过真诚尊重、感受对方、克服认知差异、态度明确、正确倾听五种方法克服有效沟通的障碍，具体内容见表 8-10 所列。

表 8-10　解决有效沟通障碍的方法

方法	内容描述
真诚尊重	沟通是全身心的交流，只有真诚地尊重对方，表达出沟通的诚意与信任，才能得到全面准确的信息。只有做到思想与感情的交流，才能做出明智的判断与准确的决策
感受对方	感受对方的动机、需要、兴趣、性格、态度、理想、价值观是第一位的。人们只有在使用一套共同的符号系统时，沟通才会发生。一个人与对方有多少共同点，决定了与其沟通的程度
克服认知差异	全面接收信息，而非仅关注符合自身预期的部分，理解对方的文化背景、知识水平及心理状态，调整沟通策略
态度明确	态度明确是沟通有效的关键，模糊、消极、被动的态度不但是无效的，也是有害的。明确的态度与言行是冲破沟通阻碍的利器。这就要求沟通者做到直接、诚恳、适时、恰当、清楚地表达自己的需要、看法与感受
正确倾听	正确的倾听能力既不是与生俱来的，也不是每个人都能学会的，这是先天与后天的结合，并在学习、生活与工作中逐步锻炼与培养起来的

8.2.3　沟通技巧

沟通技巧主要有以下八种，见表 8-11 所列。

表 8-11　沟通技巧

沟通技巧	内容描述
学会倾听	学会倾听对方的讲话，不仅听内容，还要用心观察对方说话时的神态、表情、手势。通过这些非语言的信息，正确理解对方的真正意思，使对方感觉到你对他的尊重，还可引导对方说话，并给足他讲话的时间
有条理	说得多不如说得好，要说能感动对方的话
不打断别人的谈话	可以点头，避免如抢话、争辩等。若确实需要中断别人的谈话，也应该先表示歉意，并告知对方理由，获得对方的谅解
多些讨论，少些争辩	只要本意善良，讨论也就等于谈话。相反，愤怒激烈的争执是愉快谈吐的大敌
调动对方情绪	调动他人参与谈话的积极性与热情，求得共识、共鸣
为他人提供价值	一个有效的沟通者会为正在沟通的人提供价值。沟通是一个双向的过程，为了使其有效，所有沟通者都可以为参与对话的人提供价值。学习提问技巧，包括提出有价值的问题和明确的目的，这可以帮助提升在对话中提供的价值
情绪管理	了解一个人的情绪如何影响对话的能力可以帮助说话者更好地控制它。情绪管理可以帮助演讲者提高他们的沟通技巧，特别是在有效沟通的能力方面

【案例 8-3】
三则小故事

1. 员工 A：老板，我看了年会的场地，离我们最近的 A 酒店太小了，我们人数太多；B 酒店倒是放得下，但是年会时间已经被其他公司预订了；C 酒店比较宽敞、价格适中、菜品较多；D 酒店主打湖南菜，我们公司多数人吃不了辣。所以我觉得还是选 C 酒店比较合适吧。

员工 B：老板，经过考察并综合考虑，我们这次的年会场地计划选在 C 酒店，宴会厅比较宽敞还有表演舞台，菜品较多口味也比较合适，整体支出不会超预算，所以我们定在 C 酒店您看行不行？

2. 员工 A：我们团队这季度的表现很不错，大家都很卖力，每个人的业绩也完成得非常出色，达到了目标……

员工 B：本季度，我们的业绩目标是 100 万，通过团队五个人的努力，我们的业绩做到了 120 万，每个同事都完成了单人业绩 10 万以上，这一次 100 万的业绩超额完成离不开同事的共同努力。

3. 员工 A：领导，我们的方案需要申请 10 万资金。（领导一般会问你申请这么多钱干什么用？怎么用？而且一般是很难直接批准的。）

员工 B：领导，我们需要申请 10 万的活动资金来做宣传，因为本期活动策划准备请一位网红大咖助阵。上个月隔壁部门请了×××帮忙做宣传，他们当月的销售翻了两倍，粉丝也多了 5 万。（10 万的活动资金可以换来更好的销售业绩。）

> 思考：
> 在以上三个小案例中，如果你是老板，你更喜欢哪位的沟通方式？为什么？

8.3 冲突与协调

8.3.1 冲突

8.3.1.1 冲突的起源

冲突是指由于某种差异而引起的抵触、争执或争斗的状态。人与人之间在利益、观点、掌握的信息或对事件的理解上都可能存在差异，有差异就可能引起冲突。不管这种差异是否真实存在，只要一方感觉到有差异就可能会发生冲突。冲突的形式可以从最温和、最微妙的抵触到最激烈的罢工、骚乱和战争。

沟通的 PREP
模型

（1）沟通差异

沟通是人与人之间、人与群体之间思想与感情的传递和反馈的过程，以求思想一致和感情通畅。文化和历史背景不同、语义困难、误解及沟通过程中噪声的干扰都可能造成人们之间意见不一致。沟通不良是产生冲突的重要原因，但不是主要原因。

（2）结构差异

管理中经常发生的冲突绝大多数是由组织结构的差异引起的。分工造成组织结构中垂直方向和水平方向各系统、各层次、各部门、各单位、各岗位的分化。组织越庞大、越复杂，组织分化越细密，组织整合越困难。由于信息不对称和利益不一致，人们在计划目标、实施方法、绩效评价、资源分配、劳动报酬、奖惩等许多问题上都会产生不同看法，这种差异是由组织结构造成的。为了本单位的利益和荣誉，许多人会理直气壮地与其他单位甚至上级组织发生冲突。不少管理者甚至把挑起这种冲突看作是自己的职责，或作为建立自己威望的手段。

（3）个体差异

社会背景、教育程度、阅历、修养塑造了每个人各不相同的性格、价值观和作风。人与人之间的这种个体差异往往造成合作和沟通的困难，从而成为某些冲突的根源。

8.3.1.2 冲突的类型

任务冲突、关系冲突、过程冲突是组织管理中常见的冲突类型，见表 8-12 所列。

表 8-12　常见冲突的类型

类型	内容描述
任务冲突	是指工作目标和内容的冲突。例如，某位管理者认为企业的目标是利润和价值最大化，他强烈主张组织应当避免社会活动，将精力放在提高收入、降低成本上，其他活动一概不要参加。另一位管理者却认为企业应当重视社会问题、积极参与社会活动，既认同利润的重要性。这两位管理者在重大问题之间的立场差异就是任务冲突

（续）

类型	内容描述
关系冲突	是人际关系中的问题。我们都会有不喜欢的对象，可能是因为他的很多观点我们并不赞同，有时甚至会有第一眼看见就觉得不喜欢的人，可能仅仅因为一些细微的特点，如他说话的声音、某个神态或者其他个性方面的特点。大概这就是偏见，这种主观的意识使得我们与这些不喜欢的人共事时会产生反感情绪，隐藏着发生冲突的可能性
过程冲突	指各方对人物的目标和内容没有分歧，但对如何实现目标和完成工作意见不一。例如，假设在任务冲突的例子中的两位管理者都认同社会问题的重要性，也同意将公司利润与社会共享，那么，他们之间没有任务冲突。但是，其中一位认为做好这项工作只是将公司的部分利润投入一项或多项社会活动，而另一位则主张更多地介入。那么，尽管他们的目标是一致的，但在实现目标的最佳方式上却存在着冲突

8.3.1.3　冲突处理

传统观点往往只看到冲突的消极影响。把冲突当作组织内部矛盾、斗争、不团结的征兆。因而管理者总是极力消除、回避或掩饰冲突。事实上，由于沟通差异、结构差异和个体差异的客观存在，冲突不可避免地存在于一切组织之中。我们不仅应当承认冲突是正常现象，而且要看到冲突的积极作用。任何一个组织如果没有冲突或很少有冲突，对待任何事情都意见一致，这个组织必将非常冷漠、对环境变化反应迟钝、缺乏创新。当然，冲突过多、过激也会造成混乱、涣散、分裂和无政府状态。所以，组织应保持适度的冲突，养成批评与自我批评、不断创新、努力进取的风气，这样组织才会出现人人心情舒畅、奋发向上的局面，有旺盛的生命力。

当组织缺乏冲突时，管理者应细心地寻找原因，问问自己是否过于看重决策的"意见一致"，是否过分强调"团结、友谊和支持比什么都重要"，是否在处理问题过于"中庸"，是否在用人、奖励、惩罚时，过于关注不同意见或者是否走到另一个极端过于独断专行，是否压制打击过批评者或者对不同意见者态度过于严厉。最后，管理者要静下心来扪心自问，自己是否已被"点头称是的人们"所包围。为了促进冲突，管理者除改变自身的思想观念和工作作风外，还要有意识地鼓励、支持、任用和晋升持不同意见的人。有时候，为了引起冲突听到不同意见，可有意散布一些小道消息，也可通过引进外部人员、调整机构等方法改变组织的现状。

(1)谨慎地选择想要处理的冲突

管理者可能面临许多冲突。其中，有些冲突非常琐碎，不值得花很多时间去处理；有些冲突虽很重要但不是自己力所能及的，不宜插手；有些冲突难度很大，要花很多时间和精力，未必有好的回报，不要轻易介入。管理者应当选择处理那些群众关心、影响大，对推进工作、打开局面、增强凝聚力、建设组织文化有意义、有价值的事件，其他冲突均可尽量回避。事事时时都冲到第一线的人并不一定是真正的优秀管理者。

(2)仔细研究冲突双方的代表人物

仔细研究哪些人卷入了冲突，冲突双方的观点是什么，差异在哪里，双方真正感兴趣的是什么，代表人物的人格特点、价值观、经历和资源因素如何。

(3)深入了解冲突的根源

不仅了解公开的、表层的冲突原因，还要了解深层的、隐含的原因。冲突可能是多种原因共同作用的结果，如果是这样，还要进一步分析各种原因作用的强度。

(4)妥善地选择处理办法

通常的处理办法有五种：回避、迁就、强制、妥协、合作。当冲突无关紧要，或冲突双方情绪极为激动，需要时间恢复平静时，可采用回避策略；当维持和谐关系十分重要时，可采用迁就策略；当必须对重大事件或紧急事件进行迅速处理时，可采用强制策略，用行政命令方式牺牲某一方利益处理后，再慢慢做安抚工作；当冲突双方势均力敌、争执不下需采取权宜之计时，只好双方都作出一些让步，实现妥协；当事件重大，双方不可能妥协时，经过开诚布公的谈判，走向对双方均有利的合作。

8.3.1.4 谈判

谈判是双方或多方为实现某种目标就有关条件达成协议的过程。这种目的可能是实现某种商品或服务的交易，也可能是实现某种战略或策略的合作；可能是争取某种待遇或地位，也可能是减税或贷款；可能是弥合相互的分歧而走向联合，也可能是明确各自的权益而走向独立。市场经济就是一种契约经济，一切有目的的经济活动、一切有意义的经济关系，都要通过谈判来建立。管理者总是面对无数的谈判对手，优秀的管理者通常是这样进行重要的谈判的：

(1)理性分析谈判的事件

抛弃历史和感情上的纠葛，理性地判别信息、依据的真伪，分析事件的是非曲直，分析双方未来的得失。

(2)理解你的谈判对手

谈判对手的制约因素是什么，真实意图是什么，战略是什么，兴奋点和抑制点在哪里。

(3)抱着诚意谈判

态度不卑不亢，条件合情合理，提法易于接受。必要时，可以主动作出让步(也许只是一个小的让步)，尽可能地寻找双赢的解决方案。

(4)坚定与灵活相结合

坚持基本要求，对双方最初的意见(如报价)不必太在意，那多半只是一种试探，有极大的回旋余地。当陷入僵局时，应采取暂停、冷处理等措施后再谈，或争取第三方调停，尽可能地避免破裂。

8.3.2 协调

8.3.2.1 协调的含义

协调是联结、联合、调和所有的活动及力量。协调的目的是力求得到各方面协助，促使各方协同一致、齐心协力，以实现预定目标。

8.3.2.2 协调的作用

协调的作用见表 8-13 所列。

表 8-13　协调的作用

作用	内容描述
减少内耗、增加效益	有效协调可以使组织活动的各种相关因素相互补充、相互配合、相互促进，从而减少人力、物力、财力、时间的浪费，达到提高组织的整体效率、增加效益的目的
增强组织凝聚力	要使组织内部人员团结、齐心协力，需要以极大的精力和高超的技艺加以有效协调。只有人们在心理上、权力上、利益上的各种关系协调了，才能团结统一、相互支持、齐心协力地实现共同的目标
调动员工积极性	协调的好坏直接关系到组织目标的实现和整个领导活动的效能，协调工作搞好了，组织内部各成员能团结合作，充分发挥出每个人的聪明才智，使组织工作充满生机和活力

【练习与思考】

1. 语言沟通与非语言沟通的优缺点各是什么？在哪些情境下使用语言沟通？在哪些情境下更适合使用非语言沟通？

2. 某东北分公司最近从华南分公司调来一位广东籍的总经理陈某，陈某在广东一带是很有名气的经理人，他有个特点：讲话从来不用讲稿，经常即兴发言，广东话讲得风趣幽默，常常博得满堂喝彩。但他讲不好普通话，到东北分公司就任后，他在召开全体员工大会阐述经营理念和战略，与下属积极沟通，以了解情况。开始下属很愿意找他汇报工作，但他经常打断下属的汇报，提出评价意见。员工渐渐地不愿意向他汇报工作了；同时陈某也发现他在大会上的即兴讲话也没有得到员工的响应，不能引起共鸣。

请从进行有效沟通的角度帮助陈某分析原因并提出相应的对策。

3. 有一个奶制品专卖店，里面有三名服务人员，小李、大李和老李。当顾客走近小李时，小李面带微笑，主动问长问短，一会儿与顾客谈论天气，一会儿聊聊孩子的现状，总之聊一些与购物无关的事情，小李的方式就是礼貌待客。而大李呢，采取另外一种方式，他会说："我能帮您吗？您要那种酸奶？我们对长期客户是有优惠的，如果气温高于 30℃，您可以天天来这里喝一杯免费的酸奶。您想参加这次活动吗？"大李的方式是技巧推广式。老李的方式更加成熟老到，他和顾客谈论日常饮食需要，问顾客喝什么奶，是含糖的还是不含糖的。也许顾客正好是一位糖尿病人，也许正在减肥，而老李总会找到一款最适合顾客的奶制品，而且告诉顾客如何才能保持奶制品的营养成分，老李提供的是个性化的沟通模式。

你认为以上三种模式哪一种更适合该奶制品专卖店呢？哪一种是最有效的方式呢？这三种模式之间的内在联系是什么？

4. 在你的生活中有没有非正式沟通存在？请举例说明。

5. 邓女士就职于一家大型 IT 公司的事业部，负责为事业部下各工程组提供系统支持。一次，由于工程组的紧急工作与公司的规章制度产生冲突，心直口快的邓女士与合同部的李女士在办公大厅内发生了激烈的正面冲突。

请思考，与同事发生了严重的正面冲突，如何善后，才能为今后的沟通扫清障碍。

【职业技能强化】

掌握沟通技巧

目的：

1. 使学生掌握沟通技能。

2. 培养学生的团队合作能力和表达能力。

3. 熟悉沟通与协调的基本技能与要点。

方法与要求：

1. 全班按6~8人分组，自由组合，组建"某某有限责任公司"，以模拟公司的主营项目向顾客进行产品或者项目的推荐。

2. 要求使用本项目所学的沟通技巧进行推荐话术的设计。

3. 各模拟公司上台进行产品或项目推荐，其他各组及教师进行打分。

测试8

【综合评价】

小组名称				小组成员		
综合评价	教师评分		评价项目	分值	得分	备注
			任务完成情况	50		
			分析表达能力	30		
			小组协作能力	20		
			总计	100		
	学生互评评语					
	自我修正					

单元9

控制与评价

【学习目标】

知识目标：

    (1)掌握控制的含义；

    (2)理解控制的作用与目的；

    (3)了解控制与计划、组织间的关系；

    (4)掌握控制的方法；

    (5)理解控制的类型、控制过程的步骤。

技能目标：

    (1)会应用各种控制的方法解决问题；

    (2)能够对工作进行有效监控。

素质目标：

    (1)具有胜任管理工作的良好的业务素质和身心素质；

    (2)具有团队合作意识。

【情景导入】

    麦当劳公司通过制定详细的程序、规则和条例，使分布在世界各地的所有麦当劳分店的经营者和员工都遵循一种标准化、规范化的作业模式。麦当劳公司对制作汉堡包、炸薯条招待顾客和清理餐桌等工作都事先进行翔实的动作研究，确定各项工作开展的最好方式，然后再编成书面的规定，用以指导各分店管理人员和一般员工的行为。公司在芝加哥开办了专门的培训中心——汉堡包大学，要求所有的特许经营者在开业之前都接受为期一个月的强化培训。回去之后，他们还被要求对所有的工作人员进行培训，确保公司的规章条例得到准确的理解并贯彻执行。为了确保所有特许经营分店都能按统一的要求开展活动，麦当劳公司总部的管理人员还经常走访、巡视世界各地的经营店，进行直接的监督和控制。

    思考：

    1. 麦当劳公司所创设的管理控制系统，主要包括哪几种类型？

    2. 该控制系统对麦当劳公司全球扩张战略的实现起到什么作用？

9.1 控制概述

9.1.1 控制的含义

控制是管理过程中非常重要的一部分工作，即便计划制订得很完善，组织结构调整得能适应计划的需要，员工的积极性也被有效调动起来，没有控制，仍然无法保证管理者追求的目标一定能达到。所谓控制，就是为了实现组织的既定目标，以计划为依据制定控制标准，由管理者对被管理者的实际执行活动进行检查、监督，衡量实际工作绩效，找出偏差，并根据偏差调整实际工作活动或调整既定标准，使两者相吻合的全过程。

控制是最重要的管理职能之一，计划、组织、领导等其他职能必须伴随有效的控制，才能真正发挥作用。

【素质课堂】

2021 年 12 月出台的《中国共产党纪律检查委员会工作条例》，详细规定了参加会议、现场调查、驻点监督、谈心谈话、廉政档案、党风廉政意见回复等 12 种日常监督方式。实践中，纪检监察机关逐步扭转"以办大案要案论英雄"的观念，强化近距离、常态化、全天候监督，积极主动发现问题、推动整改。云南省纪委监委部署开展"蹲点式"监督，纪检监察干部主动下沉到联系地区、单位和部门深入调研，多渠道收集问题线索。安徽省蚌埠市纪委监委针对派驻(出)机构在日常监督中发现的苗头性问题，探索建立建议函、提醒函等制度，做到监督有抓手、整改有依据、过程可追溯。

9.1.2 控制的类型

9.1.2.1 按控制信息获取的时间划分

控制职能可以按照控制信息获取的时间，即侧重于控制事物进程的哪个阶段而划分为三种类型：前馈控制、现场控制和反馈控制。

(1)前馈控制

前馈控制也称事先控制或预先控制，是一种在实际工作开始之前进行的控制，其目的是防止问题的发生而不是当问题出现时再补救，是组织活动开始之前为了防患于未然所进行的控制。其特点是偏差发生之前，管理者就采取各种预先防范措施，尽可能地减少偏差的出现，把损失降到最低。

前馈控制的优点：由于在工作之前进行，可以减少问题所造成的损失，避免了反馈控制对已造成的差错无能为力的弊端；准确的前馈控制能使管理者把握环境的主动性；还能够树立管理者的威信；在工作开始之前针对某项计划行动所依赖的条件进行控制，不针对某一具体人员，因而不易造成冲突，易被员工接受而付诸实施。

前馈控制的缺点：现实中难以把握准确控制所需的信息，有很大的不确定性。

(2)现场控制

现场控制是一种同步、实时的控制，即在组织活动开展过程中同步进行的控制。其特点是在活动进行中一旦发生偏差，便能够马上得到纠正。其目的就是要保证本次活动而非下一次活动尽可能少地发生偏差。现场控制可分为两种：一是驾驭控制，就像驾驶员在行车过程中根据道路情况使用方向盘来把握行车方向。这种控制是指在活动进行过程中随时监控各方面情况的变化，一旦发现干扰因素介入立即采取对策，以防执行中出现偏差。二是关卡控制，它规定某项活动必须经由既定程序或达到既定水平后才能继续进行下去。

现场控制的优点：有助于发挥工作人员的现场工作水平；提高员工的工作能力及自我控制能力；提高现场工作效率；减少相应的工作浪费。

现场控制的缺点：它容易受管理者的工作作风、领导能力、业务水平和时间等因素的制约；现场控制的应用范围较窄；容易造成情绪上的对立，打击被控制者的积极性。

（3）反馈控制

反馈控制是历史最悠久的控制类型，是在活动完成之后，通过对已发生的工作结果进行测定发现偏差和纠正偏差，或者是在内外环境条件已经发生了重大变化，导致原定标准和目标脱离现实时，采取措施调整计划。反馈控制又称事后控制或产出控制，其控制重心放在组织的产出结果，尤其是最终产品和服务的质量上。

反馈控制的优点：它有助于总结经验教训，了解工作失误的原因，为工作进一步实施创造条件，形成良性循环，提高工作效率。反馈控制可以为奖惩提供依据。

反馈控制的缺点：其致命的弱点是滞后性，很容易贻误时机，增加控制的难度，而且损失往往已经发生了。因此，反馈控制要求反馈的速度必须大于控制对象的变化速度，否则系统将产生震荡，处于不稳定状态。

【课堂阅读】

扁鹊论医术

魏文侯问名医扁鹊说："你们家兄弟三人，都精于医术，到底哪一位最好呢？"扁鹊答："长兄最好，中兄次之，我最差。"文侯再问："那么为什么你最出名呢？"扁鹊答："长兄治病，是治病于病情发作之前。由于一般人不知道他事先能铲除病因，所以他的名气无法传出去。中兄治病，是治病于病情初起时。一般人以为他只能治轻微的小病，所以他的名气只及本乡里。而我是治病于病情严重之时。一般人都看到我在经脉上穿针放血、在皮肤上敷药，以为我的医术高明，名气因此响遍全国。"

管理启示：

控制有事前控制、事中控制、事后控制。控制贵在事前控制，事后控制不如事中控制，事中控制不如事前控制。可惜大多数的企业经营者均未能体会到这一点，等到错误的决策造成了重大的损失才寻求弥补，这时已于事无补。

9.1.2.2 按采用的手段划分

按采用的手段可以把控制划分为直接控制和间接控制两种类型。

（1）直接控制

直接控制是指管理者通过行政命令的手段对控制对象直接进行控制的一种形式。实现直接控制的关键是对施控人员的精心选择和有针对性的培养。因为工作能力强和综合素质高的施控人员在控制过程中不犯错误或少犯错误，控制效果将是高质量的。

（2）间接控制

管理中的间接控制是相对于直接控制而言的，控制者与控制对象之间并不直接接触，而是通过中间手段进行控制，如采取评优、升降职务、奖励、惩罚等措施。间接控制以控制管理人员合格、差错率最少为指导思想，通过控制管理者的素质来控制组织活动。管理者只有这样管理者才能及时地察觉问题并采取合理的纠正措施，实施有效的控制。

9.1.2.3 按控制源划分

按控制源划分，可把控制分为三种类型，即正式组织控制、群体控制和自我控制。

（1）正式组织控制

正式组织控制是由管理人员设计和建立起来的机构或规定来进行控制，像规划、预算和审计部门等都是正式组织控制的典型部门。组织可以通过规划指导成员的活动及预算来控制组织的成本，通过审计监督来检查各部门或各成员是否按规定进行活动，并提出具体更正措施和建议、意见。正式组织控制是确保组织生存、发展及获利的重要手段。

（2）群体控制

群体控制是基于群体成员的价值观念和行为准则，它是由非正式组织发展和维持的。非正式组织有自己的一套行为规范，虽然这些规范往往没有明文规定，但对其成员有很强的约束力和控制力。群体控制可能有助于达成组织目标，也可能给组织带来危害，关键在于对其加以正确引导。

（3）自我控制

自我控制是个人有意识地去按某一行为规范进行活动。如员工不愿意拿回扣，不仅是因为他怕被处分，还可能是因为他具有廉洁的品质。这种控制成本低、效果好，但它要求上级对下级有充分的信任和授权，还要把个人绩效与奖惩、薪酬和个人提升联系起来；要求组织成员具有良好的素质。

9.1.3 控制的意义

9.1.3.1 控制是管理过程中必不可少的重要阶段

在实践中，一个组织为了生存和发展需要管理，管理活动主要由计划、组织、领导和控制职能构成，控制通过纠偏的行为与其他几个职能紧密结合在一起。只有计划、组织、领导职能，并不能保证管理的有效进行和组织目标的实现，还应通过控制对组织活动进行监控，将组织活动维持在允许的限度内，从而确保组织活动按计划完成。

9.1.3.2 控制是发现问题、分析问题和解决问题的过程

由于各种各样的原因，计划的实际执行情况与计划标准之间往往存在一定的偏差。控制就是要了解实际情况，及时地发现问题，并找出问题的原因，采取具体的措施解决问题。

9.1.3.3 控制要遵循科学的程序

实现有效控制有三个基本步骤，即制定控制标准、衡量实际工作业绩和纠正偏差。没有标准就无法衡量实际工作效果和发现偏差，无法发现偏差也就无法制定纠偏的措施，控

制就变得毫无意义。

9.1.4　控制的根本目的

控制的根本目的具体包括防止偏差的累积、提高组织的环境适应力。在现代管理活动中，控制既是一次管理循环的终点，又是新一轮管理循环的起点，要保证组织的活动按照计划进行，控制是必不可少的。

9.2　控制过程

管理中的控制是指根据计划的要求，制定工作标准，衡量工作绩效并将它与工作标准进行比较，对出现的偏差采取必要的纠正措施以实现组织目标的过程。控制的过程大致可以分为三个步骤：制定标准；衡量绩效；纠正偏差。

9.2.1　制定标准

标准是衡量工作绩效的尺度，离开了标准，控制工作就无从谈起。因此，控制标准制定得合理是有效执行控制的关键，没有科学合理的标准，控制就可能流于形式。

一般情况下，制订计划就是控制过程的第一步。目标和计划是控制的总标准，但由于计划相对来说都比较概括，不可能对组织运行的各方面都制定出非常具体的工作标准，因此对各项业务活动实施控制，还必须以总标准为依据设置更加具体的标准。计划方案的每个目标以及这些方案所包括的每项活动、每项政策、每项规程和每项预算，都可以成为衡量实际业绩或预期业绩的标准，如实物标准、成本标准、资本标准、收益标准、计划标准等。在实际工作中，采用哪种类型的标准，需要根据控制对象的特点来决定。

常见的控制标准多种多样，主要有定量和定性两大类，相比较而言，定量化的控制标准更能保证控制的准确性。因此，在实际工作中，应尽可能地采用定量化和定性化相结合的方式。

9.2.1.1　常用的控制标准

常用的控制标准主要包括以下几个方面，见表 9-1 所列。

表 9-1　常用的控制标准

控制标准	内容
质量标准	产品等级标准、合格标准、名优产品的规定等
成本标准	人力资源总成本、人力资源平均成本、产品总成本、产品单位成本等
数量标准	单位工时产品数量、合格品数量、成品数量等
时间标准	工时、生产周期、交货期等

9.2.1.2　控制标准的制定过程和方法

（1）确定控制对象

控制首先需要明确的问题是控制什么。一项控制标准可能是为某一个员工、某一个部门制定的，也可能是为整个组织制定的。

(2)选择关键控制点

制定标准的同时，还必须明确关键控制点的选择。所谓关键控制点，是指在组织系统的运行中受限制的那些因素，或是对计划的完成更具有影响力的因素。有了这些关键控制点，就能扩大管理人员的管理幅度，从而使管理人员能管理更多的下属。因此，为了进行有效的控制，需要特别注意那些对衡量工作绩效有关键意义的因素。

对关键控制点的选择，一般应统筹考虑四个方面：首先，选择的关键控制点应能及时反映并发现问题，也就是说，通过关键控制点应在严重损害发生前就能显示出差异现象；其次，关键控制点应能全面反映并发现问题；再次，选择关键控制点应考虑经济实用；最后，关键控制点的选择应注意平衡，也就是要选择能反映组织绩效水平的时间与空间分布均匀的控制点。

(3)制定控制标准常用的方法

制定控制标准常用的方法有以下三种。

①统计计算法　利用统计方法分析各个历史时期的数据，以此为基础为组织的未来活动制定标准。但历史与现实往往存在着差距，故用此方法制定的标准可能偏离实际情况。

②工程方法　对工作情况进行全面的、科学的分析，在此基础上所获得的数据和参数为基础建立的标准。用这种方法建立制定标准准确性高，但代价也大。

③经验估算法　由经验丰富的管理者依据经验和判断来制定标准，这种方法是以上两种方法的补充。

9.2.2　衡量绩效

衡量工作绩效就是按照标准衡量工作实际绩效达到标准的程度。在确定了标准以后，为了确定实际工作绩效如何，管理者首先需要收集必要的信息，考虑如何衡量和衡量什么。当工作实绩与标准产生差异时，就说明工作出现偏差。这一步骤包括两个方面的内容：一是测量实际工作绩效；二是比较实际绩效与标准并找出差异。

9.2.2.1　测量实际工作绩效

管理者可以采用四种方法来测量实际工作绩效，即个人观察、统计报告、口头汇报、书面报告。每一种方法都有各自的优缺点，绝大多数管理者在实际工作中会综合使用这几种方法，见表9-2所列。

表9-2　测量实际工作绩效的方法

测量方法	优点	缺点
个人观察	获得第一手资料 信息没有过滤 对工作活动的关注度高	容易受个人偏见的影响 耗时 可能有莽撞之嫌
统计报告	直观 有效地显示数据之间的关系	提供的信息有限 忽略主观因素
口头汇报	容易获得相关信息 可以提供语言的和非语言的反馈	信息被过滤 信息不能存档

（续）

测量方法	优点	缺点
书面报告	全面 正式 容易存档和查找	需要更多时间来准备

9.2.2.2 比较实际绩效与标准并找出差异

在了解实际工作绩效后，就要将实际绩效与控制标准进行比较，并对比较的结果进行分析。比较结果有两种可能：一种是存在偏差；另一种是不存在偏差。偏差有两种情况：一种是正偏差；另一种是负偏差。所谓正偏差是指实际工作绩效优于控制标准，而负偏差则是指实际工作绩效劣于控制标准。出现正偏差，表明实际工作取得了良好的绩效，应及时总结经验，肯定成绩。但正偏差如果太大也应引起注意，很有可能是控制标准定得太低，这时应对其进行认真分析。出现负偏差，表明实际工作绩效不理想，应迅速准确地分析其中的原因，为纠正偏差提供依据。

一般情况下，偏差产生的原因可归纳为三大类：计划或标准定得不合理、组织内部因素的变化、组织外部因素的变化。

9.2.3 纠正偏差

纠正偏差是控制过程的最后一个阶段，也是控制过程的关键。利用科学的方法，依据客观的标准，通过对工作绩效的衡量，可以发现实际工作绩效与控制标准之间是否存在偏差。纠正偏差就是在此基础上，分析偏差产生的原因，制定并实施必要的纠正措施，使工作的实际情况与计划一致。纠正偏差大致可以分为三个步骤：一是分析偏差产生的主要原因；二是确定纠偏对象；三是采取纠偏措施。

9.2.3.1 分析偏差产生的主要原因

有些偏差可能是因为计划本身和实际工作过程中产生的严重问题，而另一些偏差的产生纯属偶然。因此，在采取纠正偏差措施之前，一定要对所反映的偏差信息进行正确的分析判断。

9.2.3.2 确定纠偏对象

在现实的管理活动中，偏差的产生可能是实际工作绩效不理想造成的，也可能是控制标准不切实际造成的，因此需要予以纠正的可能不仅仅是组织的实际工作绩效，也包括指导这些活动的计划或既定的控制标准。

9.2.3.3 采取纠偏措施

纠偏的措施有两种：一是改进实际工作绩效。如果偏差是由于组织的实际工作不理想造成的，管理者应该采取措施改进绩效。其具体的措施包括：重申规章制度，明确责任，强化激励措施，加大处罚力度；变动组织机构，调整领导班子，加强员工培训等。二是修订控制标准。正如前文所述，偏差还有可能来自于不合理的控制标准，如果标准制定得过高或过低，即使其他

管理中实现有
效控制的要点

因素都发挥正常也难以避免偏差的出现。不切实际的标准会给组织带来很大的危害，如过高难以实现的标准会在很大程度上打击员工的士气，而过低容易实现的标准又容易导致员工出现懈怠情绪。所以，不切实际的标准一定要修改。

9.3 控制方法

管理实践中的控制方法有很多，下面主要介绍预算控制、非预算控制、市场控制、社群控制、全面质量管理五种方法。

9.3.1 预算控制

预算控制是组织管理中运用最广泛、最直接的一种控制方法。预算可以称作"数字化"或"货币化"的计划。管理者通过预算为组织的各个部门或各项活动规定了在资金、能源、劳动力及原材料等方面的支出额度，把计划分解落实到组织的各层次和各部门中去，使管理者能清楚地了解计划将涉及哪些部门和人员、多少费用、多少收入，以及实物的投入量和产出量等。预算控制是根据既定的收入支出标准来监督和检验组织各部门的活动，以保证组织的各部门在既定的支出额度内完成组织的目标，实现利润的增长。预算控制的种类有很多，概括起来可以分为以下四种。

9.3.1.1 收支预算控制

收支预算是对某个计划期内有关收入支出所进行的以货币单位表示的预算，它反映了组织在计划期内生产经营的财务状况。收支预算必须尽可能准确地估计各项收入的数量和时间，并努力提高其实现的可靠性。

9.3.1.2 实物量预算控制

实物量预算又称非货币预算，这是一种以实物的数量为计量单位所表示的预算，是货币量收支预算的重要补充。常用的实物量预算包括原材料消耗量预算、直接工时数预算、燃料消耗量预算、固定资产用时预算、产量预算、库存预算等。

9.3.1.3 投资预算控制

投资预算是指组织为了扩大规模或更新设备而投资于厂房、机器、设备、库存和其他一些类目的专门性的资本支出。由于资本通常是企业最重要的资源，而且这类预算数额大、回收周期长，因此需要慎重考虑、单独列支，并将它与组织的发展战略和长远规划密切结合起来。管理者在做投资预算时应考虑的问题主要包括何时投资、投资多少、融资渠道如何、每年的现金流量如何、投资回报期多长、投资回报率多少等。

9.3.1.4 负债预算控制

现代组织常常通过负债经营来保持财务收支平衡，包括向银行贷款、发行企业债券、进行社会集资等。负债预算是指根据一定时期的资产、债务和资本等账户的情况，设计筹资方式、途径和数量以及还款时间、方式和能力，防止出现"资不抵债"的情况，保持财务收支的平衡。另外，通过资产负债预算，管理者可判断组织的财务状况是否良好、是否可能产生不利的变化，从而指导事前控制。从某种意义上说，这种预算是组织中最重要的一种控制。

9.3.2 非预算控制

随着组织规模的扩大及分权管理的发展，企业对管理工作的综合控制显得日益重要。除了预算控制以外，管理控制工作中还采用了许多不同种类的控制手段和方法。

9.3.2.1 现场检查

现场检查即视察，是一种最传统、最直接的控制方法，它的基本作用就在于获得第一手的信息。作业层(基层)的主管人员通过视察，可以判断出产量、质量的完成情况以及设备运转情况和劳动纪律的执行情况等；职能部门的主管人员通过视察，可以了解到相关文件精神是否得到认真的贯彻，生产计划是否按预定进度执行，劳动保护等规章制度是否被严格遵守，以及生产过程中存在哪些偏差和隐患等；而上层主管人员通过视察，可以了解到组织的方针、目标和政策是否深入人心，可以发现职能部门的情况报告是否属实以及员工的合理化建议是否得到认真对待，还可以通过与员工的交谈了解他们的情绪和士气等。

当然，主管人员也必须注意视察可能引起的消极作用。例如，可能存在下属误解上级的视察，将其看作对他们工作的一种干涉和不信任，或者是看作不能充分授权的一种表现。尽管如此，亲临现场视察的显著好处仍使得一些优秀的管理者始终坚持这种作法。一方面，即使是拥有现代管理信息系统，计算机提供的实时信息，作出的各种分析，仍然代替不了主管人员的亲身感受、亲自了解；另一方面，管理的对象主要是人，是要推动人们去实现组织目标，而人所需要的是通过面对面的交往传达关心、理解和信任。

【案例 9-1】

上海肯德基有限公司收到了三份总公司寄来的鉴定书，对其外滩快餐厅的工作质量分三次进行了鉴定评分，分别为 83 分、85 分、88 分，这三个分数是怎么评定的。

原来，肯德基国际公司雇佣、培训了一批人，让他们佯装顾客潜入店内进行检查评分。每位顾客都可能是公司的"探子"，这使得快餐厅经理、雇员时时感到压力，丝毫不敢疏忽。肯德基国际公司就是这样管理控制它遍布全球 60 多个国家，几乎多达十万家子公司的。

思考：

请评价肯德基国际公司的控制方法。

9.3.2.2 报告

报告是用来向负责实施计划的主管人员全面地、系统地阐述计划的进展情况、存在的问题及原因、已经采取了哪些措施、收到了什么效果、预计可能出现的问题等的一种重要方式。

对报告的基本要求是必须做到：适时；突出重点；指出例外情况；尽量简明扼要。通常，运用报告进行控制的效果，取决于主管人员对报告的要求。管理实践表明，大多数主管人员对下属应当报告什么缺乏明确的要求。随着组织规模及其经营活动规模的日益扩大，管理也日益复杂，而主管人员的精力和时间是有限的，因而定期的情况报告也就越发显得重要。

9.3.2.3　比率分析

比率表示两个变量之间的对比关系。它对反映受控系统的实际状态、作出正确评价是很有用处的。反映系统某方面数量特征的绝对数，有时不能提供所需的信息。如利润额指标良好，并不能直接向管理人员反映经营效益究竟如何，而资金利润率则较好地反映了该企业相对本行业的经济效益的大小。因此，比率分析是一种重要的控制技术。

企业经营活动分析中常用的比率可以分为两大类：即财务比率分析和经营比率分析。财务比率分析主要用来分析财务结构、控制财务状况，并透过这种资金形式来集中对整个系统进行控制。例如，投资利润率分析，可以掌握投资的经济效益；销售利润率分析，可以一般性地考察企业的盈利能力。经营比率分析有助于直接控制企业的经营活动。例如，用平均库存价值去除销售净额，即得库存周转率，反映商品周转的速度及库存的合理性；再如，市场占有率反映了本企业占领与开拓市场的情况；而销售费用比净销售额可以用来测定销售工作的效率。

9.3.2.4　审计

审计是对反映组织的资金运动过程及其结果的会计记录和财务报表进行审计，鉴定以判断其真实性、可靠性，从而为决策和控制提供依据的一种常用的控制方法。财务审计与管理审计是审计控制的主要内容。

(1)财务审计

财务审计是以财务活动为中心内容，以检查并核实账目、凭证、财物、债务以及结算关系等为手段，以判断财务报表中所列出的综合的会计事项是否正确无误、报表本身是否可以信赖为目的的一种控制方法，通过这种审计还可以判断财务活动是否合法。它包括外部财务审计和内部财务审计两大类。外部财务审计是指由组织外部专门的审计机构和审计人员对本组织的财务经济往来及财务程序所做的有目的的综合审核检查；而内部财务审计则是由组织内部的财务人员对本组织的财务活动进行的有目的的综合审核检查。财务审计的最终目的是保证本组织的财务报表能真实准确地反映组织的财务状况。

(2)管理审计

管理审计是对组织战略目标及组织的各项职能进行的全面审计。它不仅要关注一个组织的最终工作成效，也要关注组织内在的素质能力；它是检查评价一个单位或部门管理工作的好坏，评价人力、物力和财力的组织及利用的有效性的一种重要控制手段。管理审计的内容有组织结构的合理性、客户的满意度、研究与开发的周期、生产效率、销售能力、员工的学习成长性等，其目的在于通过改进管理工作来提高经济效益。

9.3.2.5　盈亏平衡分析

盈亏平衡分析是进行经济分析的一种重要工具，也是一种重要的控制方法。盈亏平衡模型可以用来进行成本控制。这一模型将固定成本与变动成本分列，容易出现实际费用与预算的背离情况，可将注意力集中于可能采取纠正行动的领域。盈亏平衡分析模型已在决策部分做了介绍。它既是决策工具，又是控制工具。

经营杠杆率是进行盈亏平衡分析的另一个有效工具。它是指产品销售量变动 1% 而引起利润变动的百分数，其公式为：

$$经营杠杆率 = \frac{利润变动百分数}{销售量变动百分数}$$

经营杠杆率大的企业，表明其利润对销售量变化的反应敏感性强，即一个较小的销售量变化，将导致利润较大的变化。通过这样的分析，就可以测定利润随销售量变化而变化的情况，以便加强对销售量与利润的控制。而一个企业经营杠杆率的大小，取决于其生产要素的结构，即固定成本与变动成本之间的比例。固定成本比重大，则盈亏平衡点位置高，其经营杠杆率大。显然，一个重资产企业，其经营杠杆大，就应千方百计地扩大销售量，以寻求更大盈利。

9.3.3　市场控制

市场控制是指在企业内部管理的过程中，借用市场机制与市场价值体系进行评估与控制的方式。在企业内部的管理中，将市场机制引进来，直接使用市场竞争的一些指标对企业内部部门或个人进行评价；模拟市场交易机制，使企业内各部门之间提供产品或服务的过程转换为以市场价格为媒介的市场交易行为。

在企业内部，建立从公司最高层到事业部(部门)层次，再到管理者与员工个人层次的分级控制体系，见表 9-3 所列。

表 9-3　市场控制类型

分类	内容描述
公司层次	现代大公司大多进行多元化经营，设置独立面向不同市场的事业部，公司高层不可能进行传统意义上的控制。通常采用盈利率、市场占有率等市场指标进行控制与评价。这既有利于激励事业部的独立经营，又保证了公司高层的有效控制
事业部(部门)层次	为了有效控制事业部(部门)内部各部门并使其职能高效运行，可以模拟市场交易机制的运行。对企业内部各部门之间提供的产品或服务，参照市场价格制定内部转移价格(或称内部结算价格)。这样，各用料单位可以在内部部门与企业外部的市场上进行多种选择，迫使各单位降低成本、提高质量，真正将市场的竞争机制引入企业内部，从而保证控制目标的实现
个人层次	即通过人才市场的价格与绩效挂钩的奖酬体系衡量员工价值加以控制的方式。具体的控制方式主要有：①通过招聘薪金衡量员工价值。不同水平的管理者和不同技能的员工，其在招聘过程中的薪金水平会有明显的不同。可以通过薪金来控制聘用人才的质量，进而激励原有企业员工参与培训与提高能力。②建立与绩效挂钩的奖酬体系。通过这一体系，将员工的工作数量与质量同奖酬紧密挂钩，就能有效控制员工的工作状况与效果。③股东会与董事会对经营管理者的控制。经营管理者对企业绩效具有至关重要的作用，因此，股东与董事会对经营管理者的激励与控制也就显得极为重要。对经营管理者的市场控制主要表现为：一是通过职业经理人市场，挑选与淘汰经营管理者；二是通过建立与绩效紧密挂钩的奖酬体系来加以控制

9.3.4 社群控制

社群控制是指以一定文化为基础，一定的社会群体依靠共同价值和群体规范引导与约束其成员的一种社会控制方式。显然，这是一种倚重文化力、人本式、柔性化的现代控制模式，同传统的垂直式、倚重权威的行政控制模式有本质区别。同时，这也反映了控制理念的现代化。在网络时代，管理者要善于运用微信等移动互联网平台，建立员工虚拟社区，实施虚拟社群控制。

(1) 组织文化是社群控制的基础

社群控制在本质上就是倚重文化力进行控制。组织文化是组织全体成员共同创造并共同遵循的信念与价值观。组织文化对组织及其成员具有巨大的导向与规范作用。而且这种导向与规范作用是内在的，远比传统控制的外在作用的力度要大得多，持续的时间要长得多。这就使得建立在组织文化基础上的社群控制具有其他控制所不具备的优势。

(2) 授权赋能是社群控制的必要条件

实行社群控制，就必须充分信任员工，对员工进行授权赋能，给予员工必要的决策权，相信他们会从组织的利益出发处理问题。在价值指导的框架中，激励员工培养和运用判断能力，自主地、负责地、灵活地处理工作。

(3) 建立自我指导型团队

在社群控制的体系下，不再倚重传统控制手段，如监督、检查、干预，取而代之的则是自我指导型的团队。即在组织内，重建激励机制，强化责任感和团队精神，实行建立在相互尊重、高度自觉基础上的自我控制。

(4) 实行实时控制

由于社群控制是一种充分授权与高度自觉的控制，每位成员都能独立自主地、随时处理各类问题，因此，完全可以实行真正的实时控制，对于解决紧急而复杂的经营管理问题，具有得天独厚的优势。

9.3.5 全面质量管理

全面质量管理是20世纪60年代初美国的费根堡姆首先提出来的。这是一种对产品或服务乃至工作质量实行全面管理与控制的科学管理方法。所谓全面质量管理，就是运用系统的观点和方法，把企业各部门、各环节的质量管理活动都纳入统一的质量管理系统，形成一个完整的质量管理体系。全面质量管理是一种全方位、全过程、全员性，特别是人的内化式的控制，反映了控制理念的更新与控制模式的创新。全面质量管理有以下四个主要的特征。

9.3.5.1 全过程的质量管理

质量管理不仅是生产过程的管理控制，而且应"始于市场，终于市场"，从产品设计开始，直至产品进入市场以及售后服务等，质量管理都应贯穿其中。

9.3.5.2 全企业的质量管理

质量管理和企业的每一个部门都息息相关，它不仅是质量管理部门的职能，因为产品质量是做出来的，不是检验出来的，所以每项工作都与质量密切相关。

9.3.5.3　全员的质量管理

全员的质量管理即每个部门成员的工作质量决定了每个部门的工作质量，所以每位组织成员都要保证质量。为此，组织成员可成立若干质量小组，专门研究该部门或工段的质量问题。

9.3.5.4　全面科学的质量管理

全面质量管理所采用的方法是科学全面的，它以统计分析方法为基础，综合应用各种质量管理方法。全面质量管理提出的口号是："一切为了顾客，一切以预防为主，一切凭数据说话，一切按计划——执行——检查——处理（PDCA）工作步骤循环进行。"

总的来说，全面质量管理需要组织各个层次员工的积极参与和保持组织的长期投入，以便能持续地提高产品质量，达到满足甚至超越顾客期望的目的。全面质量管理需要对顾客的需求进行分析，评估组织当前能满足顾客需求的程度，以便制订缩短现实与期望差距的计划。人员培训与开发对于实施全面质量管理是至关重要的，对质量的不断改进需要一个"学习型组织"的环境。

全面质量管理的基本工作程序是 PDCA 循环。PDCA 循环是全面质量管理最基本的工作程序，即计划——执行——检查——处理。这是美国著名质量管理专家戴明在统计学家休哈特提出的"计划——执行——检查"概念基础上发展而来的，因此也称为"戴明环"，如图 9-1 所示。

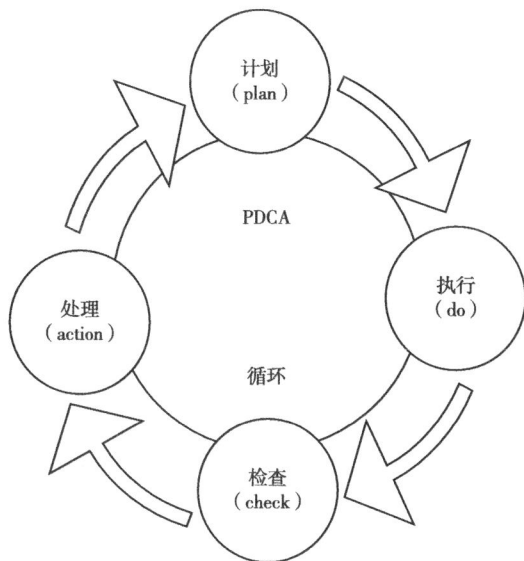

图 9-1　PDCA 循环

PDCA 循环的特点：一是 PDCA 循环工作程序的四个阶段顺序进行，组成一个大圈。二是每个部门、小组都有自己的 PDCA 循环，并都成为企业大循环中的小循环。大循环套小循环，互相促进，整体提高。三是阶梯式上升，循环前进。企业的质量管理循环是连续进行的，但每个 PDCA 循环都不是在原地简单重复，而是每次都有新的提升。

标杆管理

【练习与思考】

1. 请你谈谈对"纠正偏差是控制的关键"这句话的理解。

2. 市场控制这种方法是否也存在一些弊端呢？你是怎样认为的？

3. 你认为全面质量管理与传统控制有何区别？请以自己的学习过程为

例，说明什么是全面质量管理。

测试 9

【职业技能强化】

控制应用

目的：

培养学生的控制与信息处理能力，具体包括：有效的控制能力，搜集与处理信息的能力，总结与评价的能力。

方法与要求：

1. 学习各模拟公司按照工作性质的不同，责成各部门每位成员撰写自检评估报告，总经理撰写模拟公司全面工作总结。

2. 本着"公平、公正、公开"原则，模拟公司将每位成员一学期各次实践活动的成绩进行汇总排序，教师根据各模拟公司一学期各次实践活动的成绩进行汇总排序。各模拟公司总经理的最终分数可根据其综合表现确定，具体可较其所在模拟公司最终分数上下浮动 5 分。

【综合评价】

小组名称			小组成员			
综合评价	教师评分	评价项目	分值	得分	备注
		任务完成情况	50		
		分析表达能力	30		
		小组协作能力	20		
		总计	100		
	学生互评评语				
	自我修正				

参考文献

彼得·德鲁克，2009. 卓有成效的管理者[M]. 许是洋，译. 北京：机械工业出版社.

陈春花，乐国林，李洁芳，等，2017. 企业文化[M]. 北京：机械工业出版社.

董伟，2019. 现代企业内部管理沟通中存在的问题及对策研究[J]. 管理纵横(30)：160-161.

杜慕群，2013. 管理沟通案例[M]. 北京：清华大学出版社.

单凤儒，2021. 管理学基础[M]. 7 版. 北京：高等教育出版社.

季斐，2023. 管理学基础[M]. 北京：人民邮电出版社.

蒋永忠，张颖，2020. 管理学基础[M]. 5 版. 大连：东北财经大学出版社.

焦叔斌，杨文士，2019. 管理学[M]. 北京：中国人民大学出版社.

覃海青，2021. 浅析企业财务管理内部控制建设及其风险防范[J]. 中国集体经济，23(1)：151-152.

洛克菲勒，2012. 洛克菲勒家书[M]. 徐世明，译. 合肥：安徽人民出版社.

刘泉宏，熊凯，2017. 管理学[M]. 北京：北京大学出版社.

李英，任莉，2009. 管理学基础[M]. 4 版. 大连：大连理工大学出版社.

马义飞，2008. 管理学[M]. 北京：清华大学出版社.

邱珊珊，2021. 企业管理沟通问题及对策研究[J]. 现代营销(经营版)(11)：178-180.

宋倩华，2013. 沟通技巧[M]. 北京：机械工业出版社.

孙健敏，徐世勇，2006. 管理沟通[M]. 北京：清华大学出版社.

斯蒂芬·P. 罗宾斯，玛丽·库尔特，2012. 管理学[M]. 11 版. 贾振全，郝玫，译. 北京：中国人民大学出版社.

邵喜武，林艳辉，2018. 管理学实用教程[M]. 北京：北京大学出版社.

陶莉，2020. 职场沟通技巧[M]. 北京：中国人民大学出版社.

王龙，李爱卿，2020. 管理学基础[M]. 北京：机械工业出版社.

邢以群，2019. 管理学[M]. 杭州：浙江大学出版社.

许爱丽，2020. 企业管理沟通的影响因素及对策研究[J]. 中国商论(12)：127-128.

颜世富，2020. 东方管理学[M]. 北京：北京大学出版社.

余世维，2006. 有效沟通. 管理者的沟通艺术[M]. 北京：机械工业出版社.

周三多，2018. 管理学：原理与方法[M]. 7 版. 上海：复旦大学出版社.

张云河，2020. 管理学基础[M]. 北京：中国人民大学大学出版社.

周三多，陈传明，2018. 管理学[M]. 北京：高等教育出版社.

赵辉，2008. EPC 项目高层管理团队运作效能管理研究[D]. 天津：天津大学.

朱占峰，2009. 管理学原理——管理实务与技巧[M]. 2 版. 武汉：武汉理工大学出版社.

张建伟，盛振江，2011. 现代企业管理[M]. 北京：人民邮电出版社.